Martin Rücker

Ihr macht uns krank

Martin Rücker

IHR MACHT UNS KRANK

Die fatalen Folgen
deutscher Ernährungspolitik
und die Macht der
Lebensmittellobby

Econ

Econ ist ein Verlag
der Ullstein Buchverlage GmbH

ISBN 978-3-430-21070-6

© der deutschsprachigen Ausgabe
Ullstein Buchverlage GmbH, Berlin 2022
Alle Rechte vorbehalten
Gesetzt aus der Sabon Next LT Pro
Satz: LVD GmbH, Berlin
Druck und Bindearbeiten: GGP Media GmbH, Pößneck

Inhalt

Vorwort

Von der Fußball-Europameisterschaft im Sommer 2021 ist vielen eine Szene mit Cristiano Ronaldo in Erinnerung geblieben. Nein, kein spektakuläres Tor, sondern ein kleiner Moment bei einer der zahlreichen und üblicherweise nur begrenzt unterhaltsamen Pressekonferenzen: Der portugiesische Superstar hat gerade den Raum betreten, und noch im Hinsetzen erblickt er zwei Flaschen Coca-Cola, die demonstrativ auf dem Tisch an seinem Platz stehen. Ronaldo schaut erst ein wenig kritisch hin und her, er scheint kurz nachzudenken. Schließlich greift er zu. Aber nicht, um zu trinken. Mit einem laut vernehmbaren Geräusch schiebt er die Produkte des Turniersponsors über den Tisch zur Seite und damit aus dem Blickfeld der Fernsehkameras. Stattdessen streckt Ronaldo den Journalistinnen und Journalisten eine andere Flasche entgegen: »Agua!«, sagt er ins Mikrofon, wie zur Aufforderung, statt süßer Limo doch lieber Wasser zu trinken. Und er macht seine Botschaft noch deutlicher: »Coca-Cola, bah!«[1]

Videoaufnahmen dieser kurzen Sequenz gingen schnell um die Welt. Der auf Gesundheit und Fitness bedachte Leistungssportler, so eine verbreitete Deutung, lehnt sich gegen den einflussreichen Sponsor auf, der seine Limonaden omnipräsent im Umfeld von Sportveranstaltungen bewirbt – im werbeverseuchten Fußballbusiness ein geradezu ungeheuerlicher Akt des Widerstands. Doch es lässt sich nicht ernsthaft behaupten, dass die Aktion viel verändert hätte. Wer wollte, konnte dies bei den

Sportübertragungen oder Pressekonferenzen mit Spielern und Trainern nach diesem »Vorfall« schnell feststellen: Irgendwo stand eigentlich immer eine Cola-Flasche im Bild. Wo sie fehlte, präsentierte eben ein anderer Konzern seine Kartoffelchips, Fertiggerichte oder Eiscremes.

Nun ist Ronaldo wahrscheinlich kein Revolutionär und mit Blick auf seine Werbeverträge gewiss kein reiner Idealist. Und doch ist die Szene sinnbildlich für unser Ernährungssystem: Immer wieder gibt es kleine Initiativen, etwas anders zu machen. Am Ende aber bleibt alles beim Alten.

Dieses Gefühl teilen viele, die sich mit Ernährungspolitik beschäftigen: Wir kennen die Probleme und treten doch auf der Stelle. Gesunde und sichere Lebensmittel, mehr Umwelt-, Natur- und Klimaschutz in Landwirtschaft und Industrie, eine gute Tierhaltung, faire Preise und eine stabile Existenzgrundlage für Bäuerinnen und Bauern: Die Ziele teilen fast alle, mindestens rhetorisch. Aber wir kommen einfach nicht voran.

Warum ist das so? Dieser Frage geht dieses Buch nach – am Beispiel von Problemen, die intensiv öffentlich diskutiert werden, aber ungelöst bleiben, und von Themen, die außerhalb von Fachkreisen trotz ihrer Brisanz kaum Aufmerksamkeit erhalten. Was sie gemein haben: Es fehlt weder an Erkenntnis noch an Engagement. Studien haben die nötigen Zusammenhänge gut belegt. In der Wissenschaft, in Kliniken, in der Landwirtschaft, in privaten Initiativen und in Unternehmen mühen sich viele Menschen nach Kräften, unser Ernährungssystem umzukrempeln, es zum Besseren für Mensch, Tier und Umwelt und damit vor allem für zukünftige Generationen zu beeinflussen. Warum gelingt es ihnen nicht, den Markt zu ändern? Woran scheitern viele Initiativen? Welche Strukturen stehen ihnen im Weg? Und wie schaffen es Lobbys immer wieder, so manchen Fortschritt auszubremsen?

Das sichtbarste Ernährungsproblem in unserer Gesellschaft ist fraglos Übergewicht. Es betrifft bereits kleine Kinder und hat viel mit jenen Lebensmitteln zu tun, für die so manche ihrer Sport-Idole die Werbetrommel rühren. Den zentralen Anstoß für dieses Buch gab mir jedoch das hierzulande vielleicht unsichtbarste Ernährungsproblem: Hunger.

Hunger, bei uns im reichen Deutschland? Ja. Ich gebe zu: Die Erkenntnis, dass mitten in unserer Überflussgesellschaft Kinder an Hunger leiden, wollte ich zunächst nur widerstrebend annehmen. Doch wer hinschauen möchte, kommt an dieser traurigen Wahrheit nicht vorbei. Vor allem Kinder aus einkommensschwachen Familien betrifft jenes Phänomen, das in der Wissenschaft der »verborgene Hunger« heißt: Ihnen fehlt es nicht an Kalorien, sondern an wichtigen Vitaminen und Mineralien. Die aber sind elementar für eine gesunde körperliche und geistige Entwicklung, sie entscheiden also mit darüber, ob Kinder, die in Armut aufwachsen, später auch als Erwachsene in Armut leben müssen.

Oft sind es dieselben Kinder, die wir auf der Straße mit einem Blick als übergewichtig erkennen können. Sie sind übergewichtig und unterernährt *zugleich*, was es so einfach macht, das Problem zu ignorieren. Genau das geschieht. Seit Jahren weist die Forschung auf den verborgenen Hunger hin. Belegt, dass es zahlreichen Familien bereits an den finanziellen Mitteln fehlt, um sich und ihre Kinder gesund ernähren zu können. Und zeigt auf, welche messbaren Folgen das hat, wenn bei Schuleingangsuntersuchungen die Kinder aus benachteiligten Verhältnissen kleiner sind als Gleichaltrige.

Selbst mit solch schockierenden Befunden findet sie bei den politisch Verantwortlichen bislang kein Gehör. Es wäre eine Frage der Chancengerechtigkeit für unsere Kinder, Ernährungsarmut wirksam zu bekämpfen. Doch so ist es nur ein Beispiel von vielen, in denen Ernährungspolitik es nicht vermag, Probleme anzunehmen und sie zu lösen. Wenn sie es sich nicht zum Ziel setzt, alles für die bestmögliche Zukunft von Kindern zu tun, dann läuft etwas in die grundsätzlich falsche Richtung. Dann bedarf es einer neuen, einer anderen Ernährungspolitik.

Wie können wir dahin kommen, auch unangenehme Erkenntnisse zuzulassen und alte, im politischen Diskurs weitverbreitete Verhaltensmuster beiseitezuschieben wie Cristiano Ronaldo die beiden Cola-Flaschen? Diese Frage treibt mich um – und zum Glück nicht nur mich. Viele wollen etwas bewegen. Es ist deshalb auch ein Buch über Menschen, die gegen Ernährungsarmut kämpfen oder dafür, dass in den Kliniken niemand mehr ohne Not an Mangelernährung sterben muss. Die Lebensmittel sicherer machen wollen oder Landwirtschaft klimafreundlicher. Und die allesamt an Grenzen stoßen, weil unsere bisherige Ernährungspolitik versagt, den weitreichenden Folgen für uns Menschen und für unsere Umwelt zum Trotz.

Wir sollten uns dieses Versagen als Gesellschaft nicht länger leisten.

KAPITEL 1

Armutsspirale

Warum in Deutschland Kinder hungern und
die Bundesregierung heute schon die Armut
von morgen fördert

Es ist Schlag 20 Uhr. Pünktlich auf die Minute begrüßt der Präsident die versammelten »Freunde«, wie sich die Vereinsmitglieder gegenseitig ansprechen. Der Rotary-Club Wiesbaden hat zum Vortrag geladen, mitten in der Pandemie, und das bedeutet: online auf Zoom. Etwa 35 Rotarierinnen und Rotarier haben sich eingewählt. Die meisten von ihnen weißhaarige Männer, die im Hemd vor der Webcam sitzen, einer hat das Weinglas griffbereit im Bildausschnitt platziert. Schwer lässt sich ein Ort vorstellen, der in diesem Moment weiter vom Zustand der »Ernährungsarmut« entfernt sein könnte als diese Digitalkonferenz an einem Dienstagabend im April 2021. Doch genau um dieses Thema soll es gehen. Als Gast ist ein »weltweit bekannter Wissenschaftler« angekündigt.

»Freund Biesalski« erhält das Wort. Hans Konrad Biesalski, Ernährungsmediziner, international angesehen für seine Forschung zu Vitaminen und anderen Nährstoffen – und zu der Frage, was passiert, wenn es an Nährstoffen fehlt. Jahrelang hat der 72-Jährige mit Kindern in Entwicklungsländern gearbeitet. Heute referiert er über Ernährungsarmut von Kindern in Deutschland. Auf den ersten Blick mag das überraschen, wenn einer seine Erfahrungen in den Ländern, die von Hungersnot geplagt sind, auf anderen Kontinenten gesammelt hat. Auf den zweiten Blick liefern genau diese Erfahrungen die Erklärung dafür. »Ich habe gesehen, was passiert, wenn die Versorgung nicht stimmt«, sagt Biesalski. Und dies sei eben auch im reichen Deutschland der Fall, wo wir genügend Hinweise auf Mangelernährung und ihre schwerwiegenden Folgen finden. Wenn wir nur genau hinsehen.

Der »verborgene Hunger« ist Biesalskis wichtigstes Thema. Gewöhnlichen Hunger können wir stillen, indem wir essen. Das heißt zunächst einmal: *irgendetwas* essen, das satt macht, genügend Kalorien bringt, sogenannte *Makro*nährstoffe also – Kohlenhydrate, Eiweiß, Fett. Doch für unseren Körper ist es auch wichtig, *was* wir essen. Er verlangt nach einer Vielzahl an *Mikro*nährstoffen: Vitaminen und Mineralien. Sie beeinflussen unseren Stoffwechsel, das Zellwachstum, das Immunsystem. Unser Körper kann sie nicht lange speichern, weshalb wir ständig für Nachschub sorgen müssen. Gelingt dies nicht, leiden wir an verborgenem Hunger, auch wenn wir satt sind: Weder magern wir schnell ab, noch bilden sich Hungerbäuche. Es gibt keine eindeutigen Symptome, die nicht auch andere Ursachen haben könnten: Das Immunsystem von Mangelernährten ist weniger robust, sie sind anfälliger für Krankheiten, sie riskieren körperliche oder kognitive Einschränkungen. Die Folgen können erst spät auftreten oder bereits nach wenigen Wochen, jedenfalls weit bevor ein klinischer Nachweis möglich ist. Im Blut ist der Mangel lange Zeit kaum messbar, dort hält der Körper den Vitaminspiegel hoch, solange es geht, während er seine Speicher bereits restlos leer geräumt hat.[1,2] Kurzum: Es ist ein Hunger, der kaum zu sehen ist, der selbst Übergewichtige ereilen kann. Betroffene mögen satt sein, gesund sind sie nicht.

»Sie kommen aus der Falle nicht raus«

Im Wiesbadener Rotary-Club erntet Biesalski nachdenkliche bis betroffene Gesichter, soweit der Blick durch die Webcams in die Wohnzimmer diese Interpretation zulässt. Schnell merken die »Freunde«: Dem Mann mit Halbglatze, der so leger im weiß-grau gestreiften, kurzärmeligen Polohemd vor seinem Kachelofen sitzt, ist es ernst. Ernährungsarmut werde in Deutschland übersehen, »in den Medien hört man fast nichts davon«, klagt er. Ständig lese er gut gemeinte Pressemitteilungen, in denen irgendwer dazu rät, wir sollten doch mehr Obst und Gemüse essen, um uns gesund zu ernähren. Biesalski bringt das in Wallung. »Damit kann man Kindern in Armut nicht helfen«, wird er deutlich. »Sie kommen aus der Armutsfalle nicht raus. Die erheblichen Entwicklungsstörungen werden sie auch noch in ihrem späteren Berufsleben behindern.«

Mitten in Deutschland also Kinder aus armen Familien, die Hunger leiden, verborgenen Hunger, und die dadurch bleibende Schäden davontragen für den Rest ihres Lebens: Biesalskis Botschaft ist nicht leicht zu verdauen. Um sie zu verstehen, müssen wir zurückgehen nach Uganda und Äthiopien, wo Biesalski als Professor der Universität Hohenheim Studien zum Vitaminmangel durchführte. Ein Mangel, der sich dort dramatisch zeigte: in Gestalt von Kindern, die noch im Alter von neun den Körperbau Vierjähriger hatten. »Sie sehen diese Kinder, und Sie wissen ganz genau: Ihre Perspektive ist miserabel«, erzählt Biesalski am Telefon, einige Wochen nach seinem Vortrag beim Rotary-Club.

Vor etwa 15 Jahren stieß er auf die Studien der US-amerikanischen Kinderärztin und Neurowissenschaftlerin Kimberly G. Noble. In verschiedenen Untersuchungen hatte sie einen Zusammenhang zwischen Einkommen und Sozialstatus der Eltern und der Größe und Leistungsfähigkeit der Gehirne ihrer Kinder nachgewiesen – vor allem jener Hirnregionen, die Sprach- und Lesefähigkeiten bestimmen.[3] »Da ist mir klar geworden, dass wir auch hier ein Problem haben«, sagt Biesalski. »Wir sollten bei Mangelernährung nicht erst handeln, wenn Skorbut und Rachitis auftreten. Auch in Deutschland haben Kinder in Armut eine schlechtere Perspektive, obwohl das nicht sein müsste.«

Bei wichtigen Nährstoffen werden Empfehlungen unterschritten

Als Vitamin-Mangelland ist Deutschland nicht bekannt. Doch es lohnt ein Blick auf die Details. 2015 wies eine internationale Forschungsgruppe mit einer (von der Pharmaindustrie gesponserten) Datenanalyse[4] auf einen »beträchtlichen« Anteil Kinder in Europa hin, die kritisch wenig Vitamin D, Vitamin E und Jod aufnehmen. In Deutschland ließ das staatliche Robert Koch-Institut zwischen 2015 und 2017 mehr als 2 500 Kinder und Jugendliche über ihr Ernährungsverhalten interviewen, wertete Ernährungsprotokolle und Fragebögen aus. Und gelangte zu der Erkenntnis, dass sie die empfohlenen Aufnahmemengen einiger wichtiger Vitamine (vor allem Folsäure, Vitamine D und E) sowie Mineralien (insbesondere Eisen und Jod, aber auch Kalzium und Kalium) unterschreiten.[5] Zu ähnlichem Ergebnis war Jahre zuvor bereits die groß angelegte Nationale Verzehrsstudie gekommen. Vor allem die Aufnahme von Vitamin D, Folsäure und Jod lag demnach unterhalb der Empfehlungen, insbesondere bei weiblichen Jugendlichen auch Eisen, Kalzium und Magnesium.[6]

Das ist die eine Seite. Die andere Seite ist die in Deutschland besonders ausgeprägte Abhängigkeit des Bildungserfolgs vom sozialen Status. Als Jan Skopek und Giampiero Passaretta, Sozio-

logen am Trinity College in Dublin, der Frage nachgehen wollten, zu welchem Zeitpunkt die Leistungsunterschiede eigentlich
entstehen, hatten sie eine Vermutung: Vor allem in der Schule,
so dachten sie, und im Laufe der Schullaufbahn würden die Unterschiede weiter zunehmen. Um ihre These zu prüfen, werteten
sie Leistungstests von Kindern der verschiedensten Altersstufen
in Deutschland aus. Sie waren überrascht: Die Differenzierung
erfolgte erheblich früher, lange vor der Einschulung. Bereits
unter sieben Monate alten Säuglingen bestanden deutliche Unterschiede in der Leistungsfähigkeit, abhängig vom sozioökonomischen Status ihrer Eltern. Bis zum zweiten Geburtstag nahmen sie weiter zu. Das Schulsystem vermag es zwar nicht, die
Unterschiede später auszugleichen – aber die Schule ist nicht die
Ursache des Problems.[7] Die liegt anderswo.

Die Frage lautet: Gehören beide Seiten zur selben Medaille?
Ist das eine, sind also die Nährstofflücken die Ursache des anderen, der Entwicklungsunterschiede? Vieles spricht dafür: Die
Ungleichheit entsteht in einem Zeitraum, in dem die schulische
Förderung noch keine Rolle spielen kann, Ernährung aber großen Einfluss auf die geistige und körperliche Entwicklung der
Kinder hat. Vitamine und Mineralien spielen für unsere Gesundheit eine tragende Rolle. Wir brauchen Kalzium und Vitamin D
für den Knochenbau, Kalium für die Herzgesundheit, Folsäure
für ein gesundes Wachstum. Zu wenig Vitamin E schwächt unsere Abwehr, ein Vitamin-D-Mangel steht in Verdacht, an der
Entstehung chronischer Krankheiten wie Diabetes mitzuwirken.
Jod wiederum wird von unserer Schilddrüse bei der Produktion
von Hormonen genutzt. Fehlt es, werden das Wachstum und
viele Zellfunktionen gestört, was bei Kindern die gesamte mentale und körperliche Entwicklung beeinflusst – ebenso wie
Eisenmangel, durch den die Sauerstoffversorgung von Zellen
leidet. »In den Monaten, die am wichtigsten sind, fehlt es genau

an den Mikronährstoffen, die für die Gehirnentwicklung entscheidend sind«, sagt Biesalski.

»Ausgeprägte Statusunterschiede«

Über den Zusammenhang mit Armut geben die großen staatlichen Studien nur begrenzt Aufschluss. Zwar glich das Robert Koch-Institut die Lebensmittelzusammenstellung von Menschen mit ihrer sozioökonomischen Lage ab und stieß dabei auf »ausgeprägte Statusunterschiede«[8]: Kinder und Jugendliche aus ärmeren Familien essen seltener Obst und Gemüse, dafür größere Mengen an »energiedichten« Lebensmitteln, also Produkte mit hohem Fett- oder Kohlenhydrat-, aber niedrigem Vitamin- und Mineraliengehalt. Sie sind vier Mal häufiger krankhaft fettleibig als Gleichaltrige aus wohlhabenderen Familien.[9] Den Trend bestätigt die Nationale Verzehrsstudie: Menschen in der »Oberschicht«, heißt es da, nehmen merklich mehr Lebensmittel mit günstiger Nährstoffzusammensetzung wie Obst, Gemüse, Pilze, Hülsenfrüchte und Fisch zu sich als Angehörige der »unteren« Schichten.[10] Wobei die Studie diesen Trend noch eher unter- als überschätzt, da sie ausgerechnet jene Bevölkerungsgruppen, die ein erhöhtes Risiko für Ernährungsarmut tragen – Familien mit Kindern, Heimbewohner:innen, Migrant:innen, Wohnungslose –, entweder unterrepräsentiert oder ganz ausklammert.[11] Nicht nur Übergewicht, sondern auch Nährstoffmangel dürfte folglich bei Kindern aus armen Familien eine größere Rolle spielen als bei Kindern wohlhabenderer Herkunft. *Wie groß* der Mangel ist, darüber fehlen aussagekräftige Daten. Sie wären wichtig, um sich der Dimension der Ernährungsarmut zu nähern. Doch trotz umfangreicher Datensammlungen fehlt dieses Thema in den Studienberichten.

Was es gibt, sind klare Indizien für die Folgen der Mangelernährung: Sie sind fatal. Daten der Weltgesundheitsorganisation zeigen, dass die Nährstoffversorgung auch die Körpergröße beeinflusst, die Kinder erreichen.[12] Ein unterdurchschnittliches Längenwachstum gilt als Indikator für eine schlechtere körperliche wie geistige Entwicklung, eine schlechtere gesundheitliche Verfassung und für ein höheres Risiko für Krankheiten wie Diabetes.[13] Weil genetische Veranlagung dazu führt, dass Menschen sehr unterschiedlich groß werden, lässt sich zwar nicht von der Größe einer einzelnen Person auf ihre Nährstoffversorgung, Entwicklung oder den Gesundheitszustand schließen. Sind jedoch ganze Gruppen im Schnitt kleiner als andere, hat dies Aussagekraft. Genau darauf gibt es in Deutschland handfeste Hinweise.

Kinder aus armen Familien
sind kleiner gewachsen

Auf schockierende Weise beförderte sie eine Langzeitstudie aus Brandenburg ans Licht. Zwischen 1994 und 2006 konnten Wissenschaftler in Zusammenarbeit mit den Gesundheitsbehörden Daten der Schuleingangsuntersuchungen in dem Bundesland auswerten. Bei mehr als 250 000 Kindern hatten die Ämter in diesem Zeitraum sprachliche Kompetenzen und körperliche Entwicklung analysiert sowie Informationen über Ausbildungsstatus und Erwerbstätigkeit der Eltern erfasst. Der Abgleich macht deutlich, wie dramatisch ungleich Chancen verteilt sind: Kinder aus Elternhäusern mit niedrigem sozialem Status, in denen die Eltern nur ein geringes Ausbildungsniveau aufwiesen oder Arbeitslosigkeit für ein mutmaßlich niedriges Familieneinkommen sorgte, hatten im Durchschnitt eine geringere Körpergröße. Sie versteht der Tübinger Wirtschaftshistoriker Jörg Baten, der die Daten auswertete, als eine Art »kombinierten Index aus Nahrungsqualität, medizinischer Versorgung und der Qualität von elterlicher Sorgearbeit«. Die Unterschiede waren deutlich messbar: Kinder mit einem arbeitslosen Elternteil waren mehr als einen halben Zentimeter, Kinder alleinerziehender Mütter 1,3 Zentimeter kleiner als Gleichaltrige. Sechsjährige aus kinderreichen Familien mit mutmaßlich knapperem Haushaltsbudget kamen auf 1,8 Zentimeter weniger. Hatten sie beides, viele Geschwister und einen arbeitslosen Elternteil, lagen sie sogar mehr als zwei Zentimeter hinter Gleichaltrigen zurück.[14]

Zahlenmäßig mögen die Unterschiede gering erscheinen, in Bezug auf so junge Kinder sind sie mehr als bemerkenswert. Zumal angenommen werden darf, dass nicht nur das Längenwachstum gehemmt ist. Es ist gut belegt, dass bei Kindern, die in Armut leben, häufiger die Entwicklung gerade jener Teile des Gehirns gestört ist, die für die sprachlichen Fähigkeiten entscheidend sind. Ihr Hippocampus, der zentral ist für die Lernfähigkeit, ist nachweislich kleiner.[15] Auch hierfür liefert die Brandenburger Studie Hinweise. Sie legt nahe, dass sich die »soziale Schicht« auch auf die Gesundheit und Sprachfähigkeit auswirkt: Kategorien, in denen die Kinder aus benachteiligten Familien ebenfalls schlechter abschnitten.[16]

Die großen, bereits zitierten staatlichen Studien hätten für ein sehr viel genaueres Bild der Situation in Deutschland sorgen können – sie taten es nicht. Bei seiner umfangreichen Sammlung erfasste das Robert Koch-Institut durchaus die nötigen Daten zum sozioökonomischen Status und zur Körpergröße der Kinder. In Relation setzte es diese nicht, was naheliegend gewesen wäre, hätte es den Zusammenhang zwischen sozialer Stellung und Nährstoffaufnahme bzw. Körpergröße näher untersuchen wollen. »Hierzu gibt es noch keine Auswertungen«, teilt das Institut im April 2021 auf Anfrage mit, diese seien aber

durchaus geplant. Wann? Das vermochte das Institut nicht ab-
zusehen. Dabei stammen die Daten bereits aus den Jahren 2015
bis 2017.

»Jeder ist für sich verantwortlich«

Weshalb werden solche Auswertungen bislang trotz vorhandener
Daten von den politisch Verantwortlichen nicht beauftragt?
»Weil nicht sein kann, was nicht sein darf«, ist Hans Konrad
Biesalski überzeugt. Der Ernährungsmediziner glaubt nicht an
Zufall oder Nachlässigkeiten. Schließlich könnten die Studien
allen vor Augen führen, dass das reiche Deutschland ein Armuts-
problem hat. Eines, das nicht nur unschöne Statistiken verursacht, sondern das die Lebenschancen von Kindern massiv verringern kann.

Seit Biesalski Ernährungsarmut in Deutschland als Thema
erkannt hat, lässt es ihn nicht mehr los. Bereits 2008 tritt der
Professor beim kurz zuvor gegründeten Deutschen Ethikrat auf,
der sich auf einer seiner ersten Veranstaltungen überhaupt der
Frage widmet: »Trägt der Staat Verantwortung für eine gesunde
Ernährung?« Im Berliner Palais am Festungsgraben entspinnt
sich in mehreren Akten über den Abend verteilt eine Debatte
zwischen Biesalski und Gerd Müller – der spätere Entwicklungs-
hilfeminister ist zu dieser Zeit Parlamentarischer Staatssekretär
im Bundesernährungsministerium –, nachzulesen in einem
Wortprotokoll der Veranstaltung.[17] Sie zeigt beispielhaft, wie Verantwortliche in der Politik bis heute bei einem virulenten Thema
am wenig schmeichelhaften Kern der Sache vorbeireden. Denn
wenn sich Einkommensschwache schlechter ernähren, Kinder
unter den Folgen leiden, stellt sich die Frage: Haben sie daran
einfach selbst Schuld – oder trägt auch der Staat eine Verantwortung?

Zum Abschluss seines Vortrags weist Biesalski eindrücklich auf die »mangelnden finanziellen Mittel« für den Kauf gesunder Lebensmittel hin. Die Aufgabe des Staates sieht er darin, »das ökonomische Kapital der Eltern« sicherzustellen, damit sie ihre Kinder überhaupt gesund ernähren *können*. Müller hingegen betont die Eigenverantwortung der Menschen. 100 000-mal, so rechnet er vor, entschieden wir im Zuge unseres Lebens, was wir essen: »Es sind 100 000 bewusste Entscheidungen, die in der individuellen Verantwortung liegen. Jeder ist für sich verantwortlich.« Biesalski, damit offenkundig unzufrieden, lässt nicht locker. Als er das Wort erhält, kommt er auf den Punkt zurück: Kinder aus einkommensschwachen Familien könnten sich »nicht aus eigener Kraft gesund ernähren«, insistiert er. »Die Zahlen sind eindeutig. An dieser Stelle sollte man sich etwas überlegen.«

Die Überlegungen von Gerd Müller gehen an der Kritik jedoch vollständig vorbei: Der Staat müsse ein »verpflichtendes Schulfach zum Ernährungs- und Verbraucherverhalten« einführen, meint der CSU-Politiker schließlich. Die Botschaft: Den Leuten fehlt das Wissen. Dass ihm gerade wissenschaftliche Studien und Schaubilder präsentiert wurden, um zu zeigen, dass sich Einkommensschwache, Wissen hin oder her, die Zutaten für das gesunde Kochen einfach nicht leisten können, darauf geht der Staatssekretär mit keiner Silbe ein.

Es ist ein Stück des gepflegten Aneinandervorbeiredens, wie es auch mehr als zehn Jahre später noch regelmäßig inszeniert wird. Für die Betroffenen hat sich seither wenig geändert. Was kaum daran liegen dürfte, dass es auch das angepriesene Schulfach bis heute nicht gibt.

Es gibt keinen Hunger,
sagt die »Lebensministerin«

Biesalski entwickelt in den Jahren nach der Veranstaltung eine zunehmende Umtriebigkeit. Als Experte geht er zu Anhörungen im Bundestag und zu Veranstaltungen der Fraktionen. Vor Abgeordneten aller größeren Parteien habe er gesprochen und die Studienlage präsentiert, sagt Biesalski heute – ohne Erfolg. »Offenbar haben sie Angst, in Erklärungsnot zu kommen«, vermutet er. Tatsächlich gilt hierzulande Hunger als weit entferntes Phänomen. Mangelernährung? In Afrika, natürlich, aber bei uns? »Wir können uns alle glücklich schätzen, mehr als glücklich schätzen, in unserem Land keinen Hunger oder existenziellen Mangel erleben zu müssen, auch wenn nicht wenige einen knappen Geldbeutel haben oder das Leben schwer ist«, sagt Julia Klöckner 2018 im Bundestag bei ihrer Antrittsrede[18] als Chefin des von ihr so getauften »Lebensministeriums«. Ihre bemerkenswerte Begründung: »In Deutschland haben wir eine große Auswahl an hochwertigen Lebensmitteln. Nehmen wir das zu selbstverständlich? Wir gehen in den Supermarkt, zum Hofladen, auf den Wochenmarkt, tummeln uns an der Theke, im Internet. Und seien wir ehrlich: Wir machen uns viel zu wenig Gedanken darüber, wie viel Aufwand, Sorgfalt, Herzblut, Arbeit in diesen Lebensmitteln steckt.« Die Frage ist: Nehmen es nicht Klöckner und andere zu selbstverständlich, dass sie sich aus dieser Auswahl frei bedienen können?

Professor Biesalski ist ein höflicher Mensch. Doch bei mancher Argumentation platzt ihm der Kragen, dann empört er sich maßlos über »die Klugscheißer, die sagen: Die sollen doch mal richtig kochen lernen«. In all den Jahren erlebt er, wie sich die hoffnungslosen Diskussionen wiederholen, immer nach demselben Muster, in Endlosschleife. Februar 2019, das Audimax der

Universität Hohenheim ist gefüllt mit Gästen aus buchstäblich allen Teilen der Erde. Bereits zum vierten Mal hat Biesalski zum internationalen Hidden Hunger Congress geladen. Unter den Sponsoren ist auch das baden-württembergische Landwirtschaftsministerium, und so müssen die teils hochrangigen internationalen Gäste aus Wissenschaft, Behörden, Politik und Organisationen eine Begrüßungsrede über sich ergehen lassen, die Staatssekretärin Friedlinde Gurr-Hirsch in stark schwäbisch eingefärbtem Englisch vom Blatt liest. Ihr Auftakt ist durchaus verheißungsvoll. Ja, verborgener Hunger sei auch in Deutschland ein Problem, vor allem für arme Familien, sagt die CDU-Politikerin in seltener Offenheit. Doch zur Lösung fällt ihr nicht viel anderes ein, als dass es die »competence in the kitchen«, die Küchenfähigkeiten dieser armen Menschen, zu stärken gelte. Biesalski muss in diesem Moment dem Verzweifeln nahe sein.

4,96 Euro am Tag für Essen und Getränke

Ist das alles nicht auch eine Frage »fehlender Esskultur«, überlegt einer der Wiesbadener Rotarier in der Videokonferenz. Biesalski würde nicht bestreiten, dass es »auch andere Themen gibt als Geld«, die einer ausgewogenen Ernährung im Wege stehen – doch ihn bewegt die Frage: Hätten alle Menschen überhaupt die Voraussetzung dafür, gesund zu essen? Eine solche zu schaffen, ist Aufgabe der Politik, dazu definiert sie ein sogenanntes Existenzminimum. Nur: Nach allem, was bekannt ist, ermöglicht dieses Minimum Menschen keine *gesunde* Existenz.

»Wer von uns kennt denn wirklich eine arme Familie?«, fragt Biesalski die »Freunde«, ahnend, dass hier Welten aufeinanderprallen. »Ich schlage vor: Jeder Rotarier guckt mal, ob er eine Alg-II-Familie findet, und schwätzt mit denen.« Er habe das getan, und seitdem räumt er mit Vorurteilen auf: Die meisten Menschen, die Arbeitslosengeld (Alg) II, landläufig Hartz IV genannt, bezögen, seien keine trinkenden, kettenrauchenden Menschen, die das Geld vom Staat in große Fernseher steckten. Sondern zum Beispiel alleinerziehende Mütter, von denen viele – ob mit oder ohne »competence in the kitchen« – hart kämpfen müssen, wollen sie ihre Kinder gesund versorgen. Ein wenig ratlos wirken die Blicke im Rotary-Club, als Biesalski ihnen vorrechnet, wie viel, besser: wie wenig Geld Hartz IV für Essen vorsieht.

Formal betrachtet gibt es gar keinen offiziellen Betrag für Nahrungsmittel, Hartz IV kommt als eine Pauschale für alles. Doch in die Berechnung der Regelsätze fließen Annahmen ein, wie viel Geld die Menschen für ihr Leben brauchen: Ein Erwachsener, so unterstellt es der deutsche Staat im Jahr 2021, kann mit 150 Euro im Monat für Nahrung und Getränke auskommen. Macht 4,96 Euro am Tag, vom Frühstück bis zum Abendbrot. Für kleine Kinder ist es deutlich weniger, 2,98 Euro, für ältere Jugendliche etwas mehr, 5,27 Euro. 2017 glich eine Gießener Ernährungswissenschaftlerin die damaligen Sätze mit den minimalen Kosten einer vernünftigen Ernährung ab und stellte fest: Das reicht nicht.[19] Sie bestätigte damit die – politisch ignorierten – Erkenntnisse früherer Studien. Eine wissenschaftliche Studie, die auf Basis von Preisen des Jahres 2002 die Kosten einer gängigen Empfehlungen entsprechenden »Vollwertkost« ermittelte, kam auf 227,30 Euro im Monat für eine gesunde Frau mittleren Alters.[20] Den Betrag errechneten sie vor allem auf Basis von Preisen für konventionelle Lebensmittel in Supermärkten im Raum Karlsruhe. Discounter-Preise ließen sie unberücksichtigt, und dennoch: Mit dem Geld, das Hartz-IV-Beziehende *heute* erhalten, hätten sie sich schon zu den Preisen von vor 20 Jahren eine gute Ernährung nicht leisten können. Der Bedarf für gesundheitsfördernde Kost lag in der Studie bereits 50 Prozent über dem, was die Regelsätze den Menschen im Jahr 2021 für Nahrungsmittel zugestehen.

»Zur Monatsmitte nur noch Nudeln«

So machen auch ernährungsbewusste Hartz-IV-Beziehende die Erfahrung, dass am Ende des Geldes noch verdammt viel Monat übrig ist. Menschen wie Helena Steinhaus, die mit ihrem Bruder und der alleinerziehenden Mutter zur ersten Hartz-IV-Generation gehörte und deren Erfahrung sich in einem Satz zusammenfassen lässt: »Da gab's dann halt zur Monatsmitte nur noch Kartoffeln oder Nudeln.« 2015 gründete sie die Initiative Sanktionsfrei, ein Solidartopf für Menschen, die, so Steinhaus, »zeitweise den Gürtel nicht nur im übertragenen Sinn enger schnallen«. Mit Spendengeldern gleicht sie wenigstens für einige die Fehlbeträge aus. Vor allem dann, wenn die Behörden ihnen das eigentliche Existenzminium zur Strafe für Pflichtversäumnisse noch weiter gekürzt haben. Akut helfen kann sie damit erst einmal nur Einzelnen, doch vor allem will sie mit ihrer Initiative öffentlich darauf hinweisen, dass das Problem ein strukturelles ist.

Wer wenig hat, muss günstig einkaufen. Bei Lebensmitteln bedeutet das: möglichst viele Produkte, die zu einem möglichst niedrigen Preis möglichst gut satt machen. Also eben kein frisches Obst, Gemüse oder Hülsenfrüchte, die wichtig für die Versorgung mit Vitaminen und Mineralien wären. Sondern Nudeln, Kartoffeln, fettiges Fleisch, Fertiggerichte – energiedichte Lebensmittel mit vielen Kalorien pro Gramm, aber nur geringer Nährstoffqualität. Internationale Studien belegen: Menschen mit geringem Einkommen greifen in viel zu großen Mengen zu kalorienreichen und nährstoffarmen Lebensmitteln, weil diese schlichtweg billiger sind als eine gesundheitsfördernde Auswahl.[21]

Für das Portemonnaie kann das gewaltige Unterschiede machen, wie ein Forscherteam für Großbritannien anhand der Preise des Jahres 2012 berechnete. Für gesündere Lebensmittel mussten Menschen demnach 7,49 Pfund bezahlen, um 1000 Kilokalorien zusammenzubekommen – aber nur 2,50 Pfund, wenn sie die gleiche Energiemenge aus weniger gesunden Lebensmitteln bezogen.[22] In Deutschland wertete das Forschungsinstitut für Kinderernährung in Dortmund die Ernährungstagebücher von fast 400 Kindern und Jugendlichen aus und ermittelte im Jahr 2009 die Einkaufspreise für 341 Lebensmittel. Auch hier zeigten sich energiedichte Produkte als günstigere Wahl.[23]

Dass die traurige Realität alle Studienerkenntnisse überdauert, hat viel damit zu tun, dass der Hunger, den Einkommensschwache leiden, meistens ein verborgener Hunger bleibt. Es mangelt ihnen eben nicht an Kalorien, im Gegenteil, die nehmen viele im Übermaß zu sich. Es fehlt an Vitaminen und Mineralien, und das sieht man den Menschen nicht so an wie ihr Übergewicht, das bei manchen noch die falsche Assoziation weckt, die Menschen hätten womöglich eher zu viel als zu wenig Geld zur Verfügung.

Wer sich für Menschen interessiert, kommt zu anderen Schlüssen. Stößt zum Beispiel auf US-amerikanische Studien, die nahelegen, dass in Wohlstandsgesellschaften ausgerechnet Fettleibige, die mehr (Kalorien) essen als Normalgewichtige, mit höherer Wahrscheinlichkeit mit wichtigen Nährstoffen unterversorgt sind. So ist zum Beispiel ein Eisenmangel bei Übergewichtigen sehr viel häufiger als bei Normalgewichtigen. Mit Abnehmen ist es nicht getan, im Gegenteil: Die Menschen tendieren bei Diäten wohl dazu, zwar weniger Ungesundes zu essen – aber stattdessen nicht mehr Gesundes. Die benötigten Mikronährstoffe fehlen deshalb weiter oder sogar noch mehr.[24]

Tafeln als systemrelevante Dauereinrichtung

In Deutschland versuchte vor allem die Soziologin Sabine Pfeiffer, die Größe des Problems in Zahlen zu fassen. Bereits 2011 sah sie eine »starke empirische Evidenz«, dass »im Herzen« unseres reichen Landes Hunger und Ernährungsarmut existierten.[25] Auf Basis sozioökonomischer Daten zu Haushaltseinkommen und -ausgaben schätzte sie, dass bis zu sieben Prozent der Menschen in Deutschland – also mehr als fünf Millionen – davon betroffen sein könnten.[26] Mit einer Langzeitstudie, für die über mehrere Jahre hinweg rund 450 Interviews mit mehr als 100 Sozialhilfeempfänger:innen geführt wurden, zeigte sie auch, wie Menschen damit umgingen, wenn das Geld nicht reicht: Viele versuchten demnach ihr Mögliches, um wenigstens ihre Kinder mit gesunder Nahrung zu versorgen. Und doch führten die finanziellen Engpässe dazu, dass Betroffene weniger aßen und beim Einkauf zu einer niedrigeren Qualität griffen: Gesündere Lebensmittel verschwanden, weil teurer, eher vom Speiseplan als weniger gesunde, aber satt machende Produkte. Die Interviews und Analysen von Daten zu Einkommen und Konsumauswahl verleiten Pfeiffer bereits seit vielen Jahren zu dem bitteren Fazit: »Besonders mit der Ernährungsarmut kehrt eine Dimension sozialer Ungleichheit zurück, die seit den frühen Nachkriegsjahren als überwunden galt.«[27]

Einmal gestand auch die Bundesregierung zaghaft ein Problem ein – und zwar eines, das nicht einfach mit den Kochfähigkeiten und dem Willen der Menschen zu tun hat, sondern mit dem verfügbaren Einkommen: im Frühjahr 2013 in der Antwort auf einen Standard-Fragebogen des Sonderberichterstatters für das Recht auf Nahrung bei den Vereinten Nationen. »Es gibt Anzeichen dafür, dass Unterernährung bei bestimmten Bevölkerungsgruppen eine Rolle zu spielen beginnt, nämlich bei Älteren und Menschen mit geringem Einkommen, die sich eine ausgewogene Ernährung mit einer Vielzahl von teureren Lebensmitteln wie frischem Gemüse, Obst und Fleisch nicht leisten können«, heißt es darin.[28] Doch ein erster Schritt zur Besserung war diese Selbsterkenntnis nicht.

Dabei ließen sich die »Anzeichen« nun wirklich nicht übersehen. Zum Beispiel die Entwicklung der Tafeln, die kostenlos Lebensmittel an Bedürftige verteilen und die, statt Hilfe in Notsituationen zu leisten, für viele Menschen längst zur systemrelevanten Dauereinrichtung geworden sind. Sowohl die Zahl der Einrichtungen wie auch die ihrer Gäste steigt kontinuierlich an. Einen besonderen »Schub« brachte die Einführung der Hartz-Gesetze 2005, nach der sich die Zahl der Tafeln binnen weniger Jahre annähernd verdoppelte.[29] Inzwischen sind es bundesweit mehr als 950 Tafel-Vereine, die an mehr als 2 000 Ausgabestellen gut 1,6 Millionen Menschen versorgen,[30] wobei sie nicht unbedingt dort entstehen, wo die Bedürftigkeit am größten ist, sondern wo Unternehmen ansässig sind, die überschüssige Lebensmittel abgeben wollen. Als Wissenschaftlerinnen Tafelgäste im Jahr 2015 befragten, stellten sie fest: Eine große Mehrheit (70 Prozent) von ihnen ist auf die Lebensmittelspenden dringend angewiesen[31] – eine Schande für ein so wohlhabendes Land. Der Staat ignoriere das alles großflächig, kritisiert die Soziologin Pfeiffer, er delegiere das Problem an Wohlfahrtseinrichtungen und habe selbst keinerlei Konzept gegen Ernährungsarmut.

Deren Größenordnung lässt sich in Ermangelung von Daten bis heute nur näherungsweise fassen. Vorsichtig schätzte die Welternährungsorganisation für das Jahr 2014, dass Ernährungsarmut 4,3 Prozent der Menschen in Deutschland betreffen könnte, stufte die Datengrundlage jedoch als wackelig ein.[32] Heute gelten rund 15 Prozent der Menschen in Deutschland aufgrund ihres geringen Einkommens als »armutsgefährdet«, bei den Kindern ist es sogar jedes fünfte.[33,34,35] Mehr als fünf Millionen Menschen beziehen Hartz IV[36], mehr als eine Million Grundsicherung im Alter.[37] Dem EU-Statistikamt zufolge konnten sich im Jahr 2020 mehr als fünf Prozent der Menschen in Deutschland nicht wenigstens jeden zweiten Tag eine vollwertige Mahlzeit leisten.[38] 2016 gaben neun Prozent der Menschen in den untersten Einkommensschichten in Deutschland an, zuletzt beim Einkauf auf frisches Obst und Gemüse verzichtet zu haben, weil das Geld dafür nicht reichte.[39] Sind es also vier, fünf oder sieben Prozent der Menschen, etwas weniger oder sogar noch mehr, denen es bereits an den finanziellen Voraussetzungen fehlt, sich gesund zu ernähren? Das ist am Ende nicht entscheidend, um eines festzustellen: Es besteht Grund zum Handeln.

Mitte 2015 nimmt Hans-Konrad Biesalski die Berufung in den Wissenschaftlichen Beirat des Bundesernährungsministeriums an, um dies endlich auch den politisch Verantwortlichen näherzubringen. Das hochkarätig besetzte Gremium aus annähernd 20 Professorinnen und Professoren hat da bereits die Arbeit an einem Rundumschlag aufgenommen: einem Gutachten über die richtige »Politik für eine nachhaltigere Ernährung«. Fünf Jahre später, im Juni 2020, liegt es vor: knapp 900 Seiten stark, vollgepackt mit ungewöhnlich deutlichen Empfehlungen für Ministerin Julia Klöckner, auch zum Thema Ernährungsarmut.[40] Alles ist gebündelt aufgeführt:

Dass sich Menschen in Armut schlechter ernähren.

Dass dies ein »manifestes Entwicklungsrisiko« für Kinder darstellt, das »kognitive und physische Beeinträchtigungen« zur Folge haben kann.

Dass mitten in Deutschland Menschen an »armutsbedingter Mangelernährung und teils auch Hunger« leiden, weil es am Geld fehlt, weil eine »Deckungslücke« zwischen Sozialleistungen und Bedarf für eine gesundheitsfördernde Ernährung besteht.

Dass eine Neuberechnung der Hartz-IV-Sätze deshalb »dringend vorzunehmen« ist.

Und Klöckner? Nehme das Gutachten ernst, heißt es aus ihrem Ministerium knapp ein Jahr nach dessen Vorlage. Es sei eine weitere Studie beauftragt, erste Ergebnisse »werden 2023 erwartet«. Und sonst? Was sagt die Ministerin zur Höhe der Hartz-IV-Sätze und ihrer Berechnungsgrundlage? Sie schweigt. Auf Anfrage erklärt das Ernährungsministerium, zu dieser existenziellen Ernährungsfrage noch nicht einmal eine Position zu haben. Zuständig für die Regelsätze sei das Sozialministerium.

Da lagen die größten Ausschläge der ersten COVID-19-Wellen, die die Situation für Menschen in Armut zusätzlich verschärft hatten, bereits hinter uns. In den Hochphasen der Pandemie hatten Schulen und damit auch ihre Kantinen schließen müssen, ebenso Einrichtungen, die kostenlose Mittagessen für Jugendliche oder bedürftige Rentner:innen anbieten – und die Tafeln. Als diese wieder öffneten, verzeichneten sie so viel Zulauf wie noch nie.[41] Während das Leben eingeschränkt blieb, aßen Kinder noch mehr Ungesundes. Vor allem sozioökonomisch Benachteiligte legten messbar an Gewicht zu, wie die TU München bei Befragungen herausfand.[42,43] Gleichzeitig zogen im Corona-Jahr 2020 die Preise für Obst und Gemüse kräftiger an als die durchschnittliche Teuerungsrate, was eine gesunde Ernährung für Arme noch weiter erschwerte.[44]

Biesalski versuchte, auch hier zu helfen. In Pirmasens warb er inmitten der ersten Corona-Welle Gelder ein, 25 000 Euro, von der Stadt und den örtlichen Rotary- und Lions-Clubs[45,46] – und während der Unterricht in der Schule ausfiel, organisierte er für benachteiligte Kinder an einer Brennpunktschule kostenlose, hochwertige Mittagessen zum Abholen. »Es ist ein Tropfen auf den heißen Stein«, sagt der Professor in seinem Video-

Vortrag vor dem Wiesbadener Rotary-Club. »Aber in diesem Fall ist ein Tropfen besser als gar nichts.« Und auch der Club in der hessischen Landeshauptstadt zeigt sich bereit, zu helfen. Sollte eine nächste Welle wieder zu Schulschließungen führen, könnte es schnell losgehen.

Tausend Tage, die entscheiden

Es sind kleine Nothilfe-Projekte, die Einzelne initiieren können, um das Versagen des Staates punktuell auszugleichen. Am großen Ganzen vermögen sie nichts zu ändern. Dazu bedarf es einer entschiedenen Politik, die sich um die Zukunftschancen von Kindern kümmert – und zwar auch im Interesse solcher, die noch gar nicht geboren sind.

Je jünger ein Kind, umso größer ist die Bedeutung der Ernährung für seine Entwicklung. Mit höchster Sensibilität blicken die Ernährungswissenschaften auf das sogenannte Tausend-Tage-Fenster, das sich als besonders entscheidend herauskristallisiert hat: Es umfasst den Zeitraum von Beginn der Schwangerschaft bis zum zweiten Geburtstag. »Beobachtungsstudien zeigen, dass die Ernährung in den ersten 1 000 Tagen lebenslange Effekte hat«, so Berthold Koletzko, Leiter der Abteilung für Stoffwechsel und Ernährung am Kinderspital der Ludwig-Maximilians-Universität München, im *Deutschen Ärzteblatt*.[47]

Verharren wir kurz bei dieser bedeutsamen Erkenntnis: Als Erwachsene entscheiden wir uns jeden Tag mehrmals neu, was wir essen. Wir können unsere Ernährung umstellen, die Mengen wie auch die Zusammensetzung ändern, und damit zwar langsam, aber spürbar Gewicht, Blutwerte und Befinden verändern. Doch was in diesen ersten tausend Tagen geschieht, hat für ein Kind lebenslange Folgen, im Guten wie im Schlechten. Ein

Nährstoffmangel in dieser Zeit lässt sich später kaum noch wettmachen.

Mit diesem Wissen könnte ein Staat vieles tun, um Kindern gute Startvoraussetzungen zu schaffen. Er könnte werdenden und frischgebackenen Eltern eine kompetente Beratung durch Gynäkologinnen, Kinderärzte und Hebammen für die so sensible Zeit zur Seite stellen. Dafür freilich müsste Ernährung in der Ausbildung zu diesen Berufen eine Rolle spielen. Erstaunlicherweise ist dies nicht der Fall.

Ganze Generationen haben Medizin studiert, ohne dass ihnen ein fundiertes Ernährungswissen vermittelt worden wäre. Zwar wird Essen am Rande thematisiert, wenn es um Diabetes oder andere ernährungsbedingte Krankheiten geht, und seit Kurzem sehen die medizinischen Prüfungen auch Fragen zu Grundlagen der Ernährung vor. Ein kleiner Fortschritt – doch kein entscheidender. Ernährungstherapie und die Bedeutung von Ernährungsberatung spielen weiterhin grundsätzlich keine Rolle. »Das ist desaströs«, meint Martin Smollich, Professor für Pharmakonutrition am Universitätsklinikum Schleswig-Holstein in Lübeck. »Es gibt keine einzige Stunde in den Curricula, die Ernährungsmedizin heißt.«

Gemeinsam mit Ernährungsmediziner:innen in Verbänden und Fachgesellschaften fordere er dies immer wieder ein und komme sich dabei teilweise vor »wie Sisyphos«, ohne Chance, den Stein auf den Gipfel zu hieven. Ebenso ungehört verhallt der Ruf nach Lehrstühlen für Ernährungsmedizin an den Universitäten, durch die das Thema in Forschung und Lehre einen größeren Stellenwert erhalten würde. Mittlerweile weist auch die Bundesvertretung der Medizinstudierenden auf die »großen Lücken« in den Curricula hin und fordert mehr Ernährungsbildung in der Medizin.[48] Politisch aber passiert wenig.

Ähnlich die Situation bei Hebammen, die ebenfalls an zentraler Stelle Einfluss nehmen könnten. Auch für sie gilt: Was sie über Ernährung wissen, müssen sie sich selbst aneignen. 2008 kam eine groß angelegte Befragung, an der fünf Prozent aller Hebammen in Deutschland teilnahmen, zu dem Schluss, dass diese zwar über »gute Grundlagenkenntnisse« verfügten. Es zeigten sich aber auch wesentliche »Unsicherheiten und Fehlinformationen«, weshalb eine umfassende Beratung zu wichtigen Aspekten nicht gewährleistet sei und Risiken mit sich bringe.[49] Die Studie mag einige Jahre alt sein, doch in den Ausbildungen hat sich seither wenig getan.

Der Stoffwechsel wird im Bauch programmiert

Zurück zum Tausend-Tage-Fenster. Schon das, was eine werdende Mutter isst, beeinflusst also entscheidend die Gesundheit ihres Kindes. Einerseits *direkt*, weil die Nährstoffversorgung des Ungeborenen und damit sein Wachstum, seine Entwicklung vollständig davon abhängt, was die Mutter zur Verfügung stellt. Fehlt es an ausreichend Nährstoffen, vor allem an Vitamin A und D, an Eisen, Zink und Jod, hat das Folgen: Unterversorgte Kinder wachsen schlechter, sind gehemmt in ihrer körperlichen wie geistigen Entwicklung. Sie können verfrüht und mit niedrigerem Gewicht geboren werden und anfälliger für Krankheiten sein.[50] Viele der Effekte wirken ein Leben lang, sie lassen sich nach der Geburt nicht mehr ausgleichen.

Dagegen fördert zu viel Zucker im Blut der Mutter, wie es oft bei Übergewichtigen der Fall ist, das fötale Wachstum im Überfluss. Glukose durchquert die Plazenta praktisch ungehindert, nicht jedoch das mütterliche Insulin, jenes Hormon, das den Zucker aus dem Blut in Energie umwandelt. Der Fötus reagiert und produziert selbst Insulin, hemmt dadurch die Fettverbrennung und baut übermäßig viel Masse auf: Das Kind kommt mit einem hohen Gewicht zur Welt. Auch dieser Effekt hat oft bleibende Folgen. Kinderärzte konnten belegen, dass ein höheres Geburtsgewicht tendenziell auch zu einem höheren Gewicht bei Schuleintritt führt und ein Risiko für eine spätere Fettleibigkeit oder Diabetes darstellt.[51]

Doch warum sind solche Effekte so langlebig und durch eine gesunde Ernährung nach der Geburt nicht einfach auszugleichen? Dies hängt damit zusammen, dass die Ernährung der Schwangeren andererseits auch *indirekte* Folgen für das Kind hat: Sie ist in der Lage, den Stoffwechsel des Kindes zu »programmieren«.

Im Bauch der Mutter nutzt der Fötus alle verfügbaren Informationen, um sich ein Bild von der Welt zu machen, in die es später hineingeboren wird. Auf diese Welt stellt sich sein wachsender Körper ein. Wichtige Hinweise bekommt er durch die Nabelschnur. Viel Glukose lehrt, dass in dieser Welt offenbar eine hohe Insulinproduktion nötig ist – eine Information, die der Körper auch für die Zeit nach der Geburt speichert. Eine Unterversorgung im Bauch dagegen lässt in dem Ungeborenen die Erwartung einer Welt des Mangels reifen. Um sich darauf vorzubereiten, trainiert sich sein Körper dauerhaft eine bessere Fettspeicherung an. Es behält sie im Laufe seines Lebens bei, selbst wenn der erwartete Mangel nach Geburt nicht eintritt.

Interessanterweise führt also eine kalorienmäßige Mangelernährung der werdenden Mutter nicht nur zu einem niedrigeren Geburtsgewicht, sondern auch zu einem höheren Übergewichtsrisiko für das Kind in seinem späteren Leben. Was auf den ersten Blick widersprüchlich erscheint, macht das Wissen um die »Programmierbarkeit« des Stoffwechsels verständlich. Wir verdanken solche Erkenntnisse einem vergleichsweise neuen, aber umso spannenderen Forschungsgebiet: der Epigenetik.

Wir alle kennen jene beneidenswerten Menschen, die beinahe unaufhörlich essen können, aber einfach nichts »ansetzen«. Schnell sprechen wir von »Veranlagung«: Entweder haben wir solche Gene – oder eben nicht. Doch dies ist nur ein Teil der Wahrheit. Weitaus mehr ist formbar, als wir lange vermuten konnten – und es *wird* geformt, ob wir wollen oder nicht. Denken wir daran, wie unterschiedlich eineiige Zwillinge sich entwickeln können – zwei Menschen also, die mit demselben Erbgut ausgestattet sind –, wenn sie getrennt und in sehr unterschiedlichen Lebenswelten groß werden. Es leuchtet ein, dass mehr als nur die DNA erheblichen Einfluss auf unsere Entwicklung, auf unsere Eigenschaften, unser Verhalten hat. Ganz wesentlich werden wir durch die Umwelt geprägt, in der wir aufwachsen. Unser Genom ist unveränderlich. Unser *Epigenom* aber lässt sich beeinflussen. Wissenschaftler:innen beschreiben es wie eine große Zahl von Schaltern, die unsere gut 20 000 Gene an- und ausschalten und dadurch bestimmen, wie unser Erbgut ausgelesen wird. Sie tun dies, ohne die DNA selbst zu verändern.

Was Opa gegessen hat, beeinflusst unsere Gesundheit

Das klingt kompliziert, doch aus dem Tierreich sind uns solche Schaltprozesse gut vertraut. Die Raupe verwandelt sich in einen Schmetterling und damit in ein äußerlich vollkommen anderes Tier, obwohl seine DNA mit der der Raupe identisch ist und nicht etwa im Kokon ausgetauscht wird. Bei Schildkröten bestimmt nicht die Erbanlage das Geschlecht, sondern die Temperatur während des Ausbrütens. Die Gene bleiben dieselben, doch je nachdem, wie warm es ist, schlüpft aus dem Ei ein weibliches oder ein männliches Tier. Das alles ist Epigenetik. Bienen zeigen uns, welchen Einfluss die Verköstigung haben kann. Denn diese und nicht die DNA gibt den Ausschlag, ob aus einer Larve eine einfache Arbeiterin oder eine erheblich größere Königin entsteht. Auch hier bleibt ihr Erbgut unverändert, den Unterschied macht das Gelee royale, das spezielle Kraftfutter der Königinnen.

Bei uns Menschen reicht der Einfluss weniger weit: Ernährung allein macht uns weder zu Königinnen noch zu Arbeiterinnen. Doch fraglos haben die »Schaltvorgänge« großen Einfluss darauf, wer wir sind, wie es uns geht, wie unser Stoffwechsel funktioniert und wie anfällig wir für Krankheiten sind. Die Epigenetik hat in den vergangenen Jahren eine ganze Reihe faszinierender Entdeckungen gemacht. Vor allem, dass nicht nur unsere eigenen Erfahrungen eine Rolle für unsere Entwicklung spielen – sondern auch die unserer Vorfahren. Auf unserem Weg zu den Menschen, die wir als Erwachsene sind, wurden viele Weichen für uns bereits gestellt, lange *bevor* unsere Mütter schwanger wurden. »Was Ihr Vater oder sogar Ihr Großvater gegessen hat, kann eine Auswirkung auf Ihren heutigen Gesundheitszustand haben. Ganz wie die Giftstoffe, denen Ihre Mutter ausgesetzt war«, fasst es Isabelle M. Mansuy in ihrem Buch »Wir können unsere Gene steuern!« zusammen.[52]

Die Professorin der Eidgenössischen Technischen Hochschule und der Universität Zürich ist eine der führenden Forscherinnen auf dem Gebiet der Epigenetik. Mansuy zufolge gibt es Zeiträume, die für epigenetische Programmierung besonders anfällig sind, in denen sich folglich Umweltfaktoren wie die Ernährung besonders auswirken können. Das gilt für bestimmte Phasen der embryonalen Entwicklung, für die Zeit nach der Geburt und als kleines Kind. So haben zahlreiche Studien belegt, dass Kinder und Jugendliche, die mit wichtigen Nährstoffen unterversorgt werden oder die übermäßig essen, ihren Stoffwechsel *für ihr gesamtes Leben* verändern können.

Mangelernährung im frühkindlichen Alter kann zu einem höheren Risiko für Diabetes, Herz-Kreislauf-Erkrankungen, Krebs und zu einer niedrigeren Lebenserwartung führen.[53] Und jetzt wird es endgültig verblüffend: Die Ergebnisse dieser epigenetischen Veränderung geben wir über Generationen weiter. Die Forschung geht davon aus, dass sich vor allem unsere frühkindliche Ernährung nicht nur auf unser *eigenes* Risiko für Krankheiten bis hin zu Krebs im Erwachsenenalter auswirkt, sondern dass wir diese Prägung an unsere Kinder und sogar an unsere Enkelkinder weiterreichen.[54]

Eine Reihe von Studien haben diese eigentlich unvorstellbaren Zusammenhänge untermauert. So konnten Mediziner aus Southampton die durch Schlaganfall und koronare Herzkrankheiten ausgelösten Todesfälle von mehr als 13 000 Männern aus zwei britischen Städten untersuchen. Sie ermittelten die Sterberaten in Abhängigkeit von Körpergröße und Gewicht bei der Geburt sowie der Beckenform und des Plazentagewichts der Mutter – Ergebnis: Bei beiden Krankheiten war die Sterblichkeit tendenziell bei jenen Männern am größten, die mit niedrigem Geburtsgewicht auf die Welt kamen. Beim Schlaganfall sahen die Mediziner die Ursache in einer schlechten Ernährung der Mutter in ihrer eigenen Kindheit, die zu einer bleibenden Beckenverformung führte, wodurch in der Schwangerschaft das Wachstum von Plazenta und Fötus schlechter unterstützt werden kann. Koronare Herzkrankheiten wiederum standen in einem Zusammenhang mit der Geburtsgröße der Betroffenen. Die Forscher führten dies auf eine unzureichende Nährstoffzufuhr während der Schwangerschaft zurück.[55]

Besonders aufschlussreich waren auch Beobachtungsstudien zu Hungersnöten in der Vergangenheit, etwa zum niederländischen »Hungerwinter« 1944/1945 in der letzten Phase des Zweiten Weltkrieges. Sie zeigen, dass Mangelernährung in der

Schwangerschaft nicht nur zu einer geringeren Körpergröße als Erwachsener führt, sondern auch zu einer höheren Wahrscheinlichkeit von Diabetes-Erkrankungen und Schizophrenie.[56] Die Unterschiede zwischen Geschwistern, von denen eines dem Hunger ausgesetzt war, das andere nicht, ließen die Forscher davon ausgehen, dass dies nicht nur ein statistischer, sondern ein kausaler Zusammenhang ist.

Die niederländische Hungersnot offenbarte, dass eine Unterernährung in der Schwangerschaft mit einem erhöhten Risiko für Stoffwechsel- und Herz-Kreislauf-Erkrankungen der Kinder einhergeht. Und auch deren Kinder kamen häufiger bereits fettleibig zur Welt als andere Kinder zur gleichen Zeit. Niederländische Medizinforscher:innen konnten 360 Enkelkinder der zu Zeiten der Hungersnot schwangeren Frauen nach Gewicht und Körpergröße befragen. Schon in dieser relativ jungen Gruppe – die Enkel waren zum Zeitpunkt der Befragung um die 37 Jahre alt – zeigten sich Auswirkungen. Die Nachkommen von *Vätern*, deren Mütter im Hungerwinter Not litten, wogen im Schnitt rund fünf Kilogramm mehr und waren häufiger fettleibig als andere Männer in diesem Alter.[57] Bei Nachfahren von *Müttern*, die im Mutterleib mangelernährt wurden, zeigte sich kein solcher Zusammenhang. Warum, ist eine der vielen Fragen, auf die die Epigenetik-Forschung noch keine Antworten hat.

Auch wenn wir noch lange nicht alle Zusammenhänge kennen: Was wir wissen, ist bereits ziemlich viel. Wie sich Schwangere oder kleine Kinder ernähren, hat Einfluss darauf, wie gut sie und ihre Kinder und Kindeskinder sich entwickeln, wie gesund sie als Erwachsene einmal sein werden. Es gilt zu verstehen, dass wir oft zwei Generationen Zeit benötigen, um einmal entstandene ernährungsbedingte Probleme wieder gänzlich zu lösen. Je später wir beginnen, umso mehr Betroffene erzeugen wir.

Daraus leitet sich eine gewaltige Verantwortung für Ernährungspolitik ab: Mit ihren Entscheidungen beeinflusst sie eben nicht nur den Zeitraum bis zur nächsten Wahl, sondern die Gesundheit mehrerer Generationen von Menschen. Weil wir es selbst in einem reichen Land nicht schaffen, allen Kindern eine ausgewogene Ernährung zu ermöglichen, beeinflussen wir ihr Leben und das ihrer Nachfahren zum Negativen. Ja, wir wissen längst nicht alles. Doch dass es Menschen bereits an den materiellen Voraussetzungen fehlt, dass das sogenannte Existenzminimum keine *gesunde* Existenz sichern kann, das wissen wir.

Mangelernährung und Armut bedingen sich gegenseitig

Es ist ein Teufelskreis, eine Armutsspirale, die wissenschaftlich gut beschrieben ist: Mangelernährung und Armut verstärken sich gegenseitig.[58] Können sich Kinder nicht ausgewogen ernähren und fehlt es ihnen an wichtigen Nährstoffen, so leidet ihre Entwicklung, körperlich wie geistig. Als Erwachsene werden sie häufiger krank, haben geringere Lebenschancen und niedrigere Einkommen, leben also häufiger in Armut. Damit haben sie es schwerer, ihre eigenen Kinder gesund zu ernähren – womit auch deren Chancen sinken, dem Leben in Armut einmal zu entwachsen. Mangelernährung schafft Armut, und Armut schafft Mangelernährung.

Wer – wie unsere gegenwärtige Ernährungs- und Sozialpolitik – diese Spirale nicht durchbricht, betreibt ein sich selbst verstärkendes Armutsförderprogramm, das Kinder aus armen Elternhäusern von Beginn an benachteiligt.

Interessanterweise kennt Julia Klöckner diesen Mechanismus durchaus. »Wir wissen, dass sich Not vererbt, dass Hunger ein Teufelskreis ist«, sagte die amtierende Bundesernährungsministerin im Frühjahr 2021. »Sind werdende Mütter unterernährt, können sich ihre Kinder nicht richtig entwickeln. Ein Kind hat unter diesen Umständen kaum Chancen, seinen Rückstand wieder aufzuholen. Es hat geringe Verdienstchancen, das Armutsrisiko steigt, der Kreislauf des Hungers setzt sich fort.« Die Ministerin beschrieb alles richtig, allerdings in Bezug auf die Lage angesichts schrecklicher Dürren in mehreren afrikanischen Ländern. Über Deutschland, für das ihre Beschreibung trotz der ungleich komfortableren Situation gleichermaßen zutreffend wäre, kamen Klöckner solche Worte nicht über die Lippen. Denn hier leben wir ja in »unserer Welt des Überflusses«.[59]

Was stimmt – nur eben dummerweise nicht für alle.

Damit sich Schwangere und Kinder hierzulande gesund ernähren, braucht es viel, natürlich auch das Wissen und Wollen der Einzelnen. Wer es dabei jedoch belässt, macht die Rolle des Staates unzulässig klein. Politik hat es zu verantworten, dass Ernährung in der Ausbildung von Hebammen, Gynäkologinnen und Kinderärzten keine Rolle spielt. Und mit ihrer Sozialpolitik haben die verschiedenen Bundesregierungen dafür gesorgt, dass für Menschen in Armut eine gesunde Ernährung bereits an den finanziellen Möglichkeiten scheitert.

Noch armseliger als die Situation der Betroffenen ist nur der Umgang der politisch Verantwortlichen mit diesem Thema. Sie verharren in der Phase des Leugnens und Wegschauens. In ihrem Armuts- und Reichtumsbericht[60] stellte die Bundesregierung 2021 zwar wieder einmal fest, dass sich Einkommensschwache schlechter ernähren, deutet mit dem Verweis auf deren »ungünstiges Ernährungs*verhalten*« jedoch an, dass sie diese dafür allein selbst verantwortlich hält. Dass das Geld nicht reichen könnte, erwähnt der Bericht mit keinem Gedanken.

»Nur wer arbeitet, soll auch essen«

Bisweilen mischt sich die Ignoranz mit einer unbarmherzigen Kälte, die einen frösteln lassen muss. Als inmitten der ersten Corona-Welle die Forderung von Sozialverbänden aufkam, die Hartz-IV-Sätze auf mindestens 600 Euro anzuheben, reagierte Detlef Scheele, Vorstandschef der Bundesagentur für Arbeit, in einem Interview mit der *Zeit* wenig empathisch: »Ich bezweifle, dass jemand mit 600 Euro deutlich zufriedener wäre«, sagte er, als ranke sich die Diskussion um das gewünschte Maß an »Zufriedenheit«. Doch, so Scheele weiter: »Wer sorgenlos leben möchte, der muss sich berappeln und möglichst gut entlohnte Arbeit finden.«[61] Das Prinzip »Augen verschließen, dann sind auch keine Probleme zu sehen« ist durchaus weitverbreitet. »Niemand müsste in Deutschland hungern, wenn es die Tafeln nicht gäbe«, sagte auch der CDU-Politiker Jens Spahn 2018 vor seinem Amtsantritt als Bundesgesundheitsminister in einem Interview mit der *Funke*-Mediengruppe. »Hartz IV bedeutet nicht Armut, sondern ist die Antwort unserer Solidargemeinschaft auf Armut.« Damit habe »jeder das, was er zum Leben braucht«.[62] Doch was für ein Leben ist das? Ein gesundheitsförderndes jedenfalls ist für Hartz-IV-Beziehende überaus schwierig.

Wie auch, wenn Gesundheit bei der Berechnung noch nicht mal ein Kriterium ist. Denn die Höhe der Sätze wird nicht etwa von dem Geldbedarf für eine gesunde Ernährung abgeleitet. Sondern davon, was Einkommensschwache *tatsächlich* für Lebensmittel ausgeben, ermittelt mit einer Einkommens- und Verbrauchsstichprobe. Armen Menschen wird also genau so viel Geld zugestanden, wie andere Arme auch bisher schon ausgeben. War es bisher zu wenig für eine gesunde Kost, gibt der Gesetzgeber den Hartz-IV-Beziehenden auch in Zukunft zu wenig. Was sie für dieses Geld bekommen, wie gut eine solche

Ernährung aussieht, wird nicht einmal geprüft, es spielt einfach keine Rolle.

Damit manifestiert die Ernährungsarmut von heute auch jene von morgen. Genauso lief es auch bisher: Seit 2011 legten die Verbraucherpreise für Nahrungsmittel um fast 20 Prozent zu.[63] Die im Regelsatz (»Hartz IV«) zugrunde gelegten Lebensmittelausgaben stiegen in vergleichbarer Größenordnung. Die Inflation wurde damit ausgeglichen, die finanziellen Möglichkeiten der Hartz-IV-Abhängigen aber verharrten ohne Besserung auf einem Niveau, das für ein gesundes Leben erwiesenermaßen viel zu niedrig ist. »Die Einkommens- und Verbrauchsstichprobe enthält keine Angaben darüber, inwieweit die ermittelten Verbrauchsausgaben auch Ausgaben für gesundheitsfördernde bzw. nachhaltige Produkte enthalten«, schrieb das SPD-geführte Bundessozialministerium im März 2021 in seiner Antwort auf eine Parlamentarische Anfrage des Grünen-Sozialpolitikers Sven Lehmann.[64] Die in der Ernährungswissenschaft frecherweise vertretene Zielsetzung, dass das Geld nicht nur zum Sattwerden, sondern zum Gesundbleiben reichen sollte, könne deshalb »nicht im Rahmen der Regelbedarfsermittlung berücksichtigt werden«.

Die Bundesregierung »kann« also nicht berücksichtigen, was Menschen für eine gesunde Existenz benötigen? Wäre Staatssekretärin Kerstin Griese, die diese Antwort verfasst hat, noch ein kleines Kind, ihre Eltern würden spätestens jetzt den Spruch »Ich-kann-nicht wohnt in der Ich-will-nicht-Straße« aus der Mottenkiste holen. Es sind gleich zwei Zirkelschlüsse, mit denen die SPD-Politikerin hier argumentiert: Folgen wir ihr, braucht ein Mensch schon allein deshalb auch in Zukunft kein gutes Essen, weil er sich auch bisher schon keines leisten konnte. Und weil die Gesetze heute nicht zugrunde legen, wie viel eine gesunde Ernährung wirklich kostet, können sie das auch in Zukunft nicht. Als hätte das Sozialministerium nicht nur die Kompetenz, sondern auch die Pflicht, im Falle einer offenkundig mangelhaften Regelung eine Gesetzesänderung vorzuschlagen.

So wird die finanzielle Not einfach ignoriert. Als die SPD-Bundestagsfraktion Ende 2020 ein Positionspapier zum Thema »Ernährungsarmut bekämpfen«[65] beschloss, tauchte darin so ziemlich jede denkbare Forderung auf – nur keine, die Menschen in Armut das Geld garantieren würde, um sich eine gesunde Ernährung leisten zu können. Es steht offenbar in einer gewissen Tradition, die 2010 der damalige Bundesarbeitsminister und frühere SPD-Chef Franz Müntefering mit einem Zitat ungeschönt auf den Punkt brachte: »Nur wer arbeitet, soll auch essen.«[66]

Ein Verstoß gegen Menschenrechte

Ist alles nur eine Frage politischer Prioritäten, die sich eben so oder so setzen lassen? Nein. Food security, also Ernährungssicherheit, ist Kernbestandteil des Menschenrechts auf Nahrung.[67] »Jeder Mann, jede Frau und jedes Kind hat das unveräußerliche Recht, frei von Hunger und Mangelernährung zu leben, um die körperlichen und geistigen Fähigkeiten voll zu entfalten und zu erhalten«, stellte die Welternährungskonferenz der Vereinten Nationen schon 1974 in ihrer Allgemeinen Erklärung über die Ausrottung von Hunger und Mangelernährung unmissverständlich fest. Bereits damals verfügte die Gesellschaft »über ausreichende finanzielle, organisatorische und technische Voraussetzungen und damit insgesamt über die Fähigkeit, diese Ziele zu erreichen«.[68] Mit der Kinderrechtskonvention der Vereinten Nationen verpflichtete sich Deutschland noch einmal ausdrücklich zu geeigneten Maßnahmen, um »Krankheiten sowie Unter- und Fehlernährung auch im Rahmen der gesundheitlichen Grundversorgung zu bekämpfen«.[69]

Es ist ein Menschenrecht, dass Kinder und Erwachsene von Hunger und Mangelernährung verschont bleiben. Der Welternährungsorganisation zufolge ist food security erst dann gewährleistet, wenn sich *alle* Menschen *zu jeder Zeit* den Zugang zu ausreichend Lebensmitteln, die ihren Ernährungsbedürfnissen entsprechen, leisten können.[70] Nach dieser Definition ist Deutschland ein Staat, in dem es keine Ernährungssicherheit gibt.

Das Leugnen von Ernährungsarmut, das Verweigern von Sozialleistungen in einer Höhe, die eine gesundheitsfördernde Ernährung für Erwachsene und mehr noch für Kinder möglich machen: All dies stellt nichts anderes dar als die Verletzung eines elementaren Menschenrechts. Keine Regierungskoalition in den vergangenen Jahren hat auch nur versucht, das Menschenrecht auf Nahrung in Deutschland vollständig umzusetzen. Dabei sollte Ernährungssicherheit nun wirklich nicht davon abhängen, ob sich ein Mensch »den besten Platz in der Warteschlange einer Tafel« sichern kann, wie es die Menschenrechtsorganisation FIAN der Bundesregierung bereits vor Jahren vorhielt.[71]

In der Videokonferenz des Wiesbadener Rotary-Clubs hat sich viel Ernüchterung breitgemacht. Ganz zum Schluss der Diskussion fragt einer den »Freund Biesalski«, was aus seiner Sicht denn nun ein konsequentes staatliches Handeln gegen Ernährungsarmut verhindere. Ob es »Ignoranz« sei? »Einfaches Nichts-Tun«? »Zynismus«?

Der Professor muss über seine Antwort nicht lange nachdenken. »Genau so!«, sagt er.

KAPITEL 2

Staatsküche

Warum das Essen in Schulen, Kliniken
und Pflegeheimen krank macht

Es gibt diese Momente, die Sabine Wagner in Erinnerung rufen, weshalb sie ihren Beruf ergriffen hat. Der Patient mit schwerer Lebererkrankung, merklich mangelernährt, bescherte ihr einen solchen. Eine längere Zeit schon war die Heilung nicht vorangegangen, hatte das Ärzteteam der Klinik seine Blutwerte einfach nicht in den Griff bekommen. Dann durfte Wagner, die in Wirklichkeit einen anderen Namen trägt, ihn beraten. Sie stellte seine Ernährung um, passte Eiweißanteile an, sorgte für eine leichte Vollwertkost. Und hatte Erfolg: Der Zustand des Patienten besserte sich so schnell, dass er das Krankenhaus bereits vier Tage später verlassen konnte.

Vielleicht müssen Menschen erst selbst solche Erfahrungen machen, um zu begreifen, was gezielte Ernährungstherapie bewegen kann. Nur: Viele Kranke – auch solche, die das dringend nötig hätten – darf Wagner gar nicht erst aufsuchen. Und wenn doch, kann sie ihnen oft nicht helfen. Denn das Essen, das sie bräuchten, lässt sich hier in ihrer Klinik nicht bestellen.

Krankenhausessen genießt keinen besonders guten Ruf. Erstaunlich viele Menschen machen sich den zweifelhaften Spaß, in Blogs und auf Instagram Fotos von allem zu posten, was in Kliniken als Mahlzeit serviert wird. Mit dem Durchklicken lassen sich mühelos Stunden verbringen, die Bilder entwickeln ihre ganz eigene Faszination. Ja, sie zeigen auch kunstvoll angerichtete Teller, die optisch keine Konkurrenz mit guten Restaurants scheuen müssten. Häufig aber unzählige Tabletts mit lieblos unter Folie gepacktem, ungetoastetem Weizentoast, begleitet von einer armseligen Scheibe Käse, so blass, wie die Patient:innen hoffentlich nie sein mögen. »Das sieht eher nach explosiver Darmentleerung aus …«, kommentiert so deftig wie zutreffend eine Fotografin, offenbar Pflegerin, ein Motiv, an dem die Augen ganz von selbst hängen bleiben. Des Rätsels Lösung liefert sie im Hashtag: Bei der herzlos auf einen Teller geklatschten, undefinierbaren Masse, die sich farblich kaum von dem leicht angegrauten Reisberg nebendran unterscheidet, soll es sich um Hühnerfrikassee handeln.[1] Na dann: Auf die Gesundheit!

Sabine Wagner hat einen weniger voyeuristischen Blick auf die täglichen Tabletts, aber gewiss keinen weniger kritischen. Sie ist Diätassistentin an einem großen Klinikum irgendwo in Deutschland. Im Idealfall – wenn medizinisch angeordnet – beginnt ihre Arbeit mit den Patient:innen bei deren Aufnahme. Wie viele Kalorien benötigen sie? Fehlen ihnen wichtige Nährstoffe, ob Proteine, Vitamine oder anderes? Darüber spricht sie mit Betroffenen, ärztlichem und Pflegeteam und versucht, eine Kost zu organisieren, die dem Bedarf am nächsten kommt. So weit die Theorie.

In einer Computer-Maske gibt sie ein, was die Menschen zu essen bekommen sollen. Auf dieser Basis stellt der Küchenchef den Speiseplan zusammen, ein Caterer liefert die Zutaten. Doch schon hier beginnen die Probleme: Wagner hat wenig Zeit, die genauen Bedürfnisse zu ermitteln. Oft weiß sie dennoch gut, was helfen könnte – aber eben auch, dass der Caterer das nicht liefern wird. Und immer wieder gibt es Fälle, die die Diätassistentin an den Rand der Verzweiflung bringen. Sie erinnert sich an einen Patienten mit verengter Speiseröhre. Der Arzt verordnete Breikost, Wagner bekam den Mann zunächst nicht zu Gesicht. Später erfuhr sie: Der Patient war Diabetiker – leider hatte der Arzt keine Ahnung davon, dass »Breikost« standardmäßig gezuckert ist. »Der Diabetiker bekam drei Mal am Tag Zucker-Pudding«, sagt Wagner. »Der kommt aus einem großen Eimer, einen Pudding mit Süßstoff gibt es nicht – das ist ein Wahnsinn!«

Bis vor einigen Jahren hatte Wagners Klinikum noch eine eigene Küche. Es gab einen Koch, mit dem sie sprechen konnte und der dann für Mangelernährte Suppen gesondert anreicherte. Dann wurde die Küche, wie an so vielen Häusern, ausgegliedert. Die direkten Absprachen fielen weg, und alles wurde schwieriger. Patient:innen mit erhöhtem Kalorienbedarf bekommen nun meistens das ganz normale Essen. Das Angebot ist standardisiert, auf drei Menülinien beschränkt, die Komponenten erreichen die Klinik tiefgekühlt. Fordert Wagner vegetarische Kost an, weiß sie: Es gibt jeden Tag Beilage mit Soße. Einseitiger geht es kaum. »Mehr ist aufgrund der organisatorischen Belange nicht möglich«, sagt sie. Wie soll ein Mensch da gesund werden?

»Das kostet Menschenleben«

Für die Diätassistentin ist Krankenhausessen kein Luxusthema, keine bloße Wohlfühl-Frage für die paar Tage, die die meisten Menschen nur im Hospital verbringen. Es ist Bestandteil der Therapie. Im besten Fall hilft die richtige Ernährung beim Gesundwerden. Im schlimmsten Fall macht sie die Menschen zusätzlich krank. Wagner findet, dass es an den Kliniken ein viel zu geringes Verständnis für die Bedeutung von Ernährung für das Wohlergehen der Kranken gibt. Und aus eigener Erfahrung sagt sie: »Was wir hier machen, kostet Menschenleben.«

Eine drastische Aussage, doch die Wissenschaft gibt ihr recht. Wer sich mit der Studienlage befasst, kommt an dieser unbequemen Wahrheit nicht vorbei: Krankenhausessen kostet nicht nur Lebensqualität, sondern auch Menschenleben. Das hat mit dem zu tun, was die Menschen am Klinikbett bekommen – und mehr noch mit dem, was sie *nicht* bekommen. Denn belegt ist: Mangelernährung erschwert die Heilung. Die einfachsten Mittel zu helfen sind ein gutes Standard-Essensangebot und eine gekonnte Ernährungstherapie für all diejenigen, die sie benötigen. Belegt ist aber auch: An den meisten Krankenhäusern in Deutschland passiert dies eben nicht.

Doch der Reihe nach. Ende 2019 stellte die Deutsche Gesellschaft für Ernährung (DGE) eine Warnung vor den »gravierenden Folgen« von Mangelernährung in Krankenhäusern ins Zentrum ihres 14. Ernährungsberichts im Auftrag der Bundesregierung.[2] An einem Stichtag im Jahr 2018 hatte sie Daten von 767 Patient:innen in 48 deutschen Stationen ausgewertet: Rund 35 Prozent stufte sie als mangelernährt ein, in den Kliniken sicher erkannt worden war davon nur jeder dritte Fall. »Ein relevantes Gesundheitsproblem«, befand die DGE. Eines, das die Kliniken mit ihren Angeboten nicht zu lösen vermochten: Viele Teller blieben nach dem Essen zu weiten Teilen voll, obwohl die Patient:innen die Kalorien dringend benötigt hätten. Darüber hinaus fehlte es bereits an grundlegenden Voraussetzungen, um den Mangel zu bekämpfen: Nur in fünf der 48 Stationen, gut zehn Prozent, gab es eine Diätassistenz. In anderen europäischen Ländern, die zeitgleich Daten erhoben, immerhin in mehr als 60 Prozent.

Mehr als die Hälfte der Betroffenen kategorisierte die DGE sogar als schwer mangelernährt. Selbst sie erhielten nur zu einem

Teil Hilfe in Form einer Ernährungsintervention, also durch gezielte Gabe hochkalorischen Essens oder jener Nährstoffe, an denen es ihnen fehlte. In ihrem Fazit läutete die meist eher nüchterne DGE vergleichsweise schrill die Alarmglocke: »Ernährungsstrukturen sind nicht standardmäßig vorhanden, ein deutliches Defizit an ernährungsmedizinischer Fachkompetenz wurde aufgedeckt. Maßnahmen zur Verbesserung der Ernährungsversorgung in Krankenhäusern und Pflegeheimen sind dringend erforderlich, um der Entwicklung von Mangelernährung präventiv entgegenzuwirken und bestehende Ernährungsprobleme adäquat zu behandeln.«

Bei Klinikaufnahme: Jede:r Vierte ist mangelernährt

Neu ist der Befund keineswegs, und er beschreibt auch kein Randphänomen. Seit Jahren untersuchen Forschungsgruppen immer wieder, wie viele Patient:innen bei Klinikaufnahme mangelernährt sind: Ihr Anteil schwankt zuverlässig um die 25 Prozent. Eine umfassende Untersuchung (The German hospital malnutrition study) von mehr als 1800 Fällen aus 13 deutschen Kliniken zeigte 2006, dass besonders viele Alte sowie Menschen mit Krebs- oder Magen-Darm-Erkrankungen betroffen sind.[3] Als mangelernährt gelten Untergewichtige, denen es an Kalorien fehlt, aber auch Menschen, die mit wichtigen Nährstoffen – Eiweiß, Vitamine, Mineralien – kritisch unterversorgt sind. Auch für Übergewichtige kann das gelten. Als klarer Hinweis auf einen Mangel gilt ein übermäßiger Gewichtsverlust in kurzer Zeit.

Dafür können Krankenhäuser zunächst nichts: Die meisten Betroffenen sind bereits bei der Aufnahme mangelernährt. Klinikessen sollte jedoch genau dazu beitragen, den Mangel zu beheben – vielerorts geschieht das Gegenteil davon: Ein großer

Teil der stationär Behandelten – manche Studien sagen: drei Viertel und mehr – nimmt während des Klinikaufenthalts sogar noch deutlich ab.[4,5] Der Mangel verschärft sich also, und in manchen Fällen entsteht er erst dort, wo die Menschen zum Gesundwerden hingehen.

Von Erkältungen wissen wir, wie eng richtige Ernährung und Wohlbefinden miteinander verknüpft sind. Wir schlürfen Kraftbrühe oder wenden andere Hausmittel an – und fühlen uns gleich stärker. Den umgekehrten Effekt gibt es auch: Sind wir gesund und bekommt unser Körper nicht, was er benötigt, wird er schwächer, als er sein könnte. Kommt dann eine Erkrankung dazu, kann er sie schlechter bekämpfen. Das ist der Grund, weshalb Mangelernährung im Klinikalltag solche Probleme bereitet: Die Betroffenen sind anfälliger für Infekte, zeigen schwächere Immunreaktionen und eine schlechtere Wundheilung, Therapien schlagen langsamer an, es gibt häufigere und schwerere Komplikationen.

All das ist gut belegt. In einer systematischen Literaturstudie, im Juni 2021 als Entwurf veröffentlicht[6], kommt die staatliche US-amerikanische Agency for Healthcare Research and Quality zu dem Schluss: Mangelernährte Patient:innen, die auf der Intensivstation behandelt werden, müssen mit einer längeren Zeit im Krankenhaus und mehr Komplikationen rechnen, sie überleben den Klinikaufenthalt seltener als gut Ernährte. Messbar ist eine höhere Sterblichkeit insbesondere für Mangelernährte mit Herzschwäche und Zirrhose, die auf eine Transplantation warten. Andere Studien zeigen, dass Mangelernährte erst nach deutlich längerem Aufenthalt aus der Klinik entlassen werden als normal Ernährte mit denselben Erkrankungen.[7,8,9] Spanische Wissenschaftler ermittelten eine fast doppelt so lange Aufenthaltszeit bei jenen, die den Mangel erst in der Klinik entwickelten.[10]

Sind ältere Patient:innen in der Geriatrie mangelernährt, stürzen sie häufiger, leiden stärker unter Gebrechlichkeit und funktionellen Einschränkungen. Sie sterben – altersunabhängig – häufiger im Krankenhaus als normal Ernährte. Obwohl die Probleme bekannt sind, entwickeln oder verschlimmern ausgerechnet geriatrische Patient:innen im Krankenhaus ihren Mangel. Das Problem werde »chronisch unterschätzt«, finde im klinischen Alltag »kaum Beachtung« und führe nur selten zu Ernährungsinterventionen, beklagt eine aktuelle gesundheitswissenschaftliche Arbeit aus der Hochschule Esslingen.[11]

Ein diabolischer Kreislauf

Nicht weniger dramatisch sind die Konsequenzen nicht behobener Mangelernährungen bei Krebserkrankten. Als eine Studie vor wenigen Jahren mehr als 8 000 Fälle aus Kanada und Europa analysierte, war das Ergebnis eindeutig: Normalgewichtige Erkrankte, die ihr Gewicht stabil halten, leben ein Vielfaches länger mit ihrer Erkrankung als Mangelernährte.[12] Allein: Die wenigsten schaffen das. Die fatalen Folgen zeigte die österreichische Ernährungswissenschaftlerin Angelika Beirer 2021 in einer Übersichtsarbeit über die weltweite Forschung zum Thema Mangelernährung und Krebs auf: Bis zu 20 Prozent der Patient:innen sterben demnach nicht an ihrer Krebserkrankung, sondern aufgrund von Mangelernährung.[13] Sie bestätigte damit die Tendenz früherer Untersuchungen aus verschiedenen Ländern, die teilweise sogar noch zu höheren Anteilen kamen. In der Krebsmedizin sei dies »der Elefant im Raum«, also das große Thema, über das kaum gesprochen werde, befand Declan Walsh, US-amerikanischer Onkologe am Levine Cancer Institute, in einem Interview.[14]

Es ist ein diabolischer Kreislauf: Eine Krankheit schwächt uns und raubt den Appetit. Sind wir krank, fällt es uns schwerer, uns mit den nötigen Nährstoffen zu versorgen. Und umgekehrt: Fehlen uns wichtige Nährstoffe, schwächt auch dies den Körper, er ist anfälliger für Erkrankungen und zieht gehemmt in den Abwehrkampf. Auch in der Corona-Pandemie ist dieser Kreislauf zu beobachten. Französische Medizinerinnen und Mediziner werteten Daten aus der ersten Welle aus. Wenig überraschend waren 42 Prozent der stationär behandelten COVID-19-Patient:innen mangelernährt, fast jeder zweite davon gravierend. Ob der schlechte Ernährungszustand schon vor der Viruserkrankung bestand oder nicht, ist unklar. Fest steht jedoch: Mit seinen typischen Symptomen – starkem Fieber, Schwäche, Geschmacksverlust – ist die COVID-Infektion bestens dazu geeignet, eine Mangelernährung mindestens zu verschärfen. Und diese, die Genesung zu erschweren[15] oder zu verhindern: Die Europäische Gesellschaft für klinische Ernährung und Stoffwechsel zählt Mangelernährte zu den Gruppen mit der höchsten Sterblichkeit unter COVID-19-Infizierten und spricht sich für ein konsequentes Ernährungsmanagement aus.[16]

Um den Kreislauf zu durchbrechen, Mangelernährung zu verhindern oder schnell zu therapieren, müssten sich die meisten Kliniken anders aufstellen als heute. Wo interdisziplinäre Ernährungsteams aus Ernährungsmedizinerinnen, Ökotrophologen und Diätassistentinnen zum Einsatz kommen, hat dies nachweislich klinisch relevante Effekte.[17] Es geht nicht um Zauberei, die Teams können Mangelernährung und ihre Folgen nicht verschwinden lassen. Sie können sie mit gezielten Interventionen jedoch verringern. Das verbessert das Wohlbefinden der Patient:innen, es verkürzt Leidenszeiten, verbessert Heilungsverläufe und Überlebenschancen.

Die Probe aufs Exempel machte zwischen 2014 und 2018 eine

Studie in der Schweiz mit rund 2 000 Patient:innen mit Anzeichen von Mangelernährung an acht Kliniken der Alpenrepublik, Menschen mit unterschiedlichen Diagnosen: Infektionen, Krebs, Herz-Kreislauf-, Magen-Darm-, Lungen-, Nieren- oder Stoffwechselerkrankungen. Die Hälfte von ihnen erhielt die übliche Krankenhauskost. Für die andere Hälfte stellten Diätassistenzen eine individuelle Nahrung zusammen, die in Kalorienmenge, Eiweißanteil oder Mikronährstoffgehalt auf die jeweiligen Bedürfnisse eingestellt war. Zudem nahmen sie sich Zeit für die Ernährungsberatung. Ihre Ergebnisse publizierte die Forschungsgruppe 2019 im medizinischen Fachjournal *The Lancet*: Nach 30 Tagen hatten 27 Prozent der Menschen, die mit Standard-Klinikessen versorgt wurden, eine schlechte Entwicklung genommen: Sie wurden auf die Intensivstation verlegt, zeigten schwerwiegende Komplikationen oder eine wesentliche Verschlechterung des Zustandes. Bei jenen Patient:innen, die eine Ernährungstherapie erhielten, traf dies nur auf 23 Prozent zu.

Der Unterschied erscheint zunächst klein, doch vergessen wir nicht, worum es geht: Haben wir Glück, gehören wir oder unsere Angehörigen zu jenen Patient:innen, denen nur deshalb geholfen werden kann, weil uns eine solche Behandlung zuteil wird. Womöglich hinge davon unser Überleben ab, denn auch das protokollierte die Schweizer Studie: Nach 30 Tagen standen zehn Prozent der Menschen aus der Standard-Klinikessen-Gruppe als »verstorben« in der Liste. Aus der Interventionsgruppe hingegen »nur« sieben Prozent. Für die Autorinnen und Autoren stand damit zweifelsfrei fest: Individualisierte Ernährungsunterstützung wirkt – und rettet Leben.[18]

Stand heute ist es jedoch wahrscheinlicher, dass wir zur anderen Gruppe gehören würden: zu jenen, denen nicht geholfen wird, weil unser Krankenhaus dafür nicht aufgestellt ist.

Hilfsarbeiten statt Ernährungsberatung

Sabine Wagner macht häufig Überstunden. Sie bleibt dann länger bei den Menschen als vorgesehen, »um es gut zu machen und nicht larifari«. Für jeden, zu dem sie geschickt wird, hat sie etwa 30 Minuten Zeit, und zwar für alles: ein Erstgespräch über Situation und Bedürfnisse. Das Festlegen der geeigneten Kost und die Absprache mit ärztlichem und pflegerischem Team und mit dem Küchenchef. Und die Beratung der Betroffenen. »Die Zeit reicht eigentlich nie«, sagt sie. Wagner hat mit Menschen zu tun, denen in einer Operation der Magen oder Teile davon entfernt wurden – und die ihre Ernährung daraufhin vollständig umstellen müssen.[19] Sie sind auf Beratung angewiesen, nicht nur für die Tage in der Klinik, sondern vor allem für die Zeit nach der Entlassung. Selbst in solchen Fällen und trotz aller Überstunden schafft es die Diätassistentin nicht, alle Betroffenen zu beraten. Auch, weil es aus Sicht der Klinik offenbar drängendere Aufgaben für sie gibt.

Ihr tägliches Geschäft: die Kontrolle der Essensausgabe. Dabei überwacht sie nicht nur fachlich, dass die Kranken das bekommen, was sie bekommen sollen. Wagner legt selbst mit Hand an und bestückt Tabletts. Ist eine Zutat leer, wird sie ins Lager geschickt, um aufzufüllen. Ordert eine Station etwas nach, macht sie sich auf den Weg durch die langen Klinikflure. Und muss der Tiefkühlraum mal wieder aufgeräumt werden, so übernimmt auch diese Arbeit oftmals – sie.

Wagner ist gut ausgebildet, seit vielen Jahren im Beruf – und verbringt einen guten Teil ihrer Zeit mit Hilfsarbeiten in der Küche. »Man zwingt mich in andere Tätigkeiten«, sagt sie frustriert. »Die Klinik versucht, Kosten zu sparen, indem sie die Arbeit von Diätassistentinnen in Richtung Küchenpersonal verschiebt.« Für das Krankenhaus geht es ums Geld: je einfacher die Tätigkeiten, umso niedriger auch die Eingruppierung beim Gehalt.

Beim Verband der Diätassistenten (VDD) sind die Probleme allzu gut bekannt. Viele der meist weiblichen Berufskolleginnen in den Kliniken sind nicht dem medizinischen Bereich zugeordnet, sondern der Kostenstelle Küche. Ein »Fehler im System«, meint VDD-Geschäftsführerin Evelyn Beyer-Reiners. Denn wenn die Diätassistentinnen Patient:innen beraten, bringen sie den Küchenverantwortlichen keinen betriebswirtschaftlichen Nutzen, sie verursachen nur Personalkosten. Hinzu kommt: Weil die Vorgesetzten häufig Verwaltungsleute sind, fehlt ihnen das Wissen und oft auch das Verständnis für Ernährungsfragen als wichtiger Teil der Therapie. Vom medizinischen Team kommt wenig Unterstützung. Auch dort ist das Know-how in Ernährungsfragen begrenzt, wie im ersten Kapitel bereits thematisiert. Beyer-Reiners musste das selbst leidvoll erfahren, als ihre Mutter schwer an der Speiseröhre erkrankte – und der Chefarzt eine Ernährungstherapie nicht weiter für nötig hielt. »Das ist Alltag«, sagt die Diätassistentin bitter.

Was mit Essen zu tun hat, gilt an den Kliniken vor allem als Kostenfaktor. Eine ungesunde Gemengelage angesichts des ohnehin brachialen Kostendrucks im Gesundheitssystem.

Aber müssen die Kliniken Mangelernährten nicht helfen? Gibt es keine Vorgaben? Ja – und nein, die Lage ist kompliziert. Es beginnt damit, dass Mangelernährung häufig gar nicht erst erkannt wird, weil die Patient:innen bei Aufnahme daraufhin nicht untersucht werden. »Es gibt keine verbindliche Screening-Vorgabe«, beklagt Johann Ockenga, Ernährungsmediziner und Klinikdirektor der Medizinischen Klinik II im Klinikum Bremen-Mitte. Fachleute sind wesentlich weiter als der Gesetzgeber. So empfiehlt die medizinische Leitlinie für Klinische Ernährung in der Onkologie[20] eine Untersuchung aller Krebspatient:innen auf

Mangelernährung, bei Auffälligen eine individuelle Analyse sowie eine spezifische Ernährungstherapie. Und mit einem konzertierten Papier fordern zahlreiche Fachgesellschaften ein grundsätzliches Screening »routinemäßig bei Aufnahme«, nicht nur in der Krebsmedizin.[21] Doch eine Vorgabe gibt es eben nicht, und so sieht die Realität anders aus, nach übereinstimmender Einschätzung meiner Gesprächspartnerinnen und Gesprächspartnern an privaten und staatlichen Kliniken ebenso wie an Unikliniken. Da stellt beispielsweise eine für Ernährungsaspekte überhaupt nicht ausgebildete Pflegekraft ein, zwei Fragen, und so bleibt Mangelernährung in vielen Fällen unentdeckt[22] – wenn es überhaupt zu einer solchen Befragung kommt. »Entweder wird das Screening nicht durchgeführt, oder es hat keine Konsequenzen«, berichtet ein Experte. »Der Skandal ist: Wir gucken gar nicht hin, obwohl wir wissen, dass Menschen an Mangelernährung im Krankenhaus sterben.«

Bei alldem bleibt es auch noch schwammig, welche Rechte wir als Patient:innen eigentlich haben. Ein Gerichtsurteil sorgte dafür, dass Ernährungstherapie grundsätzlich als Heilmittel anerkannt wurde, und laut Gesetz müssen wir »alle Leistungen« bekommen, die »für die medizinische Versorgung (...) notwendig sind«.[23] Einerseits. Andererseits heißt dies am Ende herzlich wenig. Denn es gibt keine Vorgaben für die Kliniken, *in welchen Fällen* sie Ernährungsinterventionen anbieten müssen. Ein Schlüssel, auf wie viele Betten ein:e Diätassistent:in kommen muss, fehlt. Es ist ja noch nicht einmal vorgeschrieben, dass ein Krankenhaus überhaupt eine solche Stelle einrichten muss. Der Gesetzgeber hat sich einen schlanken Fuß gemacht und überlässt es ganz der Interpretation, was der theoretische Anspruch auf alle »notwendigen« Heilmittel im Einzelnen bedeutet. So hat eine Klinik wenig zu befürchten, wenn sie sich bei Ernährungstherapie und adäquatem Essen verweigert: Wollten Patient:innen gegen ein solches Krankenhaus vorgehen, so müssten sie schon den Nachweis erbringen, dass sich ihr Zustand just aus diesem Grund verschlechtert hat – ein Beleg, der praktisch nicht zu führen ist.

»Mir ist es egal, was der Patient frisst«

So regiert der Kostendruck bei der Verpflegung durch. Er zeigt sich in Form eines massiven Personalabbaus. Gab es 1994 noch 3 132 Diätassistent:innen an Kliniken[24], waren es 2019 nur noch 2 403[25] – ein Viertel weniger in gerade einmal 25 Jahren. Die Zahlen vermitteln sogar noch ein rosiges Bild der Realität, denn im selben Zeitraum hat sich die Zahl der Teilzeitbeschäftigten mehr als verdoppelt. Nach VDD-Angaben müsste eine Vollzeitkraft heute im Durchschnitt 188 und in mancher Klinik bis zu 600 Patient:innen betreuen. Das kann nicht aufgehen.

Auch beim Essensangebot selbst sparen die Kliniken. Rund fünf Euro geben sie am Tag pro Patient für Lebensmittel aus. Das jedenfalls ergab eine Befragung von Einrichtungen im Auftrag des Deutschen Krankenhausinstituts. Demnach stiegen die Warenkosten in den vergangenen Jahren zwar, allerdings deutlich weniger stark als die Lebensmittelpreise: Preisbereinigt gaben die Kliniken 2018 sogar rund 14 Prozent *weniger* für Lebensmittel aus als noch 2006. Die Zahl der angebotenen Menülinien ist rückläufig, Snack-Automaten ersetzen Cafeterien, Küchen werden reihenweise outgesourct an Caterer oder, bei größeren Klinikverbünden, an zentrale Servicegesellschaften.[26,27] Ein Brancheninsider, der bereits in unterschiedlichen Funktionen Einblicke in das Küchenmanagement von Kliniken hatte, hält auch die fünf Euro Wareneinsatz für lächerlich unrealistisch: »Mit einer solchen Summe habe ich noch nie arbeiten können«, sagt er. Im Schnitt müsse ein Klinik-Caterer mit weniger als 3,50 Euro pro Tag und

Patient für Lebensmittel kalkulieren. Der enorme Kostendruck habe sogar dafür gesorgt, dass die Warenausgaben heute sogar teils niedriger lägen als noch vor einigen Jahren, trotz gestiegener Lebensmittelpreise.

Doch an welcher Stelle läuft hier etwas schief? Die Kliniken wirtschaften schließlich mit unserem Beitragsgeld. Von den Krankenversicherungen erhalten sie festgelegte Summen nicht nur für die medizinische Behandlung, sondern auch für die Verpflegung. Sind sie zu gering? Oder setzen die Krankenhäuser die vorgesehenen Beträge gar nicht für Lebensmittel ein, sondern, sagen wir: für schicke Dienstwagen?

Die erstaunliche Antwort ist: Niemand weiß es. Die Krankenhausfinanzierung ist an dieser Stelle ähnlich transparent wie die Operation eines Geheimdienstes.

Im Prinzip funktioniert sie so: Abhängig von den Diagnosen erhalten die Kliniken fixe Fallpauschalen. Diese festzulegen, obliegt der Selbstverwaltung im Gesundheitswesen. Damit die Verbände von Krankenkassen und privaten Versicherungen auf der einen, die Deutsche Krankenhausgesellschaft auf der anderen Seite nicht im Dauerclinch über das Geld liegen, übernimmt diese Aufgabe für sie das von beiden getragene Institut für das Entgeltsystem im Krankenhaus (InEK). Dazu erhält es regelmäßig von rund 300 Kliniken Angaben zu ihren *tatsächlichen* Ausgaben und setzt auf dieser Basis die Pauschalen fest – einschließlich eines Anteils für Essen. Nur: Wie viel die Krankenhäuser pro Patient für Lebensmittel ausgeben, erfährt das InEK gar nicht. Die Kliniken übermitteln diese Ausgaben als Bestandteil einer größeren Kostenstelle, vermischt mit anderen Ausgaben. Der Anteil für Lebensmittel bleibt dem Institut also verborgen, und damit auch seinen Trägern: Die Krankenkassen tappen im Dunkeln darüber, wie viel ihrer Beitragsgelder sie in die Verpflegung umleiten. Ebenso wenig erfahren die Kliniken, welcher Anteil der Pauschale für Lebensmittel angesetzt ist. Sie haben keine Möglichkeit, dieses Soll mit dem Ist im eigenen Budget abzugleichen.

Das System ist damit völlig unkontrollierbar, und zwar für alle. Fest steht nur eins: Die Qualität der Essensversorgung spielt bei der Finanzierung keine Rolle. Das InEK hat keinen Auftrag, zu ermitteln, wie viel ein Krankenhaus für die Verpflegung ausgeben *müsste*, wollte es bestimmten Qualitätsmaßstäben genügen. Es kalkuliert nur mit den *de facto* anfallenden Kosten, wie von den Kliniken gemeldet. Das setzt genau jene Abwärtsspirale in Gang, die an der Kostenentwicklung zu erkennen ist: Je mehr die Kliniken schon heute beim Essen sparen, umso weniger Geld erhalten sie in Zukunft, was sie dann noch mehr zum Sparen zwingt. Geben sie bereits heute weniger aus als für eine qualitativ gute Verpflegung nötig, so sorgt das Berechnungssystem dafür, dass die Kliniken auch in Zukunft zu wenig Geld für Essen zur Verfügung haben. Dies ist das Einzige, was das System garantiert. Nur stören kann sich daran niemand, weil die Zahlen ja niemandem bekannt werden.

In der Folge geht es bei Ausschreibungen praktisch nur ums Geld, kaum um die Qualität. Manchmal gibt es unter der Überschrift »Zuschlagskriterien« in den Unterlagen nur einen einzigen Eintrag: »niedrigster Preis« – und das selbst bei Unikliniken. Ein Branchenexperte, der viel mit Ausschreibungen zu tun hatte, kennt zur Genüge, dass von den Lieferanten sinngemäß nur gefordert werde: »Wir brauchen Brot« – Qualitätsanforderungen an das Brot aber würden oftmals gar nicht erst definiert. So kommt es dazu, dass eine Patientin mit Schonkost-Bedarf regelmäßig eine Scheibe trockenes Weißbrot neben der Fünfminutenterrine auf ihrem Tablett findet – billig herzustellen, gut zu lagern, verursacht selten akute Verdauungsprobleme. Ist aber nicht unbedingt dazu geeignet, gesund zu werden. »Mir ist es egal, was der

Patient frisst, Hauptsache, er bekommt irgendetwas«, habe ihr ein Klinikdirektor einmal gesagt, berichtet VDD-Geschäftsführerin Beyer-Reiners. Branchenexperten berichten von einer hessischen Klinik, die das Essen für ihre Patient:innen jeden Tag frühmorgens aus Venezuela einfliegen ließ, weil sie so noch ein paar Cent pro Mahlzeit sparen konnte. Wohl ein extremer Einzelfall. Doch dass für Klinikessen etwa Zwiebeln für wenige Cent das Kilo tiefgekühlt aus China eingeführt werden, gehört längst zur gängigen Praxis, wie ein Catering-Insider sagt.

Hoffnung machen könnte, dass nicht nur das Essen Kosten verursacht, sondern auch die Mangelernährung. Eine Untersuchung der Unternehmensberatung Cepton von 2007 bezifferte sie allein im deutschen Gesundheitssystem auf neun Milliarden Euro[28], wovon mit fünf Milliarden der größte Teil in den Kliniken zu Buche schlägt: verursacht durch höhere Behandlungskosten und längere Aufenthalte.

Zahlen wie diese sind der wesentliche Grund, weshalb es das Problem in der Vergangenheit schon einmal prominent auf die politische Agenda geschafft hat. 2009 lud die tschechische EU-Ratspräsidentschaft zu einer großen, internationalen Konferenz unter dem Titel »Stop Malnutrition«, Mangelernährung stoppen.[29] Sie verwies auf die Kosten in Höhe von geschätzt mindestens 170 Milliarden Euro, die Mangelernährung in den europäischen Gesundheitssystemen verursache – Ergebnis einer Hochrechnung britischer Daten.[30] Geschehen ist seitdem wenig. Das war auch nach 2003 so, als der Europarat unter Beteiligung der deutschen Bundesregierung die hohe Zahl der Mangelernährten in Krankenhäusern in seltener Deutlichkeit als »inakzeptabel« bewertete. Seine Resolution[31] ergänzte er mit einer langen Liste, was sich in Zukunft ändern solle, von einer Stärkung der Ernährungsmedizin über die Qualifizierung des Klinikpersonals bis hin zu einem auf die Bedürfnisse der Patient:innen zugeschnittenen

Essensangebot. Nachfrage beim Bundesgesundheitsministerium (BMG) Mitte 2021: Was hat sich seitdem getan, welche der Empfehlungen wurden in den immerhin 18 Jahren umgesetzt? Die Antwort fällt denkbar knapp aus: »Dem BMG liegen hierzu keine Kenntnisse vor.«

»Das war alles politisches Gelaber«

»Eine Enttäuschung«, findet Christian Löser. Bis vor Kurzem war der Internist und Gastroenterologe Chefarzt am Rotes-Kreuz-Krankenhaus in Kassel, das er zur Vorzeigeklinik in Sachen Ernährungstherapie entwickelte. Jahrelang versuchte Löser, Verantwortliche zum Handeln zu bewegen. Er besuchte Fraktionskonferenzen in Berlin, sprach mit Menschen im Gesundheits- wie im Ernährungsministerium, lud Politikerinnen und Politiker in seine Klinik ein, um zu zeigen, was möglich ist. Ergebnis war immer dasselbe: Alle seien begeistert gewesen, hätten versprochen, sich zu melden, doch »gemeldet hat sich dann niemand«. Und so zieht der 63-Jährige heute, bald 20 Jahre nach der Resolution des Europarats, ein prägnantes Resümee: »Das war alles nur politisches Gelaber, ohne Substanz.«

Für Löser waren es die Erlebnisse als Assistent in der Kieler Krebsmedizin, die ihn als jungen Arzt umdenken ließen. Da erhielten Krebskranke nach der Chemotherapie, wenn sich ihr Zustand nicht besserte, einfach eine weitere Chemotherapie – und ging es nicht voran, noch eine. »Keine Sau hat sich dafür interessiert, dass die Menschen ständig abgenommen haben«, sagt Löser. Mehr als gut gemeinte Tipps hätten die Ärztinnen und Ärzte für Erkrankte wie Angehörige nicht übrig gehabt – »Essen Sie mal ein bisschen mehr«, »Bekochen Sie Ihren Mann mal richtig«, so etwas. In Lösers Ohren nichts als »beißender

Zynismus«. Er vertiefte sich in die Ernährungsmedizin, ging schließlich nach Kassel und begründete dort ein Konzept, von dem noch heute als »Kasseler Modell« gesprochen wird.

Von 2003 an baute Löser zunächst ein interdisziplinäres Ernährungsteam auf, begann mit dem konsequenten Screening aller neuen Patient:innen auf Anzeichen von Mangelernährung, machte Ernährungstherapie zum festen Bestandteil der Behandlung gerade bei Krebserkrankten, strukturierte die Küche um. Alle Patient:innen bekamen ein passendes Menü. Jeden Tag wurden sie befragt, ob das Essen auch schmecke. Schließlich bringt die beste Zusammensetzung nichts, wenn der Teller voll bleibt. Dazu ließ Löser proteinreiche Fruchtshakes servieren, Fingerfood und mehr. Gleich bei Aufnahme erhielten die Menschen eine »Speisekarte« mit passenden Zwischenmahlzeiten zur Auswahl. Statt andernorts fünf Euro gab die Kasseler Klinik bis zu 6,50 Euro pro Tag und Patient für Lebensmittel aus, aus Sicht des Arztes eine lohnende Investition: »Ich bin zu 100 Prozent davon überzeugt, dass selbst Menschen, die in ganz miesem Zustand waren, regelrecht wieder aufgeblüht sind.« Trotz des erwartbaren medizinischen Nutzens hatte es Löser bei seinem Verwaltungsdirektor einige Überzeugungsarbeit gekostet, bevor er loslegen durfte.

Dabei, das ist die Ironie der Geschichte, entstehen gar keine Mehrkosten. Mit einer konsequenten Ernährungstherapie ließe sich sogar Geld sparen. Das gilt gesamtgesellschaftlich, wie die niederländische Stiftung SEO Economisch Onderzoek im Auftrag von Unikliniken und dem niederländischen Verband der Diätassistenten vorrechnete: Demnach kann eine Gesellschaft für jeden in die patientenbezogene Diätetik investierten Euro mehrere Euro zurückerhalten.[32] Es gilt aber auch betriebswirtschaftlich für jede einzelne Klinik.

Seit fast 20 Jahren rechnen deutsche Krankenhäuser inzwischen über die beschriebenen Fallpauschalen ab. Wie viel Geld sie erhalten, hängt also allein von der Diagnose ab – und nicht davon, welchen Behandlungsaufwand sie betreiben, welche Komplikationen es gibt, wie lange Patient:innen auf der Station bleiben. Wird die Mangelernährung nicht bekämpft, ist die Behandlung der eigentlichen Erkrankung schwieriger und damit teurer. Jeder Tag, den Mangelernährte länger im Klinikbett bleiben, verursacht Kosten, die das Krankenhaus nicht erstattet bekommt.[33] Eine weitere niederländische Studie errechnete 2005, dass sich bereits mit 76 Euro für Ernährungstherapie der Aufenthalt um einen Tag verkürzen lässt.[34]

Der Betrag mag seitdem gestiegen sein. An der Kosteneffizienz besteht jedoch kein Zweifel, weitere Studien belegen sie.[35] Wenn heute ein durchschnittlicher Krankenhaustag in Deutschland gut 700 Euro[36] kostet – mehr noch auf jenen Stationen, auf denen Mangelernährung so große Probleme bereitet –, wird deutlich: Es bleibt eine Menge Spielraum, Ernährungstherapie zu finanzieren.

Warum lassen sich dann nicht mehr Klinikmanagements vom »Kasseler Modell« überzeugen, das dessen geistiger Vater, Chefarzt Christian Löser, als »Win-win-win-Situation für Arzt, Patient und Verwaltungsdirektor« bezeichnet? Wer diese Frage erörtert, stößt auf einen Strauß rationaler und irrationaler Gründe.

Fehlendes Wissen ist einer davon. Wie im ersten Kapitel beschrieben, spielt selbst im Medizinstudium Ernährung trotz ihrer Bedeutung für Krankheiten und Heilung praktisch keine Rolle. »In unserer Gesellschaft ist Essen etwas, was jeder kann. Auch Ärzte bringen da oft einfach ihre Hausfrauenmeinung mit ein«, meint Uta Köpcke, Präsidentin des Verbands der Diätassistenten. In den Verwaltungsleitungen fehlt die Kenntnis noch mehr. Auch in Kassel musste Christian Löser »die ganze Literatur« auspacken, um zu überzeugen. Ohne einen Industriesponsor, der einen Teil der Kosten übernahm, hätte er wohl trotzdem kein Einverständnis bekommen. Denn so klar die monetären Vorteile *wissenschaftlich* belegt sind, so schwer sind sie *betriebswirtschaftlich* sichtbar zu machen. In den Büchern steht erst einmal das Investment, nicht der Return. Durch die Anreize des Fallpauschalen-Systems geht die Aufenthaltsdauer der Patient:innen ohnehin nach unten – welchen Effekt hat da noch die Ernährungstherapie? Das ließe sich nur mit aufwendigen Studien im eigenen Hause evaluieren, doch für die fehlt meist die Zeit.

Streicht die Klinik in der Küche dagegen Ausgaben zusammen, drückt sie die Preise bei ihrem Caterer, ist die Einsparung sofort sichtbar. Derselben Logik fallen Diätassistenz-Stellen zum Opfer, wenn sie in der Kostenstelle Küche angesiedelt sind.

Politik könnte das ändern. Durch einen Rechtsanspruch für Patient:innen auf Ernährungstherapie. Durch verbindliche Ernährungsteams in den Kliniken, durch einen festen Schlüssel, auf wie viele Betten wie viele Diätassistenz-Stellen geschaffen werden müssen. Durch eine Stärkung ernährungsmedizinischer Inhalte in den Curricula und durch Lehrstühle für Ernährungsmedizin, wie es Fachgesellschaften seit Langem fordern.[37] Sie tut es nicht. Weil Mangelernährung im Unterschied zu Übergewicht so unsichtbar ist, glaubt Löser. »Es ist eine verborgene Krankheit, die in unserem Alltagsbewusstsein nicht verankert ist. Das ist absolut katastrophal.«

Zynische Marktradikalität in Kliniken und Pflegeheimen

Ob die Bundesregierung Maßnahmen plane, um die Ernährung in Kliniken zu verbessern und Mangelernährung vorzubeugen, ist im Sommer 2020 Gegenstand einer Parlamentarischen Anfrage. Die bemerkenswerte Antwort des Bundesgesundheitsministeriums: »Für die Verpflegung sind die Kliniken im Rahmen ihrer Organisationshoheit selbst verantwortlich. Eine gesunde und patientenorientierte Verpflegung erscheint insoweit als Aspekt, bei dem sich die Krankenhäuser im Wettbewerb um die Patientinnen und Patienten in eigenem Interesse engagieren.«[38] Es sind Sätze, die zwei bis drei Mal gelesen werden wollen, bis sie ihre ganze zynische Marktradikalität offenlegen. Da erklärt das Gesundheitsministerium Mangelernährung – ein Problem, von dem Wohlergehen und Überlebenschancen von Menschen abhängen – mal eben zu einer beliebigen Frage des Wettbewerbs. Als würden alle in Großstädten wohnen, wo sie sich unter einer Vielzahl von Kliniken vor ihrer Einweisung die passende nach der Qualität der Verpflegung aussuchen könnten. Oder als sollte die Notfallpatientin auf der Trage im Rettungswagen noch schnell mit dem Handy online die Essensbewertungen der umliegenden Kliniken überfliegen, um dem Fahrer zuzurufen, welche er besser nicht ansteuern soll – absurd.

In der ambulanten Versorgung setzt sich die Malaise fort. Niemand bleibt ewig im Krankenhaus, die Therapie muss danach meist weitergehen. Doch was der Klinikarzt auch verschreibt, nach der Entlassung ist damit oft Schluss: Wenn der Hausarzt nämlich kein Budget für die nötige Fortsetzung der Ernährungstherapie mehr hat. Auf Rezept, als verbindliche Kassenleistung also, gibt es sie nur bei seltenen Stoffwechselkrankheiten und bei Mukoviszidose. Sonst nicht, noch nicht einmal bei Diabetes oder Zöliakie. Drei von zehn Krebspatient:innen in ambulanten onkologischen Schwerpunktpraxen in Bayern hatten einer aktuellen Untersuchung zufolge ein erhöhtes Risiko für Mangelernährung – eine Ernährungsberatung erhielt nicht einmal jeder Dritte von ihnen.[39] Und selbst wem diese Hilfe zuteil wird, weiß oft nicht, wie gut sie ist. Denn »Ernährungsberatung« ist kein geschützter Begriff. Jeder darf sie anbieten, deshalb tummeln sich auf dem Markt Beraterinnen und Berater mit unterschiedlichsten Ausbildungen und Kompetenzen.

Kaum besser ist die Situation in Pflegeheimen. Jede:r vierte Bewohner:in war bei einer Befragung von freiwillig teilnehmenden Einrichtungen der Deutschen Gesellschaft für Ernährung (DGE) von Mangelernährung betroffen.[40] Dabei ist eine adäquate Ernährung im Alter besonders wichtig, denn mit höherem Alter und häufig abnehmender Mobilität sinkt der Bedarf an Energiezufuhr – nicht im gleichen Maße aber der an wichtigen Nährstoffen. Um sich gesundheitsfördernd zu ernähren, müssen Ältere annähernd die gleiche Menge Nährstoffe aus (kalorienmäßig) weniger Essen ziehen. Entsprechend leichter rutschen sie in eine Unterversorgung, die wiederum ihren Körper schwächt, anfälliger für Krankheiten macht und häufig auch Appetitlosigkeit auslöst – womit es ihnen noch zusätzlich schwerer fällt, die nötigen Nährstoffe zuzuführen.

Betroffenen fehlt es typischerweise an genügend Eiweiß, was die Gebrechlichkeit erhöht[41], auch die Versorgung mit Vitamin D, Thiamin, Riboflavin, Kalzium, Magnesium und Selen gilt bei älteren Menschen als kritisch.[42] Studien zeigen: Der Mangelernährung ließe sich bereits wirksam etwas entgegensetzen, wenn die Pflegekräfte nur entsprechend ausgebildet sind.[43] Doch als sich die DGE 2018 in 69 Wohnbereichen deutscher Pflegeheime erkundigte, ob Diätassistent:innen bei ihnen tätig sind, bejahte nicht einmal jeder Dritte. In anderen europäischen Ländern waren es 86 Prozent.[44] Das Bundesgesundheitsministerium sieht in alldem offenbar kein größeres Problem. Der Medizinische Dienst der Krankenversicherung prüfe regelmäßig, ob Pflegebedürftige bedarfs- und bedürfnisgerecht ernährt werden, teilt es auf Anfrage mit. Die meisten hielten die Standards ein, und außerdem falle auch »die Verpflegung der Bewohnerinnen und

Bewohner« von Heimen »in den Verantwortungsbereich der Pflegeeinrichtung«.

Ein Fortschritt wäre es, wenn sich Krankenhauspatientinnen und Pflegeheimbewohner darauf verlassen könnten, dass das Standard-Essen gewissen Mindestanforderungen genügt, es also ausgewogen zusammengestellt ist, der übliche Bedarf an Nährstoffen gedeckt wird. Genau für diesen Zweck ließ die Bundesregierung die DGE wissenschaftliche Qualitätsstandards erarbeiten,[45] eine Art offizielle Anleitung, wie bedarfsgerechte, gesunde Verpflegung auszusehen hat. Auf vielen Seiten beschreiben die Standards, wie viel Obst, Gemüse oder Hülsenfrüchte serviert werden sollten, welche Fette zu empfehlen sind, was bei Kau- und Schluckbeschwerden zu beachten ist. Die Standards haben nur einen Nachteil: Sie sind gänzlich unverbindlich. Die Einrichtungen dürfen sie anwenden, müssen es aber nicht.

Richten sie sich nach den Empfehlungen, können sie sich von der DGE zertifizieren lassen. Doch wer – ganz im Sinne des Bundesgesundheitsministeriums, das die Einrichtungen im Qualitätswettbewerb um das beste Essensangebot wähnt – erwartet, dass sich Kliniken und Altersheime zur Eigenwerbung um die Zertifikate reißen, muss sich bitter enttäuschen lassen. Im Juni 2021 hatten es von den knapp 2 000 Krankenhäusern[46] in Deutschland gerade einmal 85, von den mehr als 1 000 Reha-Einrichtungen 59.[47] Pflegeheime weist die Statistik gut 15 000 aus,[48] zertifizieren konnte die DGE gerade einmal 71 stationäre Senioreneinrichtungen. Das heißt freilich nicht, dass im Umkehrschluss alle anderen die Mindestanforderungen missachten. Es zeigt jedoch: Für die Menschen, deren Gesundheit auch vom Essensangebot abhängt, gibt es kaum eine Garantie – Qualität ist eben nicht wettbewerbsrelevant, auch wenn das Ministerium diesen Eindruck erweckt. Es sieht auch keinen Grund, nachzusteuern: »Eine gesetzliche Regelung von Qualitätsstandards die

Essensversorgung in Krankenhäusern betreffend ist in der Vergangenheit nicht erwogen worden und wird weiterhin nicht geplant.« Auch in Pflegeheimen solle dies der Selbstverwaltung überlassen bleiben, dabei spricht hier noch mehr für gesetzliche Mindeststandards: Für die Einrichtungen, die ebenfalls unter starkem Kostendruck stehen, ist ein Essensangebot in guter Qualität mit echten Mehrkosten verbunden, anders als in den Kliniken.

Wissenschaft fordert »Systemwechsel«

In einem Restaurant mögen Koch und Kundschaft unter sich ausmachen, welche Qualität das Essen hat und wie gesund es ist. In Kliniken und Pflegeheimen liegt die Sache anders. Weil das Angebot für die Menschen ohne Alternative ist – und weil hier der Staat den Rahmen setzt: Mit Gesetzen und anderen Bestimmungen legt er fest, ob die Menschen in den Einrichtungen eine gesundheitsfördernde Verpflegung erhalten oder, im schlimmsten Falle, eine, die krank macht. Der Staat definiert die Vorgaben und setzt sie als Träger von Einrichtungen vielerorts selbst um. Doch ein Staat, der seine eigenen Mindeststandards systematisch unterläuft, der Mangelernährung, Krankheiten und sogar Todesfälle billigend in Kauf nimmt, erweist sich als denkbar schlechter Koch.

Bezeichnenderweise gilt dies für alle Bereiche, in denen der Staat verantwortlich dafür ist, welche Qualität auf den Tisch kommt. Auch in Schulen und Kindertagesstätten, wo Politik den Spielraum für die Träger festlegt, Städte und Gemeinden selbst als Anbieter oder Auftraggeber agieren. Und auch hier geht die Wissenschaft auf die Barrikaden: Nicht weniger als einen »Systemwechsel in der Kita- und Schulverpflegung« forderte das wissenschaftliche Beratergremium des Bundesernährungsministeriums im Sommer 2020, damit endlich »Kinder in den Fokus« genommen und die »überwiegend … schlechte Qualität« des Speiseangebots überwunden werden.

Den namhaften Professorinnen und Professoren ist ganz offensichtlich übel aufgestoßen, was den Kindern serviert wird. Umfassend hatte die Hochschule für Angewandte Wissenschaften Hamburg (HAW) in den Jahren 2014 und 2015 die Qualität der Schulverpflegung im Auftrag der Bundesregierung untersucht und dabei unter anderem 760 Speisepläne ausgewertet. Ergebnis: zu viel Fleisch und Wurst, zu wenig Fisch, viel zu selten Vollkorn und deutlich weniger Obst und Gemüse als empfohlen.[49] Kurz zuvor hatten Ernährungswissenschaftlerinnen derselben Hochschule bereits auf eine »unzureichende Einhaltung von grundlegenden Ernährungsstandards in den Kitas« hingewiesen. Sie führten dies auch darauf zurück, dass eine Mehrheit der Einrichtungen sich beim Mittagessen nicht an externen Standards orientierte.[50] Bei wichtigen Nährstoffen, vor allem Kalzium, Eiweiß und Vitamin E, würden die Richtwerte verfehlt.[51]

Einmal mehr könnten die DGE-Standards helfen, die es für Schulen und Kitas ebenfalls seit mehr als zehn Jahren gibt – doch wie bei den Kliniken und Pflegeheimen ist die Zahl der zertifizierten Einrichtungen lächerlich gering: Von den mehr als 32 000 Schulen in Deutschland[52] hatte die DGE im März 2021 nach eigenen Angaben ganze 77 auditiert, also weniger als 1 von 400. Bei den Kitas waren es 422 von gut 57 000[53], jede einhundertfünfundreißigste. Auch diese Zahlen bedeuten nicht, dass alle anderen Einrichtungen schlecht sind. Doch der Hamburger Studie zufolge waren die DGE-Standards wenige Jahre zuvor nur in der Hälfte der Schulen überhaupt bekannt, und selbst von diesen setzte sie nur jede Zweite nach eigenen Angaben um.

Es sind Befunde, die sich eine Gesellschaft kaum leisten kann. Manche Kinder nehmen beinahe die Hälfte ihrer Tageskalorien in Schule oder Kita zu sich, müssen dort einen entsprechenden Anteil ihres Nährstoffbedarfs decken. Garantiert ihnen der Staat ein ausgewogenes Essen, unterstützt er eine gesunde Entwicklung und beeinflusst ein ganzes Leben positiv. Anders als Deutschland begann Schweden bereits in den 1940er-Jahren damit, an Schulen ein kostenloses und qualitativ gutes Mittagessen anzubieten. Dies eröffnete Wissenschaftlern die Möglichkeit für Langzeitstudien. Was sie herausfanden, sind schlagende Argumente für ein gutes Mensa-Angebot: Erwachsene, die während ihrer gesamten Schulzeit in den Genuss dieses Mittagessens gekommen waren, profitierten davon nämlich ganz wesentlich. Sie waren größer gewachsen, gesünder, erreichten einen höheren Bildungsstand und in der Folge ein um drei Prozent höheres Lebenseinkommen. Als besonders positiv erwies sich der Effekt für Menschen aus ärmeren Haushalten.[54]

Statt diesen Weg konsequent zu beschreiten, sieht der deutsche Staat regelmäßig dabei zu, wie Kantinen Übergewicht oder Nährstoffmangel fördern – und nicht selten beides gleichzeitig. Die möglichen Folgen für die Kinder, wie im ersten Kapitel dargelegt, sind bekannt: eine gehemmte Entwicklung, ein geschwächtes Immunsystem, ein höheres Risiko für spätere Erkrankungen, von Diabetes bis zu Herz-Kreislauf-Problemen.

»Wir sind Opfer unserer Strukturen«

Seit 2019 haben in Deutschland die Kinder aus einkommensschwachen Elternhäusern immerhin Anspruch auf ein kostenloses Mittagessen in den Schulen.[55] Zu welcher Qualität, ist jedoch im wahrsten Sinne des Wortes Schicksal und abhängig von der Schule, die sie besuchen. Was also wäre so schwer, die eigens entwickelten Qualitätsstandards an den Schulen verpflichtend zu machen? Sollten wir nicht *allen* Kindern eine gesunde, ausgewogene Ernährung garantieren, wenn sie sich in staatliche Obhut begeben?

Anders als bei Kliniken und Pflegeheimen könne dies nicht allein an den Kosten liegen, meint die Ernährungswissenschaftlerin Ulrike Arens-Azevêdo, von 2016 bis 2019 Präsidentin der DGE. Gemeinsam mit Kolleginnen wies sie in dieser Zeit nach, dass eine Umstellung des Schulessens auf bessere Qualität nur unwesentlich teurer wäre, wenn in der Schule gekocht wird.[56,57,58] Mehr Geld wäre nicht so sehr für die Lebensmittel, sondern vor allem für die Qualitätskontrolle nötig, aber auch dies in überschaubarem Rahmen. Doch was steht einem gesunden Schulessen dann im Weg? Arens-Azevêdo glaubt: »Wir sind Opfer unserer politischen Strukturen.«

Da ist zum einen die föderale Kakofonie: Der Bund lässt Qualitätsstandards entwickeln, gesetzlich vorschreiben könnten sie für die Schulen jedoch nur die Bundesländer – am Ende umsetzen müssten sie kommunale wie private Träger. »Die Zuständigkeiten und Verantwortlichkeiten sind unfassbar aufgesplittet«, seufzt Arens-Azevêdo. Praktisch unmöglich sei es, sich mit allen Beteiligten in der Ernährungspolitik auf eine gemeinsame Linie zu verständigen. »Außerdem reagiert unsere Gesellschaft sehr empfindlich auf Gebote und Verbote. Da ist schnell die Rede von Bevormundung – und das ist ja etwas, was wir auf keinen Fall wollen.«

Tatsächlich nimmt die Angst vor jeder auch nur im Ansatz gefühlten Bevormundung in der politischen Diskussion über Ernährungsthemen fast schon groteske Züge an – ein Thema, das im vierten Kapitel noch näher beleuchtet werden soll. Doch ist diese Sorge ernsthaft auch dann ausschlaggebend, wenn es allein darum geht, ein vernünftiges Essensangebot für Kinder sicherzustellen? Arens-Azevêdo hat dies in vielen Gesprächen mit Verantwortlichen in der Politik genau so wahrgenommen. Da reagieren Länderministerien gleich doppelt skeptisch auf die Forderung nach verpflichtenden DGE-Qualitätsstandards in den Schulen: erstens, weil es die Bundesregierung ist, die sich in die Schulpolitik einmischt (»Ländersache«!) und die Länder bedrängt, bundesweite Standards auf Landesebene umzusetzen. Zweitens, weil sie den Schulträgern und Kommunen dann mit Vorgaben kommen und deren Freiheit beschneiden müsste. »Viele sind der Auffassung, die Eingriffstiefe ist zu groß«, sagt Arens-Azevêdo. Tatsächlich begründen Landesregierungen auch öffentlich ihren Verzicht auf gesetzliche Regelungen mit der »Eigenverantwortung« der Schulen.[59] Doch was ist bei alledem mit der Freiheit und dem Recht der Kinder, sich gesund zu ernähren?

Die Landesregierungen stellen ganz offenkundig die »Eigenverantwortung« jener Einrichtungen über die Gesundheit der Kinder, die mit ihrem teils krankheitsfördernden Essensangebot regelmäßig zeigen, dass sie ihrer Verantwortung für die Schüler:innen nicht gerecht werden. In diesem Lichte sollte eine solche Politik öffentlich diskutiert werden. Denn es ist ja interessant, dass die Regierungen verbindliche Standards immer nur auf Ebenen einfordern, für die sie selbst nicht zuständig sind – wo sie es sind, lehnen sie eine solche Pflicht mit Verweis auf die Eigenverantwortung der Anbieter ab.

Vielleicht würden Kindeswohlinteressen stärker in den Fokus rücken, wenn die Kenntnis über die Bedeutung einer gesunden Ernährung für die gesamte körperliche und geistige Entwicklung eines Menschen tiefer ausgeprägt wäre. Doch das Wissen fehlt, ist Arens-Azevêdo überzeugt. Zum Beispiel bei den Verwaltungsangestellten, die in Ministerien und Kommunen für die Schulverpflegung zuständig sind, aber in der Regel keine ökotrophologische Ausbildung haben. Und es fehlt auch bei Eltern, die zu selten gesundheitsförderndes Essen einforderten. Die frühere

DGE-Präsidentin führt dies auch auf öffentliche Zurückhaltung und eine oft komplexe Sprache von Wissenschaft zurück. »Ich bin ein heimlicher Fan von Christian Drosten«, bekennt sie. Der Epidemiologe habe in der Corona-Pandemie geschafft, was selten gelinge, nämlich wissenschaftliche Positionen ganz stark in der Öffentlichkeit präsent zu machen. Und deshalb: »Die deutsche Ernährungswissenschaft braucht einen Christian Drosten.«

Es geht auch ohne Preiskampf

Rühmliche Ausnahme bildet ausgerechnet die notorisch klamme Hauptstadt. In einer 44 Seiten starken, berlinweit verbindlichen Leistungsbeschreibung für die Betreiber von Schulmensen gibt sie – wie nur wenige andere Bundesländer – die Standards der DGE verpflichtend vor und kontrolliert, ob sie eingehalten werden. Und Berlin geht noch zwei Schritte weiter. Es bietet allen Kindern in der Grundschule ein kostenloses Essen an und hat darüber hinaus den ruinösen Preiswettbewerb der Caterer einfach beendet: Seit einigen Jahren schon erhalten diese einen Festpreis, seit 2021 liegt er bei 4,36 Euro pro Mittagessen. In den Ausschreibungen kommt nicht mehr einfach die Catering-Firma zum Zuge, die das billigste Angebot macht, gleich unter welchen Umständen es zustande kommt. Sondern jene, die mit ihrem Essensangebot überzeugt.

Das Verfahren ist nicht perfekt. Nach Abzug aller Kosten können die Unternehmen vielleicht ein Drittel des Preises in den Wareneinkauf stecken, wobei sie Kostensteigerungen aufgrund des Festpreises nur durch Einsparungen an der Qualität kompensieren können. Doch es hat einen großen Vorteil: Es zieht eine Untergrenze ein und stoppt die stetige, durch den Konkurrenzdruck angekurbelte Abwärtsspirale. Eva-Maria Lambeck, die drei gemeinnützige Cateringbetriebe in der Hauptstadt aufgebaut hat, hält das Berliner Modell daher für bundesweit führend. Vor Einführung der Festpreise seien die Betriebe gezwungen gewesen, ein Mittagessen für unter zwei Euro zu liefern, und in anderen Bundesländern ließen sich bis heute im Schnitt bestenfalls 3,50 Euro erzielen. »Da wird der Wettbewerb nur über den Preis geführt«, sagt sie.

Was ihr auch in Berlin jedoch Sorge bereitet, ist die Lücke zwischen Anspruch und Lebensrealität. Nach den DGE-Standards zu kochen ist das eine – ob das dann angenommen wird, oft das andere. So erlebt es Lambeck, dass die Erwachsenen der Schulgemeinschaft in der Mensa vor allem Gulasch fordern, die Kinder »Pipapo« – Pizza, Pasta, Pommes. »Es ist nicht leicht, das zu überwinden, weil die Kinder richtig infiltriert sind von der Werbung und vor allem süß, würzig und fett wollen.«

Umso wichtiger wäre es, wenn der Staat das Verlangen nach Ungesundem nicht weiter nährt, sondern in die Vorbildrolle schlüpft. Indem er ein gesundes Angebot sicherstellt, das auch in eine entsprechende Nachfrage münden kann: in den Mensen, aber auch an Schulkiosken, wo viele Hausmeisterinnen und Hausmeister oder andere Betreiber grenzenlose Gewerbefreiheit genießen und entsprechend vieles verkaufen, was die DGE in ihren Essensstandards aus gutem Grunde ausschließt. Und indem er kommerzielle Interessen aus den Schulen fernhält.

Jahrelang betrieben viele Bundesländer ein staatliches Schulmilchprogramm, das auf das genaue Gegenteil hinauslief. Unter dem Deckmantel der Gesundheitsförderung überwiesen sie Abermillionen Steuergelder aus einem EU-Topf an Molkereien, die den Kindern dafür jeden Tag gezuckerte Schoko-, Vanilleoder Erdbeermilch frei Schule lieferten. Wozu eine solche Zuckerförderung? Die Antwort ist einfach: weil es gar nicht um die Kinder ging.

In Nachkriegszeiten sollten mit der Schulmilch noch die Milchwirtschaft *und* die Kinder gepäppelt werden. Zuletzt ging es nur noch um die Molkereien. Bauernverband wie Agrarpolitik behandelten das Programm offen als Instrument zur »Absatzförderung«[60], auch wenn sie vordergründig immer auch die Vorzüge der »gesunden Milch« für Kinder priesen. Selten gab einer die Zielsetzung so offen zu wie 1982 der NRW-Landwirtschaftsminister Hans Otto Bäumer in einem Fernsehinterview: Es gehe »ausschließlich« darum, sagte er, »den Milchabsatz zu heben, mehr Umsatz zu erreichen«. Bis zuletzt waren deshalb auch nicht die Schul-, sondern die Landwirtschaftsministerien für die Konzeption der Schulmilchförderung zuständig, und dort meist Referate, die nicht etwa für eine gesunde Kinderernährung, sondern für die Absatzförderung der Landwirtschaft verantwortlich zeichneten. Lohnende Umsätze ließen sich für die Molkereien jedoch nur mit den gezuckerten Produkten erzielen, vor allem mit Kakao. Als die EU-Kommission nur noch ungesüßte Trinkmilch gefördert sehen wollte, setzte die deutsche Politik durch, dass sie von diesem Grundsatz abweichen durfte – was sie eifrig tat. Der Molkereikonzern Friesland Campina erhielt 2018/2019 über 12 Monate hinweg nach EU-Angaben allein mehr als zwei Millionen Euro Subventionen für Schulmilch,[61] an die Schulen lieferte er sie vor allem in Form von zuckrigem Kakao.

Erst eine aufwendige Kampagne, für die ich seinerzeit bei der Verbraucherorganisation foodwatch verantwortlich war, erreichte es 2019, dass in Deutschland keine Steuergelder mehr in die Förderung gezuckerter Milchprodukte fließen.[62] Eine kaum erhoffte Wende, zumal die für die Schulprogramme verantwortlichen Ministerien und die Milchwirtschaft geradezu unzertrennlich auftraten. Vor allem in Nordrhein-Westfalen, wo die Landesregierungen – schwarz-gelbe wie rot-grüne – der Landesvereinigung der Milchwirtschaft noch zusätzliches Steuergeld zuschanzten, damit diese in den Schulen für Ernährungsbildung sorgt. Mit einem – bis heute gültigen – Ministererlass beauftragte sie die Landesvereinigung sogar explizit, »Werbung« in den Schulen zu betreiben, um eine »Erhöhung des Verbrauchs von Milch und Milcherzeugnissen« zu erreichen.[63]

Werbung in den Schulen im staatlichen Auftrag: Über eine solche Einladung würden sich wohl viele andere Branchen freuen. Doch auch ohne Erlass sind die Freiräume für Unternehmen groß.[64] Die meisten Bundesländer haben zwar direkte Werbung verboten, lassen aber einen Umweg zu: Sponsoring. Die Firmen hängen also keine Plakate in den Schulfluren auf, bezuschussen dafür das Schulfest – und sind im Gegenzug dort mit Bannern, Maskottchen oder Produkten präsent. In Zeiten knapper Kassen steht und fällt so manche Veranstaltung mit dem mal mehr, mal weniger selbstlosen Engagement von Sponsoren. Ein anderes Einfallstor bietet ihnen Unterrichtsmaterial. Oft müssen die Lehrerinnen und Lehrer es selbst bezahlen, weshalb sie gern zu kostenlosen Unterlagen greifen – und die kommen im Bereich Ernährung auch von Schokoladenfabrikanten oder Junkfood-Produzenten. Für jene »Infiltration«, die die Berliner Catering-Unternehmerin Lambeck kritisierte, sorgt der Staat also höchstselbst und direkt innerhalb der Schulen.

Kindergarten-Marketing für die »Kleinsten«

Eine eigene kleine Branche hat sich ausgebildet, spezialisiert auf rechtliche Schlupflöcher: Agenturen für »Bildungsmarketing«. Unternehmen wie die spread blue educationmarketing GmbH, die unter anderen McDonald's, Nestlé und funny-frisch zu ihren Referenzkunden zählt und die weiß, dass Schulen »nie ein gänzlich werbefreier Raum« waren. Um »Schüler und Lehrer zu erreichen«,[65] verteilt sie Zeichenblöcke und Stundenpläne, organisiert Events, installiert Plakate, Bodenbelagsfolien, Plakatdisplays und Spiegelaufkleber in den Schultoiletten. In Pandemiezeiten können Corona-Masken und Seifenstücke bedruckt werden, und auch vor jüngeren Kindern macht das Angebot nicht halt. An mehr als 15 000 Kindergärten kann die Agentur für ihre Auftraggeber nach eigenen Angaben Malblöcke und Malplakate verteilen, Produktproben immerhin an mehr als 11 000.[66] »Kids im Alter zwischen 2 und 5 Jahren sind gleich aus mehreren Gründen eine spannende Zielgruppe«, erklärt Wettbewerber DSA youngstar sein Geschäftsmodell: »Sie sind die heimlichen Familienoberhäupter, verfügen über eine hohe indirekte Kaufkraft – und sind die Konsumenten und Markenfans von morgen. Doch wo soll man diese Zielgruppe kontaktstark erreichen? In den Kindergärten!«[67] Die »Kleinsten« seien schließlich »neugierig, neuen Produkten gegenüber aufgeschlossen und sehr interessiert«. Mithilfe von Malbüchern und Backzutaten lasse sich »Kindergartenmarketing mit edukativem Charakter« betreiben, »bei dem die reine Werbebotschaft in den Hintergrund rückt«.[68]

»Wer frühzeitig in spezielle Kommunikationsmaßnahmen für Kinder investiert, profitiert später von besonders loyalen Kunden«, trommelt eine andere Agentur, Cobra Youth, in eigener Sache, denn »je früher jemand von einer Marke oder einem Produkt überzeugt ist, desto geringer ist später seine Wechselbereitschaft zur Konkurrenz«.[69] Attraktiv sind solche Modelle, weil in den Einrichtungen Geld für Wünschenswertes fehlt. »Krippen, KiTas und Horte leiden unter knappen Budgets. Blattwerk Media füllt die Lücke für über 7 500 registrierte Einrichtungen gemeinsam mit Markenpartnern durch sinnvolle und pädagogisch wertvolle Sponsorings und Aktionen«, wirbt ein weiterer Werbedienstleister. In seinem »Sponsoringpool« finden sich nach eigenen Angaben mehr als 2 300 Krippen mit Kindern zwischen null und drei Jahren, 7 000 Kitas, 2 700 Grundschulen – sie alle »profitieren« von »sinnvollen Hilfen, für die im normalen Budget oft keine Mittel vorhanden wären«.[70] So landen in 1 000 Kitas dann schon einmal Geschenkpakete für insgesamt 70 000 Kinder, gefüllt unter anderem mit Alete-Keksen.[71]

Ein Staat, der es gut meint mit Kindern, lässt solche Geschäftsmodelle nicht zu. Er sorgt für eine Ausstattung in Kitas und Schulen, die sie unabhängig von Werbe- und Sponsoringgeldern macht. Er lässt sich nicht von kommerziellen Interessen leiten, wenn es um die Ernährung von Kindern geht, sondern garantiert ihnen eine gesundheitsfördernde Verpflegung. Wenigstens in Schulen und Kitas, wo Eltern begrenzten Einfluss auf das Angebot haben; sie sollten sich deshalb darauf verlassen können, dass der Staat seine eigenen Standards einhält.

Es sei denn natürlich, er möchte die Kinder schon einmal daran gewöhnen, was sie als Erwachsene im Krankenhaus erwartet, wenn sie sich dort aufgrund von ernährungsbedingten Krankheiten behandeln lassen müssen.

KAPITEL 3

Zuckerlecken

Warum der Staat Übergewicht statt gesundes Essen fördert

Politische Bilanzen haben eine Eigenart: Sie fallen stets positiv aus. Über Scheitern, Niederlagen, eigene Versäumnisse zu sprechen, gehört in der Politik zur absoluten Ausnahme und gilt als Risiko für die weitere Karriere. Wer auf seine Zeit in einem öffentlichen Amt zurückschaut oder »Zwischenbilanz« zieht, sieht also meistens nur eines: Erfolg. Im Bundesernährungsministerium trug er vor einigen Jahren dicke grüne Haken. »Geschafft«, hieß das Motto einer Anzeigenkampagne, und abgehakt wurde alles, was bei drei nicht auf den Bäumen war: »Mehr Tierwohl«, »gute Ernährung«, »bessere Verbraucherinformation« – was wurde nicht alles erreicht![1]

Abseits der öffentlichen Selbstvermarktung sind viele Politikerinnen und Politiker durchaus zu differenzierteren Einschätzungen imstande. Wie Christian Schmidt, dessen Amtszeit als Bundesernährungsminister in der Darstellung seiner PR-Abteilung mit den vielen grünen Häkchen endete, während Kritiker:innen sie als verlorene Jahre werteten. Ihnen gilt der CSU-Politiker als Minister, der das Thema »Tierwohl« zwar auf die Agenda setzte, für die Tiere aber nichts verbesserte. Und natürlich als der Mann, der anscheinend eigenmächtig und gegen den Willen des Koalitionspartners SPD in Brüssel für eine weitere Zulassung von Glyphosat stimmte, dem umstrittenen Wirkstoff in weitverbreiteten Unkrautvernichtern. »So isser, der Schmidt«, entgegnete er trotzig, als anschließend die Welle der Empörung über ihn hereinbrach.[2]

Ende Juni 2021, ein Treffen im Berliner Hotel Adlon am Brandenburger Tor. Seit seinem Ausscheiden aus dem Ministeramt gehört der 63-Jährige nicht mehr zur vordersten Reihe in der Union. Sein Abgeordnetenbüro hat er gleich gegenüber, Unter den Linden 71, etwas abseits vom Bundestag. Schmidt ist gern im Adlon. Vom Band kommt sanfte Kaffeehausmusik, und nur durch Glasscheiben vom Gewusel des Pariser Platzes getrennt, lässt es sich hier entspannt und ohne Trubel essen. Was auch daran liegen mag, dass das kleine Wasser mit 7,90 Euro auf der Rechnung steht. Schmidt ist auf Abschiedstour. Es ist der Tag vor seiner letzten Rede im Deutschen Bundestag, nach mehr als 30 Jahren im Parlament.

Wenige Wochen nach dem Treffen wird er das Amt des Hohen Repräsentanten für Bosnien und Herzegowina antreten. Aufbruchstimmung mischt sich beim Blick zurück mit Wehmut. Dicke grüne Haken setzt Schmidt im Gespräch eher wenige, und besonders selbstkritisch zeigt er sich beim Thema Zuckerkonsum und der Frage, wie sich eine gesunde Ernährung fördern lässt. Hier hat Schmidt in seinen vier Jahren als Minister, von 2014 bis 2018, im Grunde nichts erreicht. Findet Schmidt.

Mehr Fettleibige als Untergewichtige

Übersehen ließ sich das Thema in diesen Jahren freilich nicht. 2016 meldete das renommierte Fachjournal *The Lancet*, dass es auf der Welt erstmals mehr Fettleibige als Untergewichtige gibt. Eine globale Body-Mass-Index-Auswertung hatte gezeigt, dass in nur vier Jahrzehnten die Zahl der Adipösen, also der krankhaft Fettleibigen, von 105 Millionen 1975 auf 641 Millionen im Jahr 2014 gestiegen war.[3] In Deutschland stuft das staatliche Robert Koch-Institut zwei Drittel der Männer und mehr als die Hälfte der Frauen als übergewichtig ein, ein Viertel der Erwachsenen gar als adipös.[4] Besonders alarmierend, dass zudem auch insgesamt 15 Prozent der Kinder zu viel auf die Waage bringen. 6 Prozent sind bereits fettleibig.[5]

Hinter den Zahlen verbergen sich gewaltige gesundheitliche und soziale Probleme. Übergewicht und vor allem Adipositas sind die Vorstufe zu weiteren, schwerwiegenden Erkrankungen, von Herz-Kreislauf-Beschwerden bis hin zum Diabetes, der Zuckerkrankheit. Fachgesellschaften schätzen die Zahl der Menschen in Deutschland mit einem dokumentierten Typ-2-Diabetes auf mindestens acht Millionen, hinzu komme eine Dunkelziffer von zwei Millionen oder mehr – Tendenz stark steigend.[6] Sie weisen auf ein starkes soziales Gefälle hin: In einkommensschwachen Gemeinden besteht ein doppelt so hohes Diabetes-Risiko wie in reicheren Orten.[7] Und darauf, dass das Problem jünger wird. Hieß der Typ 2 früher landläufig »Altersdiabetes«, wird er heute bereits bei Kindern festgestellt.

Längst ist klar, dass es nicht mehr um ein paar unschöne Pfunde zu viel auf den Rippen geht. Als eine Forschungsgruppe aus Düsseldorf und München Krankenkassendaten aus dem Jahr 2010 analysierte, führte sie unvorstellbare 16 Prozent aller Todesfälle in Deutschland auf Diabetes Typ 2 zurück – im Untersuchungsjahr fast 138 000.[8] Aus Sicht der OECD ging 2017 fast jeder fünfte Todesfall (19 Prozent) auf das Konto schlechter Ernährung, das ist etwa so viel wie durch Tabak- und Alkoholkonsum zusammen[9] und auch der Grund dafür, dass die Lebenserwartung in

Deutschland »niedriger als in den meisten anderen westeuropäischen Ländern« ist. Auch die volkswirtschaftlichen Kosten sind enorm. Für 2019 beziffern Schätzungen allein die diabetesbezogenen Gesundheitskosten in Deutschland auf 37 Milliarden Euro.[10] Für alle gesellschaftlichen Kosten im Zusammenhang mit Fettleibigkeit werden noch weitaus höhere Beträge angenommen.[11] Das Haus brennt also, wie das heute heißt.

Wesentliche Gründe für die enormen Probleme sind zu wenig Bewegung und zu viel Essen, vor allem zu viel ungesundes. Auf einer eindrucksvollen Internetseite hat die Universität Oxford Daten zur Entwicklung der Kalorienaufnahme aus der ganzen Welt versammelt, für Deutschland reichen sie zurück bis ins Jahr 1800, doch besonders interessant ist die Zeit seit dem Wirtschaftswunder: Mit geringen Schwankungen ging es stetig nach oben. Nahmen wir im Jahr 1960 pro Kopf durchschnittlich 2 855 Kilokalorien am Tag, liegen wir heute bei mehr als 3 500, einem Viertel mehr. Das ist weit über dem Bedarf, der bei Erwachsenen je nach Alter und Aktivität bei 1 900 bis 2 500 Kilokalorien für Frauen sowie bei 2 500 bis 3 100 für Männer liegt.[12,13] So lange joggen können wir kaum, um diese Menge überzähliger Kalorien wieder abzutrainieren. Der Schlüssel beim Kampf gegen Übergewicht und seine Folgen liegt also in der Ernährung.

Hier wollte auch Christian Schmidt in seiner Amtszeit ansetzen: mit einer Strategie zur Reduktion von Zucker, Fett und Salz in Fertiggerichten. Zwar nur freiwillig für die Unternehmen – doch selbst so weit kam er nicht.

»Die Zuckerindustrie hat knallhart dagegen argumentiert«, sagt Schmidt. Um sich nach einem Löffel Kartoffelsuppe schnell zu korrigieren: »Streichen Sie ›argumentiert‹. Sie hat knallhart dagegengehalten.« Da war zum einen eine Vielzahl von Kontakten mit Industrievertretern, in denen ihm »reflexhafte Argumente« entgegengeschlagen seien. Besonders eine Lobbyistin der

Zuckerindustrie ist ihm in Erinnerung geblieben, »eine unangenehme Person«, die ihre Blockadehaltung nicht habe aufgeben wollen. Abseits der Öffentlichkeit wurde heftig gerungen. In seiner Antwort auf eine parlamentarische Anfrage listet das Ministerium allein mehr als ein Dutzend direkte Gespräche zwischen Schmidt oder seinen Staatssekretärinnen und Staatssekretären mit der Lebensmittelindustrie binnen 18 Monaten auf, vorrangig mit dem Zuckerverband, dem Süßwarenverband, den Produzenten Südzucker und Nordzucker[14] – vergebens. »Klassischerweise sind Wirtschaftszweige wenig innovationsfreundlich, solange die Innovation nicht von ihnen selbst kommt«, sagt Schmidt heute. Er habe es mit Kompromissangeboten versucht. Mit Stufenplänen, die einen sanften Einstieg in die Reduktionsstrategie vorsahen, mit dem Angebot einer gesichtswahrenden freiwilligen Reduktion, die öffentlich sogar als Initiative der Industrie und nicht als politisch gesteuerter Prozess dargestellt werden sollte, wenn die Zuckerreduktionsschritte nur groß genug seien. Doch die Schritte, auf die sich die Industrie habe einlassen wollen, waren Schmidt zu klein.

»Man hat mich vorgeführt«

Was seiner Erinnerung nach folgte, war eine öffentliche Kampagne, Schmidt spricht von »Verhetzung«. Große Zeitungsanzeigen als Angriffe auf seine Politik. »Man hat mich vorgeführt«, sagt er im Adlon. In der *Bild*-Zeitung – Überschrift: »Das will der Minister uns vom Teller nehmen« – musste er lesen, er wolle den Menschen »einen neuen Geschmack anerziehen«. Die Rede war von einer möglichen »Zucker-Polizei«, Brot solle »kaum noch Salz« enthalten. Und das gelte »auch für die bayerische Salzbrezel«, wie es in dem Artikel vor dem Hintergrund der Herkunft

Schmidts sicherlich nicht zufällig heißt.[15] Ärger gab es auch in der eigenen Fraktion.

»Die Truppe von Christoph Minhoff« vermutet Schmidt hinter mancher *Bild*-Berichterstattung, die er eher als Kampagne gegen ihn wahrnahm. Minhoff, ehemaliger Redakteur beim CSU-Parteiblatt *Bayernkurier* und beim *Bayerischen Rundfunk*, seit 2012 in Doppelfunktion Hauptgeschäftsführer des Lebensmittelverbands (damals noch: BLL) und der Bundesvereinigung der deutschen Ernährungsindustrie, ist der oberste Lebensmittellobbyist der Republik. Fest steht: *Bild* räumte ihm Platz ein, um wortgewaltig vor dem »Einstieg in staatsgelenkte Rezepturen und eine Bevormundung des Verbrauchers« zu warnen. Er kenne »den Christoph« lange, sagt Schmidt – Freunde wurden sie in seiner Amtszeit nicht. Minhoff nervte ihn; die »*Bild*-Kampagne« habe er ihm auch im persönlichen Gespräch einmal vorgehalten. »Mag sein, dass Lobbyisten so sein müssen«, sagt Schmidt beim Kaffee im Adlon. Es klingt enttäuscht.

Die Aussagen wurden schärfer. Zwei Tage nach dem *Bild*-Bericht über den Minister und die Zucker-Polizei legte das Boulevardblatt nach. Über »Nötigung« und ein »Rezepturen-Diktat« empörte sich ein Branchenvertreter in dem Text, in dem sich auch Gitta Connemann, stellvertretende Vorsitzende von Schmidts Unionsfraktion, kritisch äußerte.[16] Die *Rheinische Post* verbreitete die wütende Reaktion von Zucker-Lobbyist Günter Tissen. »Der Staat hat kein Recht vorzuschreiben, was schmecken darf und was nicht«, schäumte der, es gebe schließlich »keine Studien«, die belegten, dass Zucker dick oder krank mache.[17] Kurzum: Die Branche tobte und beschwor das Ende aller unternehmerischen Freiheit, weil ein Minister es gewagt hatte, eine unverbindliche Strategie für Rezepturänderungen vorzuschlagen.

Schließlich bekam Schmidt zu spüren, wie lang der Arm der Lobbyisten werden kann. Die Zuckerindustrie habe ihm »elegant über Mittelsmänner zu verstehen gegeben, dass sie alle Hebel in Bewegung setzen würden und dass ich das aufgeben soll«, erinnert er sich. »Da hat mich plötzlich ein Landespolitiker aus Niedersachsen angesprochen, den ich nicht kannte, der aber zur gleichen politischen Farbe wie ich gehörte.« Die Sorgen der Zuckerrübenbauern, der drohende Verlust von Arbeitsplätzen – alles sei aufgefahren worden. »Die Kampagne zielte nicht auf die Öffentlichkeit, sondern vor allem auf mein Umfeld.« Weil andererseits die Unterstützung fehlte, musste Schmidt schließlich eine Reduktionsstrategie ohne Reduktionsziele vorlegen. Und auch da empörte sich der Lobbyverband der Limo-Konzerne über das »Geschmacksdiktat«[18], warnte Christoph Minhoff vor nichts Geringerem als der Zerstörung von »Kulturgütern«, konkret dem »Aus für traditionelle ›Berliner‹ zu Karneval oder die Salzbrezel im Biergarten«.[19] Am Ende der Wahlperiode war Schmidt mit dem Vorhaben gescheitert, eine Reduktionsstrategie durchzusetzen.

»Alles so schwierig«

Jahre vor dem CSU-Politiker hatte bereits Renate Künast Übergewicht und Zucker als politische Themen erkannt. 2001 hatte die BSE-Krise die Grüne in die Regierung gebracht, bis zur Abwahl der rot-grünen Koalition 2005 blieb sie die erste Verbraucherschutzministerin der Republik. Es war die Zeit, in der die allermeisten Lebensmittelverpackungen noch keine Nährwertangaben trugen und es als Ungeheuerlichkeit galt, wenn jemand öffentlich den Zuckergehalt eines Produktes ausplauderte. Je offensiver Künast das Thema spielte, umso mehr eckte sie an. Ihr Buch mit dem Titel »Die Dickmacher – Warum die Deutschen immer dicker werden und was wir dagegen tun müssen« galt vielen als Provokation. Die konservative Presse reagierte zum Teil mit blankem Unverständnis. »Gibt es im Deutschen Bundestag zu viel Übergewichtige, oder warum schreiben Sie ausgerechnet jetzt über Dickmacher?«, eröffnete die *Welt am Sonntag* ein Interview mit der Ministerin – ein anderer Grund fiel dem Redakteur auch angesichts schon damals dramatischer Übergewichtsquoten unter Kindern offenbar nicht ein. Es wurde auch nicht besser: Ob der Vizekanzler Joschka Fischer nicht »auch etwas Ernährungsberatung« benötige? Ob Künast überhaupt ihren eigenen Body-Mass-Index kenne? Auf diesem Niveau bewegte sich die Diskussion zu dieser Zeit.

Künast, so beschreibt sie es heute im Gespräch, hatte es sich zur Aufgabe gemacht, ein öffentliches Problembewusstsein herzustellen. Und auch da habe sie den »langen Atem« der Zuckerwirtschaft gespürt, sagt sie. Erbost darüber, dass sie öffentlich so schlecht über Zucker rede, hätten sich deren Abgesandte direkt im Kanzleramt beklagt und seien auf Widerhall beim Koalitionspartner SPD gestoßen. Nach einer Kabinettsitzung, so erinnert sich Künast, bestellte Kanzleramtschef Frank-Walter Steinmeier sie noch auf einen Kaffee ein. Das sei »alles so schwierig«, wie die Ministerin beim Thema Zucker agiere, habe er das Gespräch eröffnet. Ob sie denn nicht »mehr mit denen reden« könne. Auf Steinmeiers Initiative hin habe sie dann 2004 peb gegründet, gründen müssen, die Plattform Ernährung und Bewegung: eine Art Runder Tisch mit Lebensmittelwirtschaft, Sportbund und Krankenkassen, um gemeinsam über Übergewichtsprävention zu sprechen. »Ich habe diesen kleinen Grübelkreis eingerichtet und damit das Kanzleramt befriedet«, erzählt es Künast im Rückblick.

Mehr noch dürfte sich die Plattform, die bis heute in veränderter Form als eingetragener Verein weiter existiert, für die Industrie ausgezahlt haben. Unternehmen wie die Süßwarenkonzerne Mars und Ferrero stießen dazu und zeigten sich engagiert – wenn es um die Förderung von Bewegung ging.[20] Es sei ein Anliegen, »junge Menschen dabei zu unterstützen, ihre Selbstverantwortung zu stärken und bewusst einen aktiven, gesunden Lebensstil zu entwickeln«, hieß es schon zur Gründung in einer Presseerklärung der Lebensmittellobby.[21] Es gehe um »gesteigerte körperliche Aktivität, adäquates Ernährungsverhalten und Veränderungen im sozialen und familiären Umfeld« – aber offenbar weniger um das Produktangebot und Marketing der Industrie. Schon das Gründungsprogramm der Plattform schreibt die Ursachen für Übergewicht im Wesentlichen der Genetik, fehlender Bewegung und einem falschen Lebensstil zu.[22] Es dauerte zehn Jahre, bis auch aus den Reihen der Beteiligten Kritik an der »Feigenblatt«-Rolle laut wurde und Ärztevertreter zum Beispiel eine Beschränkung der an Kinder gerichteten Werbung forderten, wie etwa die *Lebensmittelzeitung* berichtete.[23] 2018 traten zwei Kinderarztverbände und die Deutsche Adipositas Gesellschaft unter lautem Protest gegen die Blockadehaltung der Lebensmittelwirtschaft aus der Plattform Ernährung und Bewegung aus.[24] Zu gesetzlichen Regulierungen war es bis dahin nicht gekommen, weder unter Künast noch nach ihr.

Viel zu viel statt sehr viel zu viel

Es blieb schließlich Christian Schmidts Nachfolgerin Julia Klöckner vorbehalten, Ende 2018 eine Strategie zur Reduktion von Zucker, Fett und Salz vorzulegen. Auch sie setzte auf Unverbindlichkeit. Mehrere Verbände der Lebensmittelwirtschaft bekannten sich zu Zielen, die ihre Mitgliedsfirmen bis 2025 erreichen sollen: weniger Salz in Brot, Fleischprodukten und Tiefkühlkost, weniger Zucker in Frühstücksflocken, Süßgetränken und Milchprodukten.[25] Anhand mehrerer Tausend Lebensmittel ließ Klöckner verfolgen, wie sich die Nährwertgehalte entwickeln.[26]

Der CDU-Politikerin gab dies die Möglichkeit, regelmäßige Fortschritte für sich zu reklamieren. Ärger brachte ihr dabei allerdings ein Video ein, das ihr Ministerium ein halbes Jahr nach Vorstellung der Reduktionsstrategie via Twitter verbreitete und sie im freundschaftlichen Plausch mit dem Nestlé-Deutschlandchef über dessen »Philosophie« zeigte.[27] Der Manager nutzte die Bühne, um neben der freudestrahlenden Ministerin zu betonen, wie viel Zucker sein Unternehmen angeblich längst reduziert habe. Als unpassende Werbung für den Konzern legten viele Klöckner diese Aktion aus[28], doch es wirkte eher andersherum, als wollte die Ministerin den Konzernchef für ihren auf demonstrative Nähe zur Wirtschaft gründenden Politikansatz vor den PR-Karren spannen. Nicht allen erschien die fehlende Distanz zum größten Nahrungsmittelkonzern der Welt so selbstverständlich und richtig wie der Ministerin. Dumm zudem, dass Nestlé einige Zeit später eingestehen musste, sogar seine eigenen, globalen Zuckerreduktionsziele verfehlt zu haben[29] – und die *Financial Times* über eine interne Präsentation berichtete, die im Topmanagement des Konzerns zirkulierte und der zufolge das Unternehmen einen Großteil seines eigenen Produktportfolios als ungesund einstufte.[30]

Was aber tat sich nach dem Start zu Klöckners freiwilliger Strategie? Tatsächlich gingen Zucker- oder Salzgehalte zurück:[31] von sehr viel zu viel auf viel zu viel. Dabei klang es ja erst einmal eindrucksvoll, wenn sich Zuckergehalte in Kinderlebensmitteln um fünf oder gar 20 Prozent verringerten. Entscheidend ist jedoch, zu sehen, von welchem Niveau aus die Reduktion begann – gerade bei Lebensmitteln, die nicht zwangsläufig Süßigkeiten sind, sondern mit einer entsprechenden Rezeptur durchaus ausgewogen sein könnten. Wie viel Zucker also steckt nach dieser Reduktion noch in ihnen? Wie ehrgeizig sind die Ziele?

Richtwerte gibt es von der Weltgesundheitsorganisation, die dafür eintritt, dass nur ausgewogene Lebensmittel an Kinder beworben werden dürfen. Um »ausgewogen« zu definieren, hat die WHO Nährwertkriterien festgelegt. Etwa für Frühstücksflocken, eine Produktgruppe, bei der sich Ministerin Klöckner über zweistellige prozentuale Zuckerreduktionsschritte freute.[32] Machen wir den Vergleich: Aus Sicht der WHO ist alles über 15 Gramm Zucker in 100 Gramm Frühstücksflocken zu viel.[33] Doch, wie die Gesellschaft für Konsumforschung im Auftrag der AOK für eine 2020 veröffentlichte Studie ermittelte: 99 Prozent der speziell an Kinder gerichteten Flocken lagen über diesem Wert – wohlgemerkt *nach* den so freudig begrüßten Reduktionsschritten.[34] Wie wenig ambitioniert Klöckners Ziele sind, rechneten die Verbraucherzentralen genauer vor[35]: Ausgehend von einem Zuckergehalt von – im Mittel – 29 Gramm in 100 Gramm Flocken im Jahre 2016 vereinbarte Klöckner mit der Industrie ein Reduktionsziel von 20 Prozent bis 2025. Die Kinder-Cerealien würden dann im Mittel noch immer rund 23 Gramm Zucker in 100 Gramm enthalten – weit, weit mehr als jene 15 Gramm, die die WHO noch gerade als ausgewogen betrachtet. Ein gesundes Frühstück sieht anders aus.

Überzuckerte Produkte wie Frühstücksflocken und Joghurts zu den ausgewogenen Lebensmitteln zu machen, die sie sein könnten, wäre ein wertvoller Schritt hin zu einer gesünderen Ernährung. Mit den Vereinbarungen von Klöckners Strategie wird es nicht zu erreichen sein. An Produktgruppen, die für die Fehlernährung der Kinder aber eine gewichtige Rolle spielen, führt diese ohnehin gänzlich vorbei. »Süßigkeiten stellen die größte Zuckerquelle für Kinder und Jugendliche dar, werden bislang aber von der Nationalen Strategie für die Reduktion in Fertigprodukten nicht erfasst«, kritisierten Wissenschaftlerinnen der Universitäten Bonn und Paderborn in einer Studie.[36] Die

Produkte sind auch nicht gesund zu machen, sie werden Süßwaren bleiben. Ziel müsste es also sein, die Verzehrmengen auf ein gesundes Maß zu drosseln und Kinder nicht mit ständig neuen Anreizen zu konfrontieren, sie sollten mehr von ihnen essen. Denn hier liegt ja das Problem: Die meisten Kinder kommen noch nicht einmal auf die Hälfte der empfohlenen Mengen Obst und Gemüse, überschreiten bei Süßem oder Limos das verträgliche Maß aber bei Weitem.[37]

Während Corona hat der Konsum von Süßigkeiten sogar noch zugenommen. Die Gewichtszunahme in der Pandemie war messbar.[38] Die ambulanten Adipositas-Zentren an der Kinderklinik Halle und an der Berliner Charité zählten etwa drei Mal so viel neue Fälle von Typ-2-Diabetes bei Jugendlichen als in früheren Jahren. »Wir dokumentieren in unseren Spezialsprechstunden Gewichtszunahmen von bis zu 30 Kilo in 6 Monaten – Einzelfälle, aber ›Rekorde‹ dieser Art mehren sich«, berichtete Susann Weihrauch-Blüher von der Deutschen Adipositas-Gesellschaft. Sie spricht von einer »zweiten«, einer »stillen Pandemie«.[39]

Das freieste Land Europas

Um Übergewicht wirksam zu bekämpfen, fordern maßgebliche Gesundheitsinstitutionen daher in großer Eintracht vor allem drei Maßnahmen: eine Zuckersteuer für Limonaden, eine leicht verständliche, verpflichtende Nährwertkennzeichnung und ein Verbot der an Kinder gerichteten Werbung für ungesunde Lebensmittel. Mit geringen Nuancen sprechen sich die WHO[40], die Bundesärztekammer[41], das Robert Koch-Institut[42], der Wissenschaftliche Beirat des Bundesernährungsministeriums[43], Kinderarztverbände, medizinische Fachgesellschaften, Verbraucherschutzorganisationen und viele Weitere dafür aus. Erhört wurden sie in keinem dieser Punkte. Im Vergleich zu anderen Ländern ist Deutschland hier bemerkenswert rückständig[44] – oder eben, aus anderer Perspektive betrachtet: das freieste Land Europas. So feiert es die unter anderem vom marktradikalen »Freiheitsinstitut« des FDP-Politikers Frank Schäffler getragene Kampagne »Nanny State Index«. Deutschland erhält darin das beste Rating, weil es hier weder Zuckersteuern oder andere weitreichende Zwangsvorgaben für die Lebensmittelwirtschaft gibt, noch besonders wirksame Maßnahmen gegen andere Dinge, die Spaß bereiten. Es gilt folglich als »das beste Land zum Trinken, Rauchen, Dampfen und Essen in der EU«.[45,46]

Aber eben auch als eines der Übergewichtigsten. Weshalb sich so viel Druck aufbaute, dass Julia Klöckner weitere Ventile brauchte. Im langen Streit um die beste Nährwertkennzeichnung, der in Kapitel 4 noch Thema sein soll, entschied sie sich gegen teils erbitterte Widerstände im Herbst 2019 schließlich für ein Modell mit Ampelfarben, den sogenannten NutriScore.[47,48] In fünf Stufen teilt er Lebensmittel von vorteilhaft (grün) bis ungesund (rot) ein. Er ist nicht perfekt, seine Vorteile aber liegen auf der Hand: Er ist leicht verständlich, wissenschaftlich und unabhängig entwickelt. In anderen Ländern konnten Ampelkennzeichnungen zudem bereits belegen, dass sie Wirkung zeigen: Hersteller änderten ihre Rezepturen, um rote oder gelbe Bewertungen zu vermeiden, und im Laden greifen viele Menschen zu den gesünderen Alternativen.

Aber: Der NutriScore bleibt freiwillig. Das Votum der Ministerin war nötig, damit Lebensmittelhersteller ihn überhaupt auf ihre Packungen drucken *dürfen*. Sie *müssen* das aber nicht. Eine einheitliche Pflicht-Kennzeichnung, die im Supermarkt einen echten Produktvergleich zuließe, darf nicht mehr national, sondern müsste in der EU beschlossen werden. Weshalb heute auch nur ein Teil der Etiketten im Handel mit dem Logo versehen ist und ein zuverlässiger Vergleich verschiedener Produkte kaum möglich ist. Um einen Effekt mit der Kennzeichnung zu erzielen, ist die Bundesregierung darauf angewiesen, dass möglichst viele Unternehmen *freiwillig* mitmachen.

Gleiches gilt für die Werbebeschränkung, bei der sich die Ministerin, und diesmal ohne Not, vom guten Willen der Unternehmen abhängig gemacht hat. Kein EU-Recht steht ihr hier im Weg: Wollte Klöckner die an Kinder gerichtete Werbung auf ausgewogene Lebensmittel beschränken, um zusätzliche Anreize für den ohnehin schon überhöhten Junkfood-Konsum zu stoppen, sie könnte dazu ein Gesetz vorlegen. Weil sie aber – anders, als es sich Vorgänger Schmidt öffentlich nachsagen lassen musste – »auf jeden Fall keine Ernährungspolizistin« sein möchte, wie sie in der Zeitung *Die Welt* betonte,[49] kam sie lieber mit einer weiteren freiwilligen Selbstverpflichtung um die Ecke. Diesmal einer der Werbewirtschaft.

Von Juni 2021 an sei es »nicht mehr zulässig«, unausgewogene Lebensmittel mit positiven Ernährungseigenschaften zu bewerben, jedenfalls nicht an Unter-14-Jährige und in audiovisuellen Formaten, verkündete der Zentralverband der deutschen Werbewirtschaft (ZAW)[50] im April zuvor. Klöckner lobte sich zeitgleich für die von ihr angestoßene »schärfere Regulierung für an Kinder gerichtete Lebensmittelwerbung«.[51] Doch »zulässig« blieb alles auch weiterhin, reguliert ist nichts. Denn mehr als einen neuen, völlig unverbindlichen Kodex gibt es nicht. Es dürfte kein Zufall sein, dass in den Ankündigungen alles strenger klang, als es ist. Denn in den Monaten zuvor waren die Forderungen nach einer gesetzlichen Werbebeschränkung wieder einmal sehr laut geworden: In einer Umfrage der Verbraucherzentralen sprachen sich 83 Prozent der Menschen dafür aus, dass nur noch ausgewogene Produkte gezielt an Kinder vermarktet werden dürfen.[52] Mit dem konservativ regierten Großbritannien reihte sich zudem ein weiterer Staat in die Riege der Länder ein, die mit Gesetzen gegen Junkfood-Werbung vorgehen.[53] Und auch aus der Forschung gab es breite Unterstützung dafür.

»Unternormative Lösung« mit »quasi-offiziellem Anstrich«

Anschaulich hatte Klöckners Wissenschaftlicher Beirat der Ministerin im Sommer 2020 in einem Gutachten präsentiert, weshalb Werbung so ein Problem für die Kindergesundheit darstellt: Süßwaren oder Softdrinks sind höchst profitabel, mit ihnen können Lebensmittelhersteller mindestens drei Mal so hohe Gewinnmargen erzielen wie mit Obst und Gemüse. Sie haben also ein betriebswirtschaftliches Interesse daran, vor allem ungesunde Produkte zu verkaufen – dies ist der ganz banale Grund, weshalb vor allem Junkfood als verlockendes Kinderprodukt vermarktet wird und die Hersteller, so Klöckners Beirat, »erheblich mehr Werbung für ungesunde Lebensmittel« schalten »als für gesundheitsfördernde«.[54] Eine Schieflage, Ergebnis eines ökonomischen Fehlanreizes. Und wann, wenn nicht in einem solchen Fall, wenn der Markt kein Angebot im Sinne des Gemeinwohls zustande bringt, hat Politik einen Anlass, steuernd einzugreifen?

Die Wirkung der Werbung werde deutlich unterschätzt, meint das Gremium. Denn belegt ist: Wenn Kinder Junkfood-Werbung sehen, essen sie auch mehr Junkfood.[55] Der Kinderarzt Berthold Koletzko, Vorsitzender der Stiftung Kindergesundheit sowie der Ernährungskommission der Deutschen Gesellschaft für Kinder- und Jugendmedizin, ist deshalb davon überzeugt, dass Werbung krank macht: »Wissenschaftliche Untersuchungen zeigen, dass an Kinder gerichtete Werbung für Speisen und Getränke ihre Kalorienaufnahme erhöht und mit einer Zunahme von krankhaftem Übergewicht verbunden ist.« Und solche Werbung gibt es massiv. Einer Studie der Uni Hamburg zufolge sehen medien-nutzende Kinder jeden Tag im Durchschnitt 15 Werbespots für Lebensmittel, die nach WHO-Kriterien ungesund sind. Über-haupt präsentieren neun von zehn Lebensmittelspots keine ge-sunden Produkte.[56,57] Und das ist ja nur die Fernsehwerbung. Mit hoher Wahrscheinlichkeit können wir davon ausgehen: Sind Comicfiguren auf oder Spielzeugbeigaben in der Packung, steckt nichts Gesundes drin. Dasselbe gilt für Produkte, für die Influ-encer und Influencerinnen im Internet die Trommel rühren oder zu denen es ganze Online-Spielewelten gibt.

Das Problem gibt es in vielen Ländern, und reihenweise re-agierten Regierungen lange vor der deutschen. Besonders weit-reichend die chilenische, die von 2012 an schrittweise an Kinder gerichtete Junkfood-Werbung auf allen Kanälen – Verpackungs-gestaltung und Social Media eingeschlossen – verbot und Warn-hinweise für besonders zuckrige Produkte einführte. Das wirkte: Seither werden nicht nur ungesunde Lebensmittel weniger, son-dern auch gesunde mehr beworben.[58] Als US-amerikanische Wis-senschaftler anhand von 79 Ländern abglichen, wie sich Rege-lungen und Konsum zueinander verhielten, war das Ergebnis beeindruckend klar: In Ländern *ohne* Werbebeschränkung nahm der Junkfood-Konsum zwischen 2002 und 2016 um knapp 14 Pro-zent zu, während er in Ländern *mit* Beschränkung zurückging: im Durchschnitt um 9 Prozent. Runter ging es allerdings nur dort, wo die Beschränkungen *verpflichtend* waren. In Staaten mit *freiwilligen* Regelungen lag der Junkfood-Verzehr 2016 knapp 2 Prozent höher als 14 Jahre zuvor.[59]

Doch für Klöckner stand eine gesetzliche Beschränkung wohl nie ernsthaft zur Diskussion. Das jedenfalls legen interne Doku-mente aus ihrem Ministerium nahe, die den sich über fast ein Jahr erstreckenden Verhandlungsprozess mit dem Werbeverband

ZAW dokumentieren: E-Mails, Gesprächsprotokolle, interne Vermerke, insgesamt 79 Seiten, übermittelt nach einem förmlichen Antrag auf Basis des Informationsfreiheitsgesetzes.

Alles beginnt demnach im März 2020 mit einem informellen Austausch zwischen Klöckners Fachabteilung und dem ZAW. Die Beamt:innen wollen den Verband dazu bringen, seine freiwilligen »Verhaltensregeln« für Werbetreibende mit Blick auf Kinderlebensmittel zu verschärfen, blitzen aber erst mal ab. Eine Änderung sei »kurzfristig nicht umsetzbar bzw. verbandsintern nicht durchsetzbar«, zitiert ein Ministeriumsvermerk die Reaktion des Verbands.

Der Kodex war gerade erst geändert worden, aus Sicht des Ministeriums jedoch unzureichend: Er rät lediglich dazu, den Verzicht auf ungesunde Lebensmittel nicht schlechtzumachen. Darunter fielen, wie die Fachabteilung in einem Vermerk erläutert, Werbesprüche wie der fiktive: »Wer keine Cola trinkt, ist uncool!« Problemlos möglich wären dagegen Positivaussagen über Süßigkeiten wie »die ›Extraportion Milch‹ in der Werbung für Kinderschokolade«. Um den Vorgaben einer neuen EU-Richtlinie zu entsprechen, will das Ministerium dies ändern, zudem soll die freiwillige Beschränkung für jede Werbung gelten, die auf Kinder unter 14 zielt – nicht nur auf Unter-12-Jährige, wie es die Verhaltensregeln bisher vorsehen.

Statt eine Änderung habe der ZAW, so die internen Dokumente, »eine ›unternormative Lösung‹« mit »quasi-offiziellem Anstrich« ins Gespräch gebracht: Die Wünsche des Ministeriums könnten vielleicht in einen Leitfaden zu den Verhaltensregeln aufgenommen und so in diese »hineininterpretiert« werden – eine unverbindliche Interpretationshilfe zur unverbindlichen Selbstregulierung also. Zudem habe er eine »›offiziöse‹ Absichtserklärung« für eine spätere Änderung der Verhaltensregeln in Aussicht gestellt. Die Beamt:innen sind kurz davor, klein beizugeben: Der Vorschlag des Branchenverbands sei »das im jetzigen Stand bestverhandelbare Ergebnis«, berichten sie an Klöckner.

Der Ministerin ist das nicht genug. Über Monate hinweg gehen Briefe und E-Mails hin und her, es wird telefoniert und geschachert, ohne Lösung. Im Dezember 2020 kommt es schließlich zum Video-Gespräch auf oberster Ebene, mit Klöckner und ZAW-Präsident Andreas Schubert, dem die Materie als ehemaligem Lebensmittelmanager (Bahlsen, Kühne) und Vorstand des Lobbyverbands der Ernährungsindustrie bestens vertraut ist.

Vitamine und Werbung

Doch kurz vor dem Termin erreicht zunächst ein weiterer Brief den Schreibtisch der Ministerin: ein Schreiben, das offenbart, mit welchen Bandagen selbst um eine »freiwillige« Selbstregulierung gekämpft wird. Hans-Henning Wiegmann meldet sich bei Klöckner. Der frühere Chef der Oetker-Tochter Henkell ist Vorsitzender des Werberates, der Selbstkontrolleinrichtung des ZAW, die wie der Verband selbst von Werbeagenturen, Medien und Verbänden getragen wird – darunter dem Verband der Lebensmittelwirtschaft, der Systemgastronomie, der Süßwarenindustrie, des Handels. Wiegmann lobt die bisherige Praxis der Eigenregulierung als »vorbildhaft« und warnt vor »weiteren Regulierungen und Gesetzen«. Die »Parteien der CDU und CSU (und der FDP) wussten wir stets an unserer Seite, weil Ihnen wie uns der Erhalt einer funktionsfähigen sozialen Marktwirtschaft am Herzen liegt«, betont der Ex-Manager – und sendet eine kaum verhohlene Warnung an Klöckner. Die »Diskriminierung von Produkten« und »die unbelegte Unterstellung von Wirkzusammenhängen zwischen Werbung und Gesundheit« sei »nicht akzeptabel«, ebenso wie »Eingriffe in die freie und unzensierte Werbung über den bestehenden Rechtsrahmen« hinaus: »Das passt weder zu unserer Wirtschaftsordnung, noch zu Ihnen ganz persönlich und Ihrer Partei und wird bei Wirtschaft und in Ihren Reihen völlig unnötig Widerstand auslösen.« Er bitte daher, »den bisher unstreitigen Grundduktus von Wirtschaft und CDU/CSU« nicht durch »eine weitere Verbotspolitik zu gefährden«. Ein »Grundduktus«, auf den später noch zurückzukommen sein wird.

In ihrem Vorschlag für die Gesprächsführung beim Spitzengespräch rät die Fachabteilung im Ministerium Klöckner ebenfalls zu einer Drohung, nämlich notfalls »staatliche Regulierung näher in Betracht ziehen zu müssen«. Eine Karte, die diese ausweislich von Gesprächsprotokollen und Schriftverkehr jedoch nicht zieht. In der Videokonferenz belässt sie es dem Protokoll zufolge beim dezenten Hinweis darauf, »dass Parteien gerade an ihren Wahlprogrammen schreiben«. Im Hintergrundvermerk für die Ministerin hatten ihre Leute erwähnt, dass der Lebensmittelverband Deutschland, der Verband der Süßwarenindustrie und die Wirtschaftsvereinigung Zucker staatliche Werbeverbote für »nicht geeignet« hielten und »gewichtige Teile der CDU/CSU-Fraktion« gegen gesetzliche Beschränkungen seien.

Um den ZAW wenigstens von einer weitergehenden freiwilligen Beschränkung zu überzeugen, erhöht das Ministerium den Druck auf anderem Weg. Klöckner blufft, stellt ihre Spielräume bei der Umsetzung der europäischen Richtlinie kleiner dar, als sie sind. Und sie konfrontiert den Verband mit Negativbeispielen von Lebensmittelkonzernen: Per Mail sendet eine Beamtin dem ZAW die Links zu Werbe-Videos, die das Ministerium »kritisch« sehe – es sind Spots von Storck (Nimm 2 Lachgummis, unter anderem »Vitamine und Naschen«), Ferrero (Kinderriegel mit der Darstellung einer Frau in Gestalt eines laufenden Milchglases), Milka (»die gute Alpenmilch«) und Kellogg's Frosties, »mit viel gutem Mais, die dich startklar für den Tag machen«,

die aber auch »knapp 37 % Zucker« enthielten, wie das Ministerium betont.

Es geht noch ein wenig hin und her. Im Februar 2021, nach
fast einem Jahr der Verhandlungen, berichtet Klöckners Referatsleiterin schließlich, der ZAW habe sich »einsichtig gezeigt«. In
einem neuen Entwurf der freiwilligen Verhaltensregeln ist vorgesehen, dass audiovisuelle Werbung, die sich gezielt an Kinder
– und zwar alle Unter-14-Jährigen – richtet, »positive Ernährungseigenschaften« bei solchen Lebensmitteln nicht mehr hervor-
hebt, »die Nährstoffe oder Substanzen mit ernährungsbezogener
oder physiologischer Wirkung enthalten, deren übermäßige
Aufnahme im Rahmen einer ausgewogenen Gesamternährung
nicht empfohlen wird«. So präsentiert es der Werbeverband im
April denn auch der Öffentlichkeit.[60]

Von einer »scharfen« Regulierung ist das weit entfernt. Es ist
noch nicht einmal klar, was die Verhaltensregeln genau meinen:
Auf welche Lebensmittel sich die Beschränkung bezieht, ist – anders als etwa bei der britischen Regelung – nirgendwo festgehal-
ten, konkrete Nährwertkriterien oder Ähnliches gibt es nicht.
Wann sich eine Werbung »gezielt« an Kinder richtet, bleibt ebenfalls interpretationsfähig. Klar ist nur, dass alle Kinder-Werbung
jenseits audiovisueller Formate von den Neuerungen unberührt
bleibt, etwa die Verpackungsgestaltung oder Präsentation im Supermarkt – und dass die Regeln unverbindlich sind. Bei Verstoß
hat niemand Sanktionen zu befürchten. Die Fachleute im Ministerium sehen eine »substanzielle Verbesserung«, hegen aber offenkundig selbst Zweifel, wie viel das alles bringt: »In der Tat
wird die Wirksamkeit der überarbeiteten Regeln von ihrer prak-
tischen Anwendung durch den Werberat und seine Mitglieder
abhängen«, schreibt Klöckners Referatsleiterin in ihren Vermerk.
Die Einzelfallbewertungen, auf die es ankomme, würden jedenfalls noch »Stoff für Diskussionen liefern«.

»Mit der Bitte um Berücksichtigung«

Das mühsame Geschachere zeigt, worauf sich eine Regierung einlässt, wenn sie ausschließlich auf freiwillige Regeln setzt, sich abhängig davon macht, dass Wirtschaftsverbände mitziehen, auch wenn es gegen die kommerziellen Interessen ihrer Mitglieder geht. Es zeigt aber auch: Geht es um die Gesundheit von Kindern, sitzen Lobbyisten der Lebensmittelindustrie in irgendeiner Rolle mit am Tisch. Nichts geht ohne sie. Das muss auch mit jenem »Grundduktus« zu tun haben, den Wirtschaft und Unionsparteien angeblich teilen.

Bemerkenswert eng ist die Lebensmittel- und Zuckerindustrie mit der Politik vernetzt. Zum Beispiel Günter Tissen, Hauptgeschäftsführer der Wirtschaftlichen Vereinigung Zucker, der vor seinem Lobby-Job einen Schreibtisch als Regierungsdirektor im Bundesernährungsministerium hatte. Die Durchwahlen im Ministerium dürften ihm noch gut bekannt sein. »Der hat mit seiner Kenntnis des Hauses eine Rolle gespielt«, sagt auch Ex-Minister Schmidt mit Blick auf den Abwehrkampf gegen seine Zuckerreduktionspläne. Da sind Personen wie Sabine Langguth, aktiv in der CDU Bad Honnef, bis 2019 Direktorin bei Südzucker, zeitweise Schatzmeisterin im Lebensmittelverband und Vorständin der Plattform Ernährung und Bewegung.[61,62] Wie Bauernpräsident Joachim Rukwied, für die CDU einst in der Kommunalpolitik unterwegs, Zuckerrübenbauer mit verschiedenen Verbandsfunktionen und Aufsichtsrat beim Südzucker-Konzern.[63,64] Wie Christian von Boetticher, Geschäftsführer von Kölln Flocken und Vorstandschef der Bundesvereinigung der deutschen Ernährungsindustrie, der viele Jahre lang für die CDU teils hohe Funktionen vor allem in Schleswig-Holstein übernommen hatte.[65,66]

Und da ist Christoph Minhoff, Cheflobbyist der Lebensmittelbranche, der bereits Minister Schmidt in dessen Amtszeit nervte.

Er warnte schon vor dem »totalen Werbeverbot«, als es noch darum ging, die Tabakwerbung einzuschränken, womöglich ahnend, dass die Diskussion auch seine Branche einholen würde.[67] Nicht nur wegen seiner *Bayernkurier*-Vergangenheit ist Minhoff ein bekanntes Gesicht in der Union: Er sitzt als ständiger Gast im Bundesvorstand der Mittelstands- und Wirtschaftsunion (MIT),[68] einer offiziellen Parteivereinigung von CDU und CSU. Auch Jens Spahn, Gesundheitsminister im letzten Kabinett Merkel, ist dabei und die CDU-Bundestagsabgeordnete Gitta Connemann. Gemeinsam mit dem Lobbyisten Minhoff leitet sie die Kommission Landwirtschaft/Ernährung der Parteivereinigung.[69] Da mag es wenig überraschen, wenn sich das MIT-Präsidium in einem Beschluss gegen gesetzliche Werbebeschränkungen richtet – im Dezember 2020, wenige Tage, nachdem sich Klöckner und der Werbeverband bei ihrem Spitzengespräch nicht einigen konnten.[70] Den Beschluss schickte die Wirtschaft-Partei-Vereinigung an die Ministerin »mit Bitte um Berücksichtigung«.[71]

»Und dicker sind wir auch …«

Der regelmäßige Austausch der Lebensmittel- und Zuckerindustrie mit der Union ist also gesichert. Vor allem mit jenen Teilen von CDU und CSU, die für die Ernährungs- und Agrarpolitik verantwortlich zeichnen. In der »Gesundheitsszene« dagegen werde ein Christoph Minhoff schon lange »nicht mehr ernst genommen«, sagt Dietrich Monstadt, CDU-Abgeordneter aus Mecklenburg-Vorpommern. Zu offensichtlich erscheine da die Diskrepanz zwischen eigenem Erleben und den Thesen der Lobbys, die die Rolle der Ernährung für schwere Erkrankungen herunterspielen.

»Zucker ist gefährlicher als Rauchen«, hält Monstadt dagegen.

Er ist nicht nur Gesundheitspolitiker, sondern auch Betroffener: Seit Jahren geht er offen mit seiner Diabetes-Erkrankung um, spricht sich entgegen der Parteilinie für Zuckersteuern und Werbebeschränkungen aus. Die *Welt am Sonntag* bezeichnete ihn einst als »Zucker-Krieger«[72], seitdem müsse er sich von seinem Sohn im Anblick eines Kuchenstücks belehren lassen: »Papa, du bist der Zuckerkrieger, das geht nicht.« Monstadt hält die Zuständigkeit der Landwirtschaftspolitik für die Ernährung und damit für wesentliche Fragen der Übergewichts- und Diabetesprävention für falsch, wünscht sich eine Bündelung im Gesundheitsministerium. Vorerst jedoch muss er den Agrarpolitikerinnen und Agrarpolitikern von CDU und CSU weiter die Meinungsführerschaft überlassen: Als er 2017 versuchte, Vollmitglied im Ernährungsausschuss des Bundestages zu werden, kam er in seiner Fraktion nicht zum Zug.

Auch wenn es um Gesundheit geht, geben in der Debatte die Fachleute für Agrarpolitik den Ton an. Und noch etwas anderes verhindere, dass Politik hier weiterkomme, glaubt Monstadt: die Psychologie der Abgeordneten im Bundestag. Diese seien älter als der Durchschnitt der Bevölkerung, sagt Monstadt, »und dicker sind wir auch«. Statistisch gesehen müsste es im Bundestag also um die 20 Prozent Diabetiker geben, rechnet er vor. »Aber von denen hört man nichts. Sie outen sich nicht.« Sorge vor Stigmatisierung, vor dem Eingeständnis eigener Schwäche, vermutet der 63-Jährige als Motiv. Und wer sich dazu nicht bekenne, der stelle vielleicht auch keine weitreichenden Forderungen auf, sondern halte auch hier die Eigenverantwortung von Unternehmen wie Verbraucher:innen hoch, wie es dem Wertefundament der Konservativen entspricht. Und wie es in der Diskussion um eine Werbebeschränkung ja auch eine gewichtige Rolle spielte.

Leere Kalorien

2016 veröffentlichte ein US-amerikanischer Gesundheitsaktivist interne Mails und Dokumente von Coca-Cola. Ein Diagramm, das das Logo von Coca-Cola Europe trägt, ordnete denkbare gesundheitspolitische Maßnahmen danach, wie wahrscheinlich sie sind und wie groß ihre Auswirkungen auf die Geschäfte des Limonadenkonzerns wären.[73] Eines, das legt die Grafik nahe, schien das Unternehmen besonders zu alarmieren: Produktsteuern in den EU-Staaten: Diese stuft das Schaubild als ziemlich wahrscheinlich ein, ihre Auswirkungen für den Konzern als groß. »Fight back«, lautete deshalb die im Schaubild ausgewiesene Marschroute, was wohl so zu verstehen ist: Droht irgendwo eine Limo- oder Zuckersteuer, soll Coca-Cola sich mit aller Macht zur Wehr setzen.

Süßgetränke spielen in der Diskussion um Übergewicht und Kindergesundheit aus gutem Grund eine herausragende Rolle. Es gibt wenige Lebensmittel, die ernährungsphysiologisch unsinniger sind: Sie liefern »leere Kalorien«, weil sie Zucker transportieren, aber keine oder kaum Nährstoffe wie Vitamine oder Mineralien. Die Getränke liefern zwar viel Energie, machen aber nicht lange satt und halten nicht davon ab, kurze Zeit später weitere Kalorien aufzunehmen. Nicht der gelegentliche, sondern der regelmäßige Konsum ist das Problem: Schon eine Dose Limonade am Tag erhöht messbar das Risiko für Fettleibigkeit, Diabetes und die damit verbundenen Folgeerkrankungen. In Deutschland trinken besonders Kinder und Jugendliche weitaus mehr Süßgetränke als zuträglich – ein Problem, das kaum überschätzt werden kann. Denn in Studien zeigte sich ein Zusammenhang mit frühzeitigen Todesfällen als evident.[74,75,76] »Für einen Amerikaner oder Europäer der Gegenwart ist Coca-Cola die größere Bedrohung als [die Terrororganisation] al-Qaida«, sagte der israelische Historiker und Bestsellerautor Yuval Noah Harari dem *Spiegel*.[77] Das ist pointiert, aber mathematisch nachvollziehbar.

Wissenschaftlich belegt ist auch, was den Softdrink-Konsum senken kann. Eine sogenannte Cochrane-Review – so etwas wie der Goldstandard unter den systematischen Übersichtsarbeiten in der evidenzbasierten Gesundheitsforschung – fasste 2019 die erfolgreichen Mittel zusammen. Vor allem: verständliche Kennzeichnung nach dem Ampelprinzip. Weniger Limo-Verkauf in Schulen. Kindermenüs in Restaurants mit gesünderen Getränken anbieten. Und höhere Preise für Süßgetränke, wie eine Steuer sie provozieren würde.[78]

Großbritannien macht dies seit 2018 vor. Abhängig vom Zuckergehalt müssen Hersteller von Süßgetränken eine Abgabe bezahlen und damit Gesundheitsprogramme finanzieren. Schneller als jede freiwillige Reduktionsstrategie brachte das viele Firmen dazu, den Zuckergehalt zu senken, um die Steuer zu vermeiden.[79] Während eine Fanta in Deutschland 7,6 Gramm Zucker pro 100 Milliliter enthält[80], hat eine britische Fanta[81] deshalb nur noch 4,6 Gramm – ab fünf wäre die Abgabe fällig. Das britische Modell wirkt, es hat lediglich einen Konstruktionsfehler: Es berücksichtigt künstliche Süßstoffe nicht, die weitgehend kalorienfrei sind, aber ebenso wie Zucker zu einer Süß-Prägung beitragen können und die diesen nun in vielen Rezepturen ersetzen.

»Dieselben Taktiken
wie die Tabakindustrie«

Ob in Großbritannien, Frankreich, Mexiko oder anderswo: Limo-Steuern wirken auch direkt auf das Konsumverhalten, wie mehrere Studien[82,83,84] und eine systematische Übersichtsarbeit zeigen.[85] Neuseeländische Gesundheitsforscherinnen und Gesundheitsforscher ermittelten dabei eine Faustregel: Ein Steueraufschlag von zehn Prozent senkt die Limo-Käufe um etwa zehn Prozent. Kein Wunder, dass die Getränkeindustrie in vielen Teilen der Welt Millionen investierte, um Zuckersteuern zu verhindern. Mit ihren Kampagnen versuchte sie, »die Schuld von ihren Produkten wegzuschieben«, stellte ein US-südafrikanisches Forscherteam fest. Gegen gesetzgeberische Initiativen zur Verabschiedung einer Zuckergetränke-Steuer habe sie sich »aggressiv gewehrt«.[86] Immer wieder auch mit Erfolg. Mancherorts wurden Limo-Steuern verhindert, verschoben oder bereits eingeführte nach kürzester Zeit wieder zurückgenommen. In einem US-Staat soll PepsiCo mit der Verlagerung von Firmensitz und mehr als 1 000 Jobs gedroht haben, andernorts zahlte die Softdrinkindustrie Millionen an ein Kinderkrankenhaus, um so einen Verzicht des Staates auf Einnahmen aus einer Getränkesteuer »auszugleichen«.[87,88]

»Die Lebensmittelindustrie versucht mit denselben Taktiken wie die Tabakindustrie, wirksame regulatorische Maßnahmen zu verhindern«, schrieben zwei Wissenschaftlerinnen des Deutschen Krebsforschungszentrums, nachdem sie die Aktivitäten der Industrie gegen Zuckersteuern analysiert hatten.[89] Auch die WHO kam zu dieser Einschätzung.[90]

Die Taktiken der Tabakindustrie – das heißt: das volle Programm. Abstreiten, welche Rolle die eigenen Produkte für die Gesundheit spielen. Wissenschaftliche Zweifel säen. Ablenken, andere Probleme in den Vordergrund schieben. Die Politik beeinflussen und sich als Teil der Lösung präsentieren statt als Kern des Problems.

Zu beobachten sind diese Strategien auch in der deutschen Debatte. Denn natürlich hat die Zuckerindustrie ihre eigene Meinung zu Limo-Abgaben parat: »Zuckersteuern machen niemanden schlanker«, es gebe »keine nachweisbaren Effekte«.[91] Eine Behauptung, die sich hartnäckig hält, so irreführend sie auch sein mag. Denn dass Rezepturen sich verbessern, der Konsum von Ungesundem durch die Steuern sinkt, ist belegt – wodurch auch das Risiko für Übergewicht und Diabetes sinkt. Wie genau sich ernährungspolitische Maßnahmen letztlich auf die Gesundheit von Menschen auswirken, lässt sich dagegen erst langfristig beurteilen. Wie im ersten Kapitel ausgeführt, lehrt uns die Forschung, dass es zwei Generationen dauert, um epigenetische Fehlprogrammierungen des Stoffwechsels vollständig zu korrigieren.

Eine Zuckersteuer bringt nichts? »Das habe ich auch gesagt«, erinnert sich Christian Schmidt, »weil ich entsprechende Informationen hatte.« Als Minister vertrat er öffentlich dieselben Thesen wie die Zuckerlobby – und glaubte daran. Doch selbst wenn er gewollt hätte, wäre es politisch nicht möglich gewesen, »ein halbes Jahr vor der Wahl eine Steuer zu erhöhen«, sagt er heute. Kocht eine solche Diskussion dennoch hoch, heiße es eben: Sucht mal irgendjemand Argumente dagegen. Es sind die Zeitpunkte, in denen professionelle Einflüsterungen viel Gehör finden.

»Zucker macht weder krank noch dick«, behauptet Zuckerlobbyist Günter Tissen zum Beispiel.[92] Gerne weist er auf die Bedeutung der »Gesamtkalorien« von Ernährung hin[93], was den Zucker aus dem Fokus nimmt, ganz so, als mache es keinen Unterschied, ob jemand Kartoffeln und Obst isst – oder eben Cola trinkt.

Bei ihren Ablenkungstechniken haben Zuckerwirtschaft und Getränkeindustrie einige Kreativität entwickelt, ob es um Übergewicht oder Kariesprobleme geht. Auch »Tarnvereine« (*Die Zeit*) gehören zur Strategie, wie der Informationskreis Mundhygiene und Ernährungsverhalten (IME). Einstmals eine Gemeinschaftsinstitution des Bundesverbandes der deutschen Süßwarenindustrie, der Zuckerlobby und der früheren Agrarmarketinggesellschaft CMA,[94] wird er heute allein von der Wirtschaftlichen Vereinigung Zucker getragen – nicht immer war das besonders transparent.[95] Dem Verein gehören Verbände der deutschen Lebensmittelwirtschaft an. Er verkündet die Botschaft, dass zugesetzter und natürlicher Zucker aus Früchten »keinen Unterschied« für die Herz-Kreislauf-Gesundheit machten.[96] Für Schulen und Kindergärten bietet er das Kinderspiel »Frisch geputzte Blinkezähne« an, in dem Karies ausschließlich als Problem der Zahnpflege erscheint, nicht als eines von zu viel Zucker.[97]

Das von einem früheren Coca-Cola-Manager in den USA gegründete[98] International Life Sciences Institute (ILSI) wiederum, das heute unter anderem PepsiCo, Mondelez (»Milka«) und Südzucker zu seinen Mitgliedern zählt[99] (Coca-Cola trat unlängst aus[100]), verfolgt das Ziel, Wissenschaftler:innen aus Unternehmen, Hochschulen und Regulierungsbehörden zusammenzubringen.[101] Das ILSI sponserte eine Studie, der zufolge Light-Limos »möglicherweise« sogar besser als Wasser beim Abnehmen helfen können.[102] Zum Autorenteam gehörten Beschäftigte bei den Konzernen Unilever und Danone, andere hatten in der Vergangenheit Gelder von der Zuckerlobby angenommen.

Interessengeleitete Forschung hat eine lange Tradition. Bereits in den 1960er- und 1970er-Jahren soll es der US-amerikanischen Zuckerindustrie durch finanzielle Unterstützung und enge Kontakte zum Nationalen Institut für Dentalforschung gelungen sein, die Ausrichtung der Kariesforschung massiv zu beeinflussen – weg von der Rolle des Zucker bei der Entstehung von Karies hin zur Arbeit an einem zweifelhaften Impfstoff gegen Karies.[103] Unliebsame Forschungsergebnisse, die die Rolle von Zucker für Herz-Kreislauf-Erkrankungen in ein schlechtes Licht rückten, hielt sie dagegen zurück.[104,105] Und sie schaffte es erfolgreich, die Aufmerksamkeit auf andere Stoffe zu lenken.

Die Hinweise darauf, dass ein hoher Zuckerkonsum mit einem höheren Risiko für koronare Herzkrankheiten einhergeht, gab es längst, als die Zuckerindustrie in den USA – ebenfalls in den 1960er- und 70er-Jahren – ein Forschungsprogramm sponserte, das Fett und Cholesterin als Ursachen darstellte und die Bedeutung von Zucker für die Herzgesundheit herunterspielte. Die Zuckerlobby legte Forschungsziele fest, schrieb an Artikeln mit und prüfte die Entwürfe, was jedoch nicht offengelegt wurde, wie eine Forschergruppe der Universität in San Francisco erst 2016 anhand von historischen Dokumenten ans Licht brachte.[106] Zu spät: Low-Fat war in den USA längst zum Massentrend geworden, während die Hinweise auf die gesundheitlichen Folgen des Zuckerkonsums im wahrsten Sinne des Wortes untergebuttert wurden[107] – und die Menschen in den USA an Gewicht zulegten.

Gekaufte Forschung

Viele Jahre nach den Forschungsinitiativen der US-Zuckerlobby beteiligte sich Coca-Cola maßgeblich an dem Versuch, den Bewegungsmangel und nicht Ernährung oder gar zuckrige Getränke als wesentliche Ursache von Übergewicht zu propagieren – so stellte es die *New York Times* 2015 dar.[108] Der Konzern finanzierte dazu eine Forschungseinrichtung, das Global Energy Balance Network (GEBN), geleitet von Professoren der Universitäten von Colorado und South Carolina, mit mindestens 1,5 Millionen Dollar. Coca-Cola bestritt die Intention.[109] Interne E-Mails, aus denen die Nachrichtenagentur *AP* später zitierte, erwecken einen anderen Eindruck: Der Einfluss des Unternehmens auf die Gruppe war demnach groß, in einer Nachricht habe GEBN-Präsident James O. Hill an einen leitenden Coca-Cola-Manager geschrieben: »Ich möchte Ihrem Unternehmen helfen, den Eindruck zu vermeiden, ein Problem im Leben der Menschen zu sein, und wieder ein Unternehmen zu sein, das ihnen wichtige und spaßige Dinge bringt.«[110]

Öffentlich lehnte sich GEBN-Vizepräsident Steven N. Blair besonders weit aus dem Fenster. Er wehrte sich gegen den Eindruck, dass immer »Fast Food, zuckerhaltigen Getränken und so weiter« die Schuld gegeben werde: Es gebe eigentlich keine zwingenden Beweise dafür.[111] Hill und Blair hatten in mehreren Medienberichten bereits in den Jahren vor der GEBN-Gründung die Rolle von Bewegung in den Fokus gerückt, ohne dass dabei transparent wurde: Auch zu dieser Zeit hatten sie bereits Geld von Coca-Cola für Forschungsprojekte erhalten, allein Blair nach Angaben der *New York Times* 3,5 Millionen US-Dollar seit 2008. »Esst, trinkt, seid fröhlich und sterbt glücklich – wer bin ich, dass ich widerspreche, wenn es das ist, was ihr tun wollt?«, zitierte ihn die *Los Angeles Times* 2009: »Aber ich habe noch nie jemanden getroffen, der gesagt hätte, er wolle die letzten fünf Jahre seines Lebens gebrechlich, schwach und in einem Pflegeheim leben. Die beste Versicherung, die man abschließen kann, um seine Unabhängigkeit zu bewahren und zu funktionieren, ist, körperlich aktiv zu sein.«[112] An der Universität Colorado sponserte Coca-Cola auch Konferenzen für Medienleute – offenbar mit Erfolg. Ein freier Journalist, der interne Mails zwischen Unternehmen und Hochschule einsehen konnte, berichtete später, ein *CNN*-Reporter habe nach der Teilnahme an einer solchen Konferenz an einem Beitrag mitgewirkt, in dem ein Mangel an Bewegung und nicht etwa der Konsum von Süßgetränken als Ursache für Fettleibigkeit dastand.[113]

Als das GEBN-Sponsoring bekannt wurde, sorgte der Fall für einigen Rummel. Coca-Cola bekannte sich zu mehr Transparenz und veröffentlichte zunächst in den USA eine Liste seiner Kooperationen mit Gesundheitsorganisationen und Forschungseinrichtungen. Insgesamt hatte der Konzern ihnen mehr als 100 Millionen Dollar gezahlt. Später folgte auch eine Liste für Deutschland.[114] Aus ihr ging hervor, dass der Getränke-Multi zwischen 2011 und 2015 Forschung zur Herzgesundheit an der Berliner Charité unterstützt hatte. Einen inhaltlichen Einfluss auf Studien habe es aber nicht gegeben, erklärte die Hochschule.[115] Den Angaben zufolge konnte sich auch der FC Bundestag, die Fußballmannschaft der Abgeordneten, immer wieder über Getränkesponsorings von Coca-Cola freuen, zuletzt bei einem Benefizturnier im Jahr 2019 im Wert von 1 445 Euro – eine besondere Art der Sportförderung.

In den USA unterstützten die beiden Limo-Konzerne Coca-Cola und PepsiCo allein zwischen 2011 und 2015 sage und schreibe 95 Gesundheitsorganisationen, wie eine Untersuchung der Boston University ermittelte. Darunter viele medizinische und öffentliche Gesundheitseinrichtungen, die sich mit der Bekämpfung von Adipositas befassten. Im selben Zeitraum hätten sich die Konzerne zudem gegen nahezu jede staatliche Gesundheitsinitiative gewehrt, allein gegen 29 Gesetzentwürfe lobbyiert, die den Getränkekonsum reduzieren oder die Ernährung verbessern sollten.[116]

Lobbyarbeit und Sponsoring sind das eine, ein möglicher Einfluss auf Forschung noch einmal etwas ganz anderes. Entscheidend ist, zu welchen Ergebnissen industriefinanzierte Studien kommen: Macht es einen Unterschied, wer bezahlt? Die klare Antwort: Ja, macht es. Analysen konnten dies immer wieder belegen. 2007 wertete eine US-amerikanische Forschergruppe die Ergebnisse von mehr als 200 Studien über Süßgetränke, Saft und Milch aus den Jahren 1999 bis 2003 aus und rückte sie ins Verhältnis zu ihren Finanziers. Fazit: »Die Finanzierungsquelle stand in signifikantem Zusammenhang mit den Schlussfolgerungen.« Hatte die Industrie eine Studie in Gänze bezahlt, kam es praktisch nie zu ungünstigen Ergebnissen aus ihrer Sicht. Die Forschungsgruppe warnte vor »möglicherweise erheblichen Auswirkungen auf die öffentliche Gesundheit«.[117]

Gerade in Bezug auf Süßgetränke wiesen Universitäten immer wieder nach, dass industrienahe Forschung andere Ergebnisse produziert als unabhängige Studien.[118] Eindrucksvoll legte das Ausmaß der Verzerrung eine spanisch-deutsche Untersuchung von 2013 offen, die sich gezielt die Ergebnisse von Übersichtsarbeiten vornahm, die sich mit dem möglichen Zusammenhang von zuckergesüßten Getränken und Gewichtszunahme oder Fettleibigkeit befassten. Das erstaunliche Ergebnis: 83 Prozent der industrie-*unabhängigen* Arbeiten sahen einen solchen Zusammenhang – während ihn ebenfalls 83 Prozent der industrie-*nahen* Untersuchungen nicht erkennen konnten.[119]

Ein wenig später wertete Dean Schillinger, Medizinprofessor an der University of California, noch einmal 60 experimentelle Studien und Meta-Analysen aus, die zwischen 2001 und 2016 erschienen waren und einen kausalen Zusammenhang von Süßgetränkekonsum mit Adipositas und Diabetes geprüft hatten. Das Bild war zunächst gemischt, etwas mehr als die Hälfte der Arbeiten bestätigte den Zusammenhang, etwas weniger nicht. Anders sah es jedoch aus, als der Internist die Studien sortierte: in solche, die unabhängig finanziert wurden, und jene, bei denen finanzielle Beziehungen zur Süßgetränkeindustrie bestanden.

Erneut zeigt sich eine deutliche Differenz: Während fast alle industrie-nahen Studien keinen Kausalzusammenhang zwischen Süßgetränkekonsum und Krankheitsbildern fanden, kamen fast alle unabhängigen Arbeiten zum gegenteiligen Ergebnis.[120] Schillinger verleitete dies zu einer pointierten Schlussfolgerung: »Die Süßgetränke-Industrie scheint die gegenwärtigen wissenschaftlichen Prozesse zu manipulieren, um eine Kontroverse zu erzeugen und ihre Geschäftsinteressen auf Kosten der Gesundheit der Bevölkerung voranzutreiben.«

»Sponsoring pervertiert die Wissenschaft«

»Es gibt nur einen Grund für Lebensmittelkonzerne, Forschung zu sponsern – so können sie die Ergebnisse für ihre eigenen Interessen nutzen«, stellte die US-amerikanische Ernährungsexpertin Marion Nestle (deren Name nichts mit dem Nestlé-Konzern zu tun hat) vor einigen Jahren in einem Interview fest.[121] »Sponsoring pervertiert die Wissenschaft. Bei gesponserter Forschung geht es nicht um die Suche nach der Wahrheit oder einen Beitrag zum öffentlichen Wissen. Es geht darum, Beweise zu beschaffen, um das Produkt des Sponsors zu verteidigen oder zu verkaufen, Untersuchungen zu untergraben, die darauf hindeuten könnten, dass ein Produkt ungesund ist, einer Regulierung zuvorzukommen und zu ermöglichen, dass das Produkt mit gesundheitsbezogenen Aussagen vermarktet werden kann.« In ihrem Blog foodpolitics.com bereitet es der emeritierten Professorin der Universität New York offenkundig einige Freude, regelmäßig »die industrie-finanzierte Studie der Woche« auseinanderzunehmen. Wie jene von der Getränkeindustrie in den USA bezahlte Studie, die die Vorzüge künstlicher Süßstoffe anpreist. Nestle: »Ihr Zweck ist es, zu zeigen, dass künstliche und kalorienarme Süßstoffe beim Abnehmen helfen, was unabhängig finanzierte Studien oft nicht tun. Ich würde dies als Marketingforschung einstufen.«[122]

Manchmal driftet diese Art von Forschung gänzlich ins Absurde ab. »Neue Studie zeigt: Kinder und Jugendliche, die Süßigkeiten essen, sind weniger übergewichtig oder fettleibig«, verkündete 2011 freudig ein US-amerikanischer Süßwarenverband das Ergebnis einer methodisch fragwürdigen Untersuchung, die er selbst mitfinanziert hatte.[123,124] »Schokolade macht glücklich und gesund«, sie könne »die Gefahr von Herzinfarkten und Schlaganfällen mindern«, verbreiteten 2001 international auch seriöse Medien wie die *Frankfurter Allgemeine Zeitung*.[125,126] Der britischen *BBC* waren die sensationellen Erkenntnisse ebenfalls eine Meldung wert. Darin stand jedoch mehr als in der *FAZ*: dass der zitierte Carl Keen, Professor in Kalifornien, für seine Forschung Geld vom Süßwarenkonzern Mars erhielt – und dass andere, hier die britische Herzstiftung, die Ergebnisse als unseriös einstuften.[127] Mars war Keen jedenfalls so verbunden, dass der Konzern ihm später einen Stiftungslehrstuhl finanzierte.[128] Auch in Deutschland ließ der Konzern noch Jahre später Keens Studienergebnisse per Pressemitteilung verbreiten, in denen die gesundheitlichen Vorzüge von Kakao angepriesen wurden. Wenn er regelmäßig getrunken wird.[129]

Kakao macht schlau?

Apropos Kakao: Niemand sollte denken, dass zumindest die absurdesten Forschungsergebnisse keine Folgen hätten, oder wenigstens nicht bei uns in Deutschland. In den Jahren ab 2010 war es regelrecht in Mode, dass Schulmilch-, also vor allem: Schulkakao-Lieferanten und ein paar ihnen nahestehende Professoren mit Studienergebnissen nur so um sich schmissen, die den aufgrund seines Zuckergehalts umstrittenen Kakao in ein positives Licht rückten. Ach was, in ein alles andere überstrahlendes Licht: »Joe Clever Schokolade«, die Schulkakao-Marke des Verpackungskonzerns Tetra Pak, erhöhe die geistige Leistungsfähigkeit der Kinder »signifikant«, und zwar um ganze sieben IQ-Punkte, hieß es da zum Beispiel. »Bessere Schulnoten« und mehr, alles

schien möglich dank zuckrigen Kakaos. Würde das Schulmilchprogramm nur bundesweit angeboten, könnte Deutschland bei
den PISA-Tests um 30 Punkte besser dastehen. Ein »positiver Einfluss auf die mentale Leistungsfähigkeit« sei belegt, verkündete
auch das Deutsche Milchkontor (DMK).

Grundlage der Aussagen, soweit bekannt, waren Mini-Studien
auf Basis höchst fragwürdiger Methoden, durchgeführt von
einem privaten Institut, das sich jahrelang bereits einige Mühe
gegeben hatte, verschiedene Ferrero-Produkte in die Nähe von
Fitness-Frühstücken oder sportlichen Zwischenmahlzeiten zu
rücken – es müssen nicht viele Worte über diese Arbeiten verloren werden. Vielleicht war der Großmolkerei Friesland Campina
die Studie jenes Instituts über ihre Schulmilchmarke Landliebe
so peinlich, dass sie sie unter Verschluss hielt. Ihre Werbung mit
den »Ergebnissen« dieser Auftragsforschung trieb sie dafür besonders weit: »Kakao steigert die Intelligenz und Konzentration«,
verkündete das Unternehmen und verschickte die frohe Botschaft auch an Personen, die in Schulen oder Behörden über das
Schulmilchprogramm entscheiden. Um auf Nummer sicher zu
gehen, setzte der Konzern mit einer zweiten Studie und einer
ebenfalls höchst wissenschaftlichen Erkenntnis noch einen
drauf: »Kakao zum Frühstück verursacht weniger Karies als Wasser.« Lachhaft? Ja. Das Lachen vergeht jedoch in dem Wissen, dass
die für die Schulmilchförderung in Berlin und Brandenburg
zuständige Behörde ihr Festhalten an einer Subventionierung
von Zuckermilch mit exakt jenen Studien begründete, wie sie
dies noch 2018 gegenüber der Verbraucherorganisation foodwatch tat.[130] Ob deren Ergebnisse das Amt wirklich überzeugten,
sei dahingestellt. Wie bereits Christian Schmidt bei der Zuckersteuer erklärte, kann es für die entscheidenden Personen manchmal reichen, ein Argument zu »finden«, wenn sie gerade eines
brauchen.

Es gäbe also reichlich Grund zur Skepsis gegenüber den Sponsoring- und Forschungsaktivitäten von Unternehmen und Verbänden. Dennoch werden diese als Partner akzeptiert, von Hochschulen ebenso wie von der Politik – nicht nur, wenn es um das Aushandeln freiwilliger Selbstvereinbarungen oder um den FC Bundestag geht. Die Zuckerlobby beispielsweise war in den vergangenen Jahren bei Parteitagen von CDU, SPD und Grünen als Sponsorin und Ausstellerin immer wieder herzlich willkommen.[131,132,133,134] Während sie auf regulative Maßnahmen verzichten, arbeiten Ministerien in der Plattform Ernährung und Bewegung mit der Ernährungsindustrie weiterhin Hand in Hand und erwecken den Eindruck, dadurch wirksam etwas gegen Übergewicht tun zu können. Coca-Cola wurde da zum Partner für ein Projekt zum »Sitzenden Lebensstil«[135] – der PR-Manager des Konzerns, der im Fachbeirat des Projekts mitwirkte, dürfte kaum für seine herausragende Expertise in diesem Feld bekannt gewesen sein.

Auf dem Lidl-Campus

Unternehmen, Verbände und industrienahe Stiftungen, die Geld zu verteilen haben, suchen auffällig oft die Nähe zu Gesundheits- und Forschungseinrichtungen. So sponserte Nestlé über mehrere Jahre hinweg einen Lehrstuhl für Ernährungsmedizin am Uniklinikum Erlangen,[136] die Inhaberin trat in Pressemitteilungen auf, mit denen der Konzern Produktwerbung betrieb.[137,138,139] Die Stiftung des ehemaligen Haribo-Miteigentümers Hans Riegel finanziert die Professur »Global Health« an der Uni Bonn, die sich der »Lösung globaler Gesundheitsprobleme« (aber offenbar nicht der globalen Adipositas-Epidemie) widmet.[140] An der Uni Kiel stehen mehrere Milch-Unternehmen hinter einem Stiftungslehrstuhl, über den zugehörigen Beirat ist die Milch- und Ernährungswirtschaft nach Angaben der Hochschule am Forschungs-programm »beteiligt«.[141] Der Verein der Zuckerindustrie trägt an der Uni Göttingen ein ganzes Institut, das rechtlich eigenstän-dige Institut für Zuckerrübenforschung (IfZ), das eng mit der regulären agrarwissenschaftlichen Fakultät der Hochschule ko-operiert.[142] An der TU Berlin spendierte die Stiftung der Zucker-industrie einen Lehrstuhl für Lebensmittelverfahrenstechnik.[143] Nachdem die Förderung auslief, blieb er erhalten, und das Insti-tut des früheren Stiftungsprofessors kooperiert bei einem Wei-terbildungsprogramm weiterhin eng mit der Zuckerindustrie.[144] An der Uni Mannheim unterstützte Südzucker mit anderen Un-ternehmen einst eine Stiftungsprofessur in der Betriebswirt-schaftslehre, die unter anderem Strategien »zur Konfliktlösung zwischen Unternehmen und Stakeholders« erforschen sollte.[145]

Die Einzelfälle mögen unterschiedlich liegen, und natürlich geht es nicht allen Unternehmen, Stiftungen und Verbänden ein-fach um eine Kompromittierung der Forschung. Es besteht ein nachvollziehbares Interesse, weshalb sich Verbände zum Beispiel an der Forschung über Züchtungsmethoden oder landwirtschaft-liche Praktiken beteiligen. Sponsorings können rein altruistische Motive haben, manche Unternehmerinnen und Unternehmer wollen einfach ihrem Heimatstandort etwas Gutes tun. Auch wenn ein Engagement nicht darauf abzielt, genehme Forschungs-ergebnisse zu produzieren, stellt sich jedoch die Frage, welche – beabsichtigten oder unbeabsichtigten – Nebeneffekte dadurch entstehen.

Denn natürlich ist es eine gute Sache und für Betroffene eine große Hilfe, wenn die McDonald's Kinderhilfe Stiftung im Um-feld von Kinderkliniken Quartiere für Familien schafft, deren Kinder in längerer Behandlung sind.[146] Es führt jedoch auch dazu, dass sich zum Beispiel das Universitätsklinikum Schles-wig-Holstein mit einem fast schon werblichen Text bedankt[147] und die McDonald's-Stiftung dafür lobt, »das staatliche Gesundheitssystem sinnvoll zu ergänzen«. Es bedarf nicht viel Fantasie, dass ein staatliches Kinderklinikum über das Unternehmen McDonald's und seine Rolle für das Gesundheitssystem sicherlich auch anderes hätte schreiben können.

So besteht die Gefahr, dass Kooperationen Nähe erzeugen, wo Distanz hilfreich sein könnte. Zuckerindustrie und Fast-Food-Konzerne sind längst ein selbstverständlicher Teil des Gesundheitssystems und der Forschungslandschaft: als Finanziers und Partner, ohne die manche Studie nicht gemacht, manches Institut, ja mancher Standort überhaupt nicht existieren würde. Wie der 2019 entstandene Campus für Wirtschaftswissenschaften in Heilbronn. Es ist nicht etwa ein Campus der Hochschule Heilbronn, sondern die erste deutsche Außenstelle einer Hochschule aus einem ganz anderen Bundesland, der TU München. Sie entstand hier aus einem einzigen Grund: Die Stiftung des Lidl-Gründers Dieter Schwarz finanzierte der TU dauerhaft 20 Professuren einschließlich Personal und Infrastruktur, 13 davon in Heilbronn, unweit vom Wohn- und Firmensitz des Stifters.[148,149] Später sollten 11 Informatik-Lehrstühle, neun davon in Heilbronn, hinzukommen.[150] Ohne den Discounter-König Schwarz sähe die Landschaft von Forschung und Lehre also anders aus.

Forschung auf Bestellung

Kritiker wie der Volkswirtschaftler Christian Kreiß, Professor an der Hochschule Aalen, sehen das Modell der Stiftungsprofessuren grundsätzlich kritisch.[151] In seinem Buch »Gekaufte Forschung. Wissenschaft im Dienst der Konzerne« beschreibt er, wie es industrienahe Kandidat:innen auf Lehrstühle bringt, denn nicht selten räumen sich die Sponsoren ein Mitspracherecht bei der Besetzung ein. Oftmals bleiben die Auserwählten regulär an der Hochschule, staatlich weiter bezahlt, wenn die Förderung des Stifters – anders als in Heilbronn – üblicherweise nach einigen Jahren ausläuft. Auch den Einfluss auf die Forschungsagenda sieht Kreiß kritisch. Denn dass Unternehmen mit ihren Geldspritzen bestimmen, welche Fragen erforscht werden – und welche nicht –, dieser Einfluss ist ja sogar ausdrücklich gewollt: »Ihnen liegt ein spezielles Forschungsgebiet am Herzen? Sie möchten weitreichende Impulse in der Forschung setzen und die zielgerichtete Ausbildung von Studierenden fördern?« Mit diesen Fragen wirbt die Universität Bremen um Sponsorengelder für neue Lehrstühle.[152]

Welchen Einfluss haben Sponsorings auf die Forschung? Keinen, betonen die Hochschulen in aller Regel. 2011 wurde ein besonders weitreichender Kooperationsvertrag publik, der etwas anderes vorsah: die Vereinbarung zwischen der Deutschen Bank und der Humboldt- sowie der Technischen Universität Berlin. Wie *Spiegel Online* daraus zitierte, hatte das Geldhaus nicht nur bei der Besetzung eines Stiftungslehrstuhls ein entscheidendes Wort mitzusprechen, sondern auch bei Forschungsfragen. Ergebnisse waren der Deutschen Bank »zur Freigabe vorzulegen«. Die konnte sie auch verweigern, wenn ihre Interessen berührt wurden.[153]

Ob Universitäten ähnliche Absprachen auch mit Akteuren der Ernährungs- und Agrarwirtschaft trafen, ist nicht bekannt. Üblicherweise bleiben die Konditionen geheim. Als ein Aktivist über Jahre hinweg versuchte, Einsicht in die vertraglichen Grundlagen einer Kooperation in der Gesundheitsforschung zwischen dem Bayer-Konzern und der Universität Köln zu nehmen, scheiterte er vor Gericht. 2015 entschied das Oberverwaltungsgericht Münster in letzter Instanz, dass darauf kein Anspruch besteht. Die »Freiheit von Forschung und Lehre« lässt es zwar zu, sich an einen Konzern zu binden – nicht jedoch, die Grundlagen dieser Bindung einer breiteren Öffentlichkeit bekannt zu machen.[154] Vertrauen schafft das nicht.

Auch wenn also nicht alles interessengesteuerte Strategie sein mag, hat es gerade die Zucker- und Junkfood-Industrie verstanden, sich unentbehrlich zu machen. Sie ist Geldgeberin für Schulen und Sportvereine, für Hochschulen und Krankenhäuser. Der Dankbarkeit der Politik, die sich sonst auf anderem Wege um die Standortförderung oder Hochschulfinanzierung kümmern müsste, kann sie sich einigermaßen sicher sein.

Eine Abhängigkeit, die spätestens dann zum Thema werden muss, wenn das Geschäftsmodell dieser Unternehmen so viele Probleme bereitet wie das bei McDonald's, Coca-Cola & Co. der Fall ist. Gegenüber Politik und Wissenschaft präsentieren sie sich als Teil von Lösungen statt als wesentliche Ursache eines gesellschaftlichen Problems. Nicht nur aufgrund der Ablenkung, sondern auch wegen der gezielt gesuchten Nähe. Denn wenn politisch Verantwortliche dieselben Akteur:innen, deren Branche sie zu regulieren haben, um Gelder für ein Parteievent bitten, sie in den Gremien treffen, in denen Politik gemacht und Gesundheitsprojekte vereinbart werden, bleibt dies nicht ohne Einfluss auf sie.

Sollte eine Ministerin, ein Minister eines Tages wirklich ernst machen wollen mit der Förderung einer gesunden Ernährung, mit Zuckersteuern, Werbebeschränkungen oder anderem, gilt es dies zu berücksichtigen. Der Gegenwind wird aus allen Richtungen kommen, auch aus den eigenen Reihen. Ihn gilt es auszuhalten, wenn irgendwann einmal hinter dem Punkt »Übergewicht bekämpft« ein dicker grüner Haken gesetzt werden soll.

KAPITEL 4

Gegenaufklärung

Warum wir so wenig über Lebensmittel
erfahren dürfen – und auch das nur in
winzig kleiner Schrift

Hinter einem Zaun liegen alte Reusen auf einer Brache. Der
Wind trägt Fischgeruch in die Nase, nur das Salzige des Meeres
in der Luft fehlt. Die Straßen in dieser Gegend tragen Namen
wie »Kühlhauskai«, »Makrelenstraße« und »Am Baggerloch«. Der
Fischereihafen in Bremerhaven, ein Industriegebiet an der Weser:
Viele Unternehmen, deren Markenlogo wir aus den Kühltheken
der Supermärkte kennen, haben hier ein Werk, dazu Räuche-
reien und Seefischgroßhändler. Auffällig wirbt Iglo für den traditionellen Fisch-Freitag.

Direkt gegenüber: der Stammsitz des Tiefkühlproduzenten
Frosta. Eine Reihe Fenster gibt großzügige Blicke in die Produktion frei. Zu Tausenden laufen hier runde orangefarbene Fisch-
frikadellen übers Band. Zwei Arbeiter in weißen Schutzanzügen
und mit blauen Masken im Gesicht überwachen die Abläufe,
schaufeln von Zeit zu Zeit mehr von der Frikadellenmasse in die
Maschinen. »Unsere gläserne Produktion«, steht in großen Let-
tern an der Fassade. Manchmal drücken sich Schulkinder auf
Klassenfahrt an den Fenstern die Nasen platt.

An der Pforte empfängt Felix Ahlers, Vorstandschef des Familienunternehmens. An intensive Diskussionen mit seiner Belegschaft erinnert er sich, als er ihr die Idee präsentierte, die Wände zur Straße hin öffnen und Fenster einbauen zu lassen. Aber jetzt wollten fast alle Mitarbeiter:innen nur noch »im Schaufenster« arbeiten, wo Tageslicht die Produktion erhellt. »Es ist interessant, dass die meisten Leute auf Veränderungen erst einmal negativ reagieren«, sagt Ahlers nachdenklich.

»Rote Zahlen durch hohe Qualität«

Negative Reaktionen auf Neues: Bei diesem Thema kann die Familie Ahlers mit einiger Expertise aufwarten. Der Weg in die Produktion führt den Besucher vorbei an einer langen Tafel zur Firmengeschichte, auch eine Schlagzeile der *Nordsee Zeitung* aus dem Oktober 2003 ist dort verewigt: »Frosta: Rote Zahlen durch hohe Qualität«. Einige Monate, bevor der Artikel erschien, hatte das Unternehmen begonnen, konsequent auf Zusatzstoffe zu verzichten – in Fertiggerichten, wo Geschmacksverstärker, Farbstoffe oder Aromen unvermeidbar schienen. Jahrelang hatte sich der Mittelständler dem gewaltigen Druck des Handels gebeugt, in immer neuen Verhandlungsrunden hier nochmals ein, dort zwei Prozent beim Preis nachgegeben. Und in der Folge überlegt, an welchen Zutaten er noch sparen könnte, um die Produktionskosten weiter zu senken. »Das war ohne jede Hoffnung, kein Ende absehbar. Wir wussten nicht, wie schlecht unsere Produkte noch werden sollten«, erinnert sich Ahlers. Er, der sich in Frankreich zum Koch hat ausbilden lassen, wäre nie auf die Idee gekommen, ein Produkt seines eigenen Unternehmens zuzubereiten, sagt er. Dann entschied sich Frosta zum radikalen Schritt. »Wir wollten Lebensmittel herstellen, die wir selbst auch essen möchten.«

Frosta veränderte Rezepturen und Produktionsabläufe. Keine Zusatzstoffe, das bedeutet Zusatzaufwand. Allein 30 Prozent mehr Gewürze als zuvor setzt Ahlers ein. Angestellte wiegen die Mischungen von Hand ab, mahlen den Pfeffer frisch im Werk direkt vor der Verarbeitung. Auch der Anteil frischer Zutaten stieg, um den gewünschten Geschmack zu erzielen. Frosta hievte sich auf eine neue Qualitätsstufe bei Fertiggerichten und entzog sich dadurch dem schlimmsten Kostendruck eines ruinösen Wettbewerbs.

Und doch brachte der Schritt das Unternehmen beinahe um die Existenz. Rund 15 Prozent teurer musste es seine Produkte nun verkaufen – beim Handel kam das gar nicht gut an. Reihenweise listeten Supermärkte Frosta aus oder verkleinerten das Sortiment drastisch. Nur langsam ging es aufwärts, weil dort, wo Frosta-Produkte im Angebot blieben, die Kundschaft kaufte. Sechs Jahre später war das Unternehmen über den Berg, ist seither auf Wachstumskurs. Und umso mehr bereit, sich auf Veränderungen einzulassen, wie auch immer die ersten Reaktionen ausfallen mögen.

Seit einigen Jahren gehen die Bremerhavener abermals voran. »Da kommt's her«, steht über einem weißen Feld links unten auf der Rückseite ihrer Verpackungen. Und wie lang die Liste auch ist, für jede Zutat bis hin zu den Gewürzen sind dort die Herkunftsländer verzeichnet. Eine Transparenz, die ihresgleichen sucht in einer Branche, deren Lobby sich mit Händen und Füßen dagegen wehrt, solche Angaben auf den Etiketten zum Standard zu machen. Geht nicht, heißt es gerne.

Die Nachfrage wäre da. Regelmäßig belegen Umfragen, dass die Menschen die Kennzeichnung von Lebensmitteln als wenig transparent empfinden. Auch Umfragen aus unverdächtiger Quelle, aus der Branche selbst. 58 Prozent der Verbraucher:innen falle es »oft schwer, die Qualität von Lebensmitteln zu beurteilen«, ermittelte Nestlé 2012 repräsentativ. Bei »abgepackten Nahrungsmitteln« waren es sogar 80 Prozent.[1] 2018 stimmten in einer Studie der Uni Göttingen sieben von zehn Befragten der Aussage zu, dass auf Lebensmittelverpackungen »viel getrickst« werde. Und nicht einmal eine von vier Personen konnte bestätigen, dass auf Lebensmitteln »alles drauf[steht], was ich wissen muss«.[2]

Zum Beispiel die Herkunft. Viele möchten erfahren, woher ihre Produkte stammen – sei es, um gezielt regionale Lebensmittel zu kaufen, sei es, um allzu weite Lieferstrecken zu vermeiden. In einer Umfrage der Verbraucherzentralen von 2014 waren Herkunftsangaben für 95 Prozent der Menschen wichtig oder sogar sehr wichtig.[3] Viele andere Untersuchungen belegen den Wunsch nach mehr Transparenz sowie danach, regionale Produkte auswählen zu können.[4,5,6]

Der Wunsch bleibt meistens unerfüllt, wie ein Beispiel zeigt. »Sogar beim Kauf von Eiern wird der Verbraucher hinters Licht geführt«, empört sich im Mai 2021 ein Lidl-Kunde auf Twitter. Er veröffentlicht das Foto eines Eierkartons und zitiert den Aufdruck. »AUS SOLIDARITÄT«, heißt es da: »Mit dem Kauf dieser Eier unterstützen Sie unsere Landwirte!« Ein Etikett auf dem Karton verweist auf die Löwendorfer Geflügelhof GmbH im brandenburgischen Nuthe-Urstromtal. Ein weiteres Foto zeigt anhand der Stempel auf dem Ei, was zur Überraschung des Twitter-Nutzers drinnensteckt: »Eier aus den Niederlanden!«[7]

Betrug? Mitnichten. Was den Kunden so empört, entspricht voll und ganz den Vorgaben des Lebensmittelrechts. Was auf dem Eierkarton steht, bezieht sich demnach auf die »Packstelle« – auf jenen Betrieb also, der die Eier in den Karton legt. Woher sie stammen, steht auf einem ganz anderen Blatt, besser gesagt: auf dem Stempel auf der Eierschale.

In den Monaten und Jahren zuvor war es bereits immer wieder zu Beschwerden über die »Solidaritätskartons« von Lidl bei den Verbraucherzentralen oder in sozialen Netzwerken gekommen.[8,9,10,11] Ein Mann aus Oberfranken fand auf seinem Karton das Etikett eines Hühnerhofs in Niedersachsen, während eine Kundin in einer Lidl-Filiale in NRW einen in der Nähe von Magdeburg gepackten Karton erwarb, ein Verbraucher aus Rheinland-Pfalz wiederum den von einem Hof aus dem nahe gelegenen Rheinland. Drinnen in allen Fällen: Eier aus den Niederlanden. »Unverschämt und irreführend«, empfand es der Lidl-Kunde aus der Pfalz, dass er mit dem Kauf entgegen seiner Annahme nicht »unsere deutschen Landwirte« unterstützt hatte. Die Verbraucherzentralen teilten die Kritik und rieten Lidl eindringlich, die Kennzeichnung zu ändern – jahrelang ohne Erfolg.

Erst im Juni 2021 kündigte der Discounter auf Anfrage schließlich zunächst eine neue Formulierung, später dann einen Verzicht auf die Kartons an. Eigentlich sei die Solidaritätsadresse ganz anders gemeint gewesen, mit der Herkunft habe sie nichts zu tun: Weil aufgrund der Vogelgrippe die Freilandhaltung eingeschränkt war, galten die verkauften Eier rechtlich nur als Bodenhaltungseier – Lidl aber habe den Produzenten »aus Solidarität« dennoch weiterhin den höheren Preis für Freilandeier bezahlt. Dabei wäre es nach all der Kritik ja nicht schwer gewesen, die Herkunft klar und auf den ersten Blick erkennbar auszuweisen. Stattdessen aber kauften offenbar viele Menschen, die »nur« das Etikett und nicht auch noch die Zahlen-Ziffern-Codes auf dem Ei prüften, die Kartons im falschen Glauben an eine regionale oder jedenfalls deutsche Herkunft.

Das Beispiel zeigt: Von sich aus schaffen Unternehmen eher nicht die Transparenz, die sich Verbraucher:innen wünschen. Meistens tun sie bestenfalls das, was die Gesetze von ihnen verlangen. Doch die sind nicht übermäßig hilfreich. Deutsche Kartons mit niederländischen Eiern, das ist nur eine der vielen Absurditäten und schwer nachvollziehbaren Kennzeichnungsregelungen für Lebensmittel, die auf vielfältige Weise geeignet sind, uns zu verwirren. Nach Logik sollte niemand fragen, jedenfalls nicht aus der Sicht der Kundschaft.

Herkunft: »Planet Erde«

Die Gesetze für frisches Obst und Gemüse verlangen eine Angabe der Herkunftsländer – nicht aber für Bananen und Kartoffeln.[12] Oliven dürfen ohne Herkunftskennzeichnung in den Handel, bei Olivenöl bestimmter Güteklassen hingegen muss das Ursprungsland genannt sein. Werden allerdings mehrere Öle gemischt, steht zum Beispiel »Mischung von Olivenölen aus EU- und Nicht-EU-Ländern« auf dem Etikett.[13] Wer soll das nachvollziehen? So geht es munter weiter. Bei losen Äpfeln erfahren wir das Ursprungsland. Doch ob ein Saftabfüller sein Apfelsaftkonzentrat aus China, Polen oder Deutschland bezieht, lässt sich am Etikett meist nicht ablesen. Bei Öko-Ware sind mehr Angaben Pflicht als bei konventioneller, aber nicht zwingend aussagekräftig.[14] Auch hier findet sich etwa auf Bio-Honig ein Herkunftsnachweis wie »EU/Nicht-EU-Landwirtschaft«. »Genauso gut könnte dort stehen ›Planet Erde‹«, ordnete ein Verbraucher dies auf dem Internetportal der Verbraucherzentralen mit treffendem Sarkasmus ein.[15]

Frisches Fleisch muss ebenfalls Herkunftsangaben tragen, nicht aber verarbeitetes Fleisch.[16] Und als »verarbeitet« gilt das Steak bereits, wenn es in einer Marinade liegt, das Hackfleisch, wenn es gesalzen wurde. Bei Fertiggerichten bleibt die Herkunft ohnehin meist offen. Die Hersteller *dürfen* Transparenz schaffen, tun dies aber meistens nicht.

Was sie angeben *müssen*, ist seit 2011 in der EU einheitlich geregelt, in einem Gesetz, das abgekürzt den Namen Lebensmittelinformationsverordnung trägt.[17] Bevor sie verabschiedet wurde, tobte ein wilder Lobby-Kampf um das Regelungswerk. Die Verbände der Lebensmittelwirtschaft liefen Sturm gegen alles, was verpflichtend vorgeschrieben werden konnte. »Völlig ausreichend« seien die bisherigen Vorschriften, befanden die führenden Lobbyverbände der deutschen Lebensmittelindustrie und des Handels. »Weitergehende, insbesondere auf Zutaten gerichtete verpflichtende Angaben bieten dem Verbraucher keinen zusätzlichen Informationswert; sie sind im Einzelfall sogar eher dazu geeignet, Verbraucher irrezuführen«, posaunten sie.[18] Dabei waren bis dato kaum Angaben über die Produkte Pflicht – Zutaten, Füllmenge, Produktbezeichnung: Ja, aber schon der Zuckergehalt durfte damals noch verschwiegen werden.

Einer der größten Streitpunkte seinerzeit: die Herkunftsangaben. Der europäische Verband der Lebensmittelindustrie, damals noch unter dem schönen Kürzel CIAA firmierend, forderte die Abgeordneten in einer »Abstimmungsempfehlung« auf, eine verpflichtende Herkunftskennzeichnung abzulehnen: »Jede verpflichtende Kennzeichnung der Herkunft des Rohmaterials untergräbt die zentrale Rolle der verarbeitenden Industrie, die den Produktionsprozess durchführt. Verpflichtende Bestimmungen würden die Menge der Informationen auf dem Etikett vergrößern und die Produktionskosten für Hersteller erhöhen, ohne einen klaren Nutzen für Verbraucher zu bieten.«[19]

Intransparenz als Geschäftsmodell

Der Mann mit dem weißen Kittel und dem gestickten »F. Ahlers«-Schriftzug unter dem Firmenlogo hat sein Haarnetz aufgesetzt. An der Hygieneschleuse wäscht und desinfiziert er die Hände, gleichzeitig schrubben am Boden rotierende Bürsten die Schuhsohlen sauber. Erst dann geht es in die Produktion, Linie 12: In der oberen Etage ist es minus 22 Grad Celsius kalt. An der Decke hängen Eiskristalle, die Brille beschlägt. Auf Bändern laufen soßenummantelter Reis, Fleisch, Erbsen, Karotten und die anderen Zutaten tiefgefroren in einer Maschine zusammen, die sie portioniert und mischt. In der unteren Etage, bei angenehmeren Temperaturen, fällt fertiges Hühnerfrikassee in die Tüten. Hier steht auch Ahlers' Wundermaschine. Sie rattert und wummert laut hinter ihrem Metallgitter und sieht dabei reichlich unspektakulär aus.

Es ist nicht viel mehr als ein Drucker, der Frostas Transparenzversprechen einlöst und auf die Etiketten bringt. Hinten zieht er vorproduzierte Folienetiketten von einer Rolle ein. Die Maschine befüllt sie, schweißt sie zu Tüten zusammen und bedruckt im selben Arbeitsschritt das freie Fenster mit Mindesthaltbarkeitsdatum, Chargennummer – und den Herkunftsangaben für die Zutaten. Technisch alles andere als ein Hexenwerk. Entwickeln musste Frosta allein die Software im Hintergrund, die dem Drucker für jede einzelne Tüte sagen kann, woher die gerade verwendeten Zutaten stammen. Ändert sich zwischen Tüte 500 und Tüte 501 bei einer Zutat die Herkunft, muss die Maschine nicht einmal angehalten werden. Der Drucker druckt mit den neuen Angaben einfach weiter.

Das Prinzip ist so simpel, dass Ahlers sich wundert, warum es in der Industrie bislang praktisch keine Nachahmer gibt. Liegt es an hohen Kosten für die individuelle Etikettierung? Ahlers winkt lachend ab, er hält das – wie »alle Argumente gegen Transparenz« – für vorgeschoben. »Die Kosten sind nicht das Thema«, sagt er, das Transparenzsystem mache keine zwei Cent pro Beutel aus. Aber natürlich muss der Hersteller seine Lieferketten kennen, kann nicht über Sub- und Subsubunternehmer Zutaten nach Tagespreis kaufen, wie das bei Fertiggerichten teilweise geschieht. Für manche mag das ein Thema sein, Ahlers vermutet aber vor allem andere Gründe hinter der Zurückhaltung: Der Unternehmer hält Intransparenz für ein verbreitetes Geschäftsmodell seiner Branche. Je weniger sie offenlegt, umso mehr Spielraum bleibe ihr für das »Romantische-Welt-Marketing«. Auch deshalb erhofft sich Ahlers Unterstützung von der Politik, gern durch klare Transparenzvorschriften für alle. »Für viele sind neue Regeln grundsätzlich nicht gewollt«, meint der 54-Jährige. »Ich wünsche mir mehr Vorgaben, weil dadurch der Wettbewerb fairer wird.«

Mit dieser Sicht tun sich politisch Verantwortliche schwer. In vielen Gesprächen, zuletzt auch einer Videokonferenz mit der derzeitigen Bundesernährungsministerin Julia Klöckner, hat Ahlers viele »Totschlagargumente« gehört: die Angst, neue Vorgaben könnten Arbeitsplätze kosten. Den Verweis auf die EU, um zu begründen, was alles in Deutschland nicht gehe. Die Fokussierung auf Forschung und Innovationen, als ob diese nötig seien, um die im Kern doch über Jahrtausende erprobten Lebensmittel anzubieten.

Und dann gebe es noch einen Grund, weshalb klarere Gesetze fehlten: »dass die Industrie immer schneller ist als die Politik«. So hätten Zusatzstoffhersteller zahlreiche Möglichkeiten gefunden, die bei vielen Menschen unbeliebten Geschmacksverstärker, allen voran Glutamat, auszutauschen. Nicht aber durch mehr Gewürze oder frische Zutaten, sondern durch andere geschmacksverstärkende Stoffe, die natürlich klingen und nach der rechtlichen Definition keine Zusatzstoffe sind, also auch keine der technischen »E-Nummern« tragen. So kann E 621, wie die EU-Zulassungsnummer für Mononatriumglutamat lautet, aus den Rezepturen und von den Packungen verschwinden: ersetzt durch Hefeextrakt, der aber ebenfalls Glutamat enthält und den Geschmack verstärkt. Das ist nur das bekannteste Beispiel für »Zusatzstoffersatzstoffe«, wie sie Christian Niemeyer nennt, Leiter des von Frosta unterstützten Deutschen Zusatzstoffmuseums in Hamburg. Er beobachtet, dass auch »Tomatenserum«, »Kartoffelprotein«, »Milcheiweißerzeugnisse« oder »Molkeneiweiß« Eingang in die Zutatenlisten gefunden haben. Teils hochgradig verarbeitete Zutaten, die verschiedene Funktionen in der Rezeptur erfüllen können – die Hersteller aber eben auch gezielt zur Geschmacksverstärkung einsetzen. Wie Tomatenserum enthalten sie von Natur aus viel Glutamat, oder es bleiben nach Aufspaltung der Proteine vor allem die geschmacksverstärkenden Glutaminsäuren aus den Eiweißen übrig. Das Ergebnis: Wenn Menschen die Zutatenlisten lesen, schöpfen sie kaum Verdacht. Niemeyer glaubt, dass in zehn Jahren Zusatzstoffe und E-Nummern gänzlich von den Packungen verschwunden sein werden. Nicht jedoch deren funktionale Bausteine, die getarnt unter natürlich klingenden Namen weiterhin in die Produkte gelangen.

Tatsächlich hat es sich die Zusatzstoffindustrie zum Ziel gemacht, die Clean Label-Bewegung gut zu bedienen. Clean Label heißen Produkte, bei denen Hersteller nicht die verwendeten Inhalte hervorheben – sondern damit werben, was sie *nicht* einsetzen. »Frei von Geschmacksverstärkern« zum Beispiel. Anbieter aus der Zusatzstoffindustrie heben es in ihren Katalogen hervor, dass etwa das »funktionelle Kartoffelprotein« nicht gesondert deklariert werden müsse: »Keine E-Nummer und keine Allergenkennzeichnung notwendig«, heißt es in einem Prospekt. Ein Tomatenserum, das nicht mal mehr nach Tomate schmeckt und somit ziemlich universell einsetzbar ist, wird als »Clean Label Geschmacksboost« angepriesen.

Die Industrie dreht das Rad immer weiter. Eine transparentere Kennzeichnung kommt dagegen allenfalls schleppend voran. Mit Verabschiedung ihrer Lebensmittelinformationsverordnung 2011 verpflichteten die europäischen Gesetzgeber Hersteller erstmals überhaupt, von Ende 2016 an Angaben zum Zucker-, Fett- oder Salzgehalt ihrer Produkte zu machen, gegen den erbitterten Widerstand der Branchenlobby. Zu mehr Herkunftstransparenz konnten sie sich zunächst nicht durchringen. Und auch in den folgenden Jahren allenfalls zu Trippelschritten: Seit April 2020 muss nun auch der Ursprung einer Hauptzutat genannt werden – allerdings nur, wenn der Hersteller die Herkunft seines Produkts werblich herausstellt, die Herkunft der Hauptzutat damit aber nicht übereinstimmt. Schweigt der Hersteller in seiner Werbung über die Thematik, muss er auch weiterhin keine Angaben herausrücken.[20]

Keine Auskunft unter dieser Nummer

Wenn der Ruf nach mehr Pflicht-Informationen auf den Packungen mal wieder laut wurde, wiegelten Lebensmittelverbände gern mit einem Argument ab: Die Unternehmen informierten ja bereits – und zwar im direkten Kundenkontakt. Angebote wie »Hotline oder Internet-Adresse« seien »wichtiger als die Zahlenangaben auf dem Etikett«, hieß es da.[21] Cheflobbyist Christoph Minhoff argumentierte: »Die Unternehmen nutzen tagtäglich zahlreiche Informationskanäle wie Telefon-Hotlines, Internetseiten, persönliche Kundenkontakte, Tage der offenen Tür und Social Media zur intensiven Kundeninformation und zum direkten Austausch mit dem Kunden.«[22]

Machen wir also einen einfachen Test. Ich kaufe dazu Erdbeerkonfitüre von acht Marken ein – Schwartau, Landliebe, Mühlhäuser sowie die Eigenmarken von Edeka (Gut & Günstig), Lidl (Maribel), Aldi Nord (Grandessa), Rewe (ja!) und Alnatura. Anschließend nehme ich – unter anderem Namen, damit kein Verdacht aufkommt – Kontakt zu den Herstellern oder Händlern auf, um eine simple Frage zu klären: Woher kommen die Früchte für meinen Brotaufstrich?

Mögen uns auch die Felder und Verkaufsstände in den Sommermonaten sehr präsent sein: Bedeutend mehr Erdbeeren werden nach Deutschland ein- als hier gewachsene ausgeführt.[23] Der Welternährungsorganisation zufolge ist China das mit Abstand größte Erdbeerland,[24] in dem mehr als 20-mal so viele Früchte wie in Deutschland wachsen. In der Industrie erfreuen sich zudem Importe aus Marokko großer Beliebtheit.[25] Angaben müssen Marmeladenhersteller das auf dem Etikett nicht – die Beeren sind schließlich »verarbeitet« –, und so verzichten sie lieber. Ein allzu fernes Ursprungsland dürfte sich kaum als absatzfördernd erweisen.

Bei meinen acht Gläsern sehe ich auf keinem eine Angabe. Ich als Konsument soll über das Angebot entscheiden? Bloß wie – nur mit den Informationen, die mir im Supermarkt zur Verfügung stehen, habe ich dazu keine Möglichkeit. Was also erfahre ich direkt an der Quelle?

Erster Versuch: die Edeka-Kundenhotline. »Wir machen Sie darauf aufmerksam, dass unser Kundenservice durch einen externen Dienstleister durchgeführt wird«, verrät eine Stimme vom Band. Dann ist eine fröhliche Dame in der Leitung, die meinen Wunsch nach Regionalität zu verstehen scheint – mir aber nicht direkt weiterhelfen kann. Die Erdbeerzeit fange ja gerade an, und in den Märkten gebe es ja auch schon Erdbeeren aus Deutschland, überlegt sie. Woher die Früchte in meiner Konfitüre der

Edeka-Eigenmarke kommen, muss sie aber erst nachfragen. Sie verweist mich noch auf eine Internetseite, auf der ich unter Eingabe des Barcodes selbst nachforschen könne. Sie muss erst Google bemühen, findet die Adresse aber schließlich. Doch der Versuch schlägt fehl: »Diese Barcode-Nr. ist leider ungültig.« Kein Wunder: Wie der Begleittext aufklärt, ist die Suche nur für Fleisch- und Fischprodukte ausgelegt. Ich muss also auf die versprochene Rückmeldung warten.

Bei Landliebe, Aldi Nord und Alnatura trage ich meine Frage derweil in Kontaktformulare im Internet ein, eine Telefonnummer habe ich nicht gefunden. Anders bei Schwartau. Schnell ist eine freundliche Mitarbeiterin am Apparat, die auch sofort weiß, was zu tun ist: Sie führt mich auf der Firmenwebsite zu einer »Fruchtlandkarte«, auf der ich zunächst die gesuchte Frucht auswählen muss. Ich klicke auf die Erdbeere und lande auf einer Landkarte, die Erdbeeren in acht Ländern verzeichnet: neben Deutschland noch Polen, Serbien, Spanien, Bulgarien, Griechenland, Ägypten und Marokko. Jetzt sehe ich zwar, woher die Schwartauer Werke all ihre Erdbeeren beziehen. Woher die in meinem Glas »Gelee Erdbeere Hausfrauenart« stammen, weiß ich aber immer noch nicht. Die Dame will sich erkundigen.

Einfach macht es mir Rewe – denke ich anfangs: Auf dem Marmeladen-Etikett der Eigenmarke ja! finde ich den Hinweis, dass ich bei »Fragen zum Produkt« unter www.rewe.de/kontakt eine Anlaufstelle finde.[26] Auf der Seite steht auch eine Telefonnummer für das »Kundenmanagement« – »wir helfen Ihnen gerne weiter«, heißt es dort. Ich rufe an. Ein Sprachmenü lässt mich wählen, ob ich »Fragen zu einer Jackpot-Aktion«, »Fragen zu einem Rewe-Markt«, »Fragen zu einer Online-Bestellung« oder »Fragen zum Payback-Programm« habe. Fragen zu Produkten sieht die Auswahl gar nicht vor. »Das ist nicht möglich«, erklärt mir ein Kundenservice-Mitarbeiter, den ich schließlich an der Leitung habe, als ich mich hilfsweise für »Fragen zu einem Rewe-Markt« entschieden habe. Ich müsse meine Frage schriftlich einreichen oder im Markt nachfragen. Schließlich interessiert sich der nette Mann aber doch dafür, worum es mir geht, und gerät ins Plaudern, als ich ihm meine Frage erläutere. »Aus persönlicher Erfahrung würde ich auf China tippen, da kommen wohl 80 Prozent der Erdbeeren her«, meint er. »Ich drücke Ihnen die Daumen, dass Sie die Information bekommen«, verabschiedet er sich. Ich schreibe Rewe eine E-Mail.

Als Erstes meldet sich die Bio-Kette Alnatura zurück. Nur zweieinhalb Stunden, nachdem ich das Kontaktformular ausgefüllt hatte, habe ich eine E-Mail im Posteingang. »Die Bio-Erdbeeren für den Fruchtaufstrich können aus unterschiedlichen Ländern stammen«, heißt es darin. »Aktuell sind dies Italien, Spanien und Türkei. Je nach Verfügbarkeit sind aber auch andere europäische Herkünfte möglich.« Damit kann ich die Herkunft zwar eingrenzen – bin aber im Kern so schlau wie zuvor. Auf Nachfrage erhalte ich einen weiteren Tag später jedoch genauer Auskunft: »Für das von Ihnen erworbene Glas (…) stammen die Erdbeeren aus Spanien.« Immerhin.

Von Edeka erreicht mich zwei Tage nach meinem Anruf eine E-Mail. »Die Erdbeeren für die GUT&GÜNSTIG Konfitüre extra Erdbeere, stammen aus Ägypten, Spanien, Marokko, Polen, Peru, Serbien und Mexiko«, heißt es darin. Woher jene in meinem Glas stammen, weiß ich damit immer noch nicht. Dafür meldet sich Rewe, fragt schriftlich nach Chargennummern und Barcodes vom Etikett – und hinterlässt damit den Eindruck, als solle mir geholfen werden. Es dauert fast zwei Wochen, bis ich wieder etwas höre. »Gerne« teilt Rewe mir abschließend mit, »dass die Erdbeeren je nach Verfügbarkeit aus folgenden Ländern bezogen werden: Polen, Italien, Ukraine, Türkei, Marokko, Spanien, Argentinien, Serbien, Mexiko, Peru, USA, Ägypten und Chile«.

China, das vom freundlichen Hotline-Mitarbeiter vermutete Ursprungsland, ist nicht darunter, ansonsten hat sich Rewe aber offenbar das Wahlkampf-Motto der Grünen zu eigen gemacht: Alles ist drin.

Zwei Wochen für eine Nicht-Auskunft – so viel zur angepriesenen Qualität der Kundenservices. Doch es geht noch schlechter. Von den Konkurrenten Aldi und Lidl höre ich auf meine Anfrage hin auch nach Wochen gar nichts. Die Firma Mühlhäuser verspricht im Internet offensiv, »keine China-Früchte« zu verwenden, sondern solche, die »zum größten Teil aus Europa« stammten.[27] Auf meine Frage nach dem genauen Herkunftsland der Erdbeeren in meinem Glas erhalte ich jedoch ebenfalls keinerlei Rückmeldung. Und auch Landliebe verrät mir nicht, wo die »ausgewählten Obstbauern«, von denen im »Landliebe Versprechen« auf dem Etikett die Rede ist, ihre Beeren ernten.

Nach einiger Mühe und vielen Wochen Wartezeit konnte ich also bei genau einem von acht Marmeladengläsern nachträglich die Herkunft herausfinden. Ist es das, wie es laufen soll? Wie soll ich so als »König Kunde« das Angebot bestimmen, es zum Beispiel in der Hand haben, Regionalität zu fördern? Und, umgekehrt, mit dem Finger auf mich zeigen lassen, wenn ich nur die Massenware kaufe, die von sonst wo herkommt?

Von Marktversagen und Zitronen

Das Marmeladen-Beispiel macht deutlich: Bei der Abwehrhaltung gegen mehr Information geht es den Unternehmen nicht um den Erhalt einer möglichst freien Marktwirtschaft. Die Nachfragenden *sollen* gar nicht erst auf Augenhöhe mit den Anbietenden kommen, denn dies würde deren Geschäftsmodell infrage stellen. Wie viele Menschen würden ein Glas kaufen, wenn sie wüssten, dass dafür Erdbeeren aus dem fernen Mexiko eingeführt wurden? Wahrscheinlich: weniger. So wird, wie es Frosta-Chef Ahlers beschreibt, Intransparenz selbst zum Geschäftsmodell. Politisch Verantwortliche schützen es unter dem Deckmantel freier Märkte. In Wirklichkeit schaden sie genau damit einer funktionierenden Marktwirtschaft. Sie stehlen uns, den Verbraucher:innen, die Möglichkeit, das Angebot zu beeinflussen und es besser zu machen, indem wir – zum Beispiel – gezielt regionale Produkte kaufen, weil wir sie erkennen. Oder Qualitätsanbieter bevorzugen, weil wir Qualität erfassen können.

Um für mehr Transparenz und bessere Kennzeichnung einzutreten, müsste die Politik keinerlei marktfeindliche Positionen vertreten. Die Verantwortlichen müssten nur einmal bei Hans-Werner Sinn nachlesen, dem früheren Präsidenten des Münchener Ifo-Instituts. Ein Ökonom, der gewiss nicht als besonders links oder illiberal verschrien ist.

2003, noch unter dem Eindruck der BSE-Krise, verfasste er den Aufsatz »Verbraucherschutz als Staatsaufgabe«.[28] Für alle Freund:innen freier Märkte: Auch Sinn bezeichnet es darin, merklich angewidert, als »schreckliche Vorstellung«, wenn »dumme Bürger vom Staat zu ihrem Glück gezwungen werden, so wie unmündige Kinder von ihren Eltern«. Doch er versteht, dass es keinen funktionierenden Lebensmittelmarkt gibt, der vor dem übergriffigen Staat zu beschützen wäre, sondern einen dysfunktionalen Markt, den der Staat erst einmal zum Funktionieren bringen sollte.

Sinn greift dabei auf die Theorie der »Lemon«-Güter[29] zurück, für die US-amerikanische Ökonomen um George Arthur Akerlof kurz zuvor den Wirtschaftsnobelpreis erhalten hatten und in der Sinn die »stichhaltige ökonomische Begründung« sieht, dass der Staat beim Verbraucherschutz »eingreifen muss«. »Lemon«, Zitronen, heißen in den USA Gebrauchtwagen, die mit starken

Mängeln behaftet sind. Akerlof beschreibt das Problem der asymmetrischen Informationsverteilung: Wer ein Auto mit Mängeln verkauft, die sich nicht ohne Weiteres von außen erkennen lassen, wird darauf kaum offensiv hinweisen, sondern sie verstecken. Wer dagegen einen Gebrauchtwagen, der bestens in Schuss ist, an die Frau oder den Mann bringen möchte, hat es schwer, den Qualitätsvorteil gegenüber dem Konkurrenzangebot transparent zu machen und auf dieser Grundlage einen höheren Preis zu rechtfertigen. Die Folge, so Akerlof: Zum Verkauf angeboten werden überdurchschnittlich viele Gebrauchtwagen minderer Güte. Ein Markt für Qualitätsautos kommt nicht zustande, denn der Preis orientiert sich an den Ramsch-Modellen. Jeder Qualitätsanbieter wäre in diesem ungleichen Wettbewerb der Dumme, und es spielt auch keine Rolle, wie viele Käuferinnen und Käufer bereit wären, für bessere Qualität mehr Geld auszugeben: Sie bekommen sie gar nicht erst.

Mit kernigen Worten überträgt Hans-Werner Sinn das Prinzip auf den Lebensmittelmarkt. Hier könnten Anbieter bessere Qualitäten ebenfalls kaum nachweisen – weshalb hochwertige Angebote oft ausblieben: »Auch das in den letzten Jahrzehnten immer wässriger gewordene Obst, das aufgeblasene, geschmacklose Gemüse, das Fleisch der mit Hormoncocktails gefütterten Schweine, der labbrige Schinken, die holländischen Retortentomaten (…) oder die Sahne, die nach dem Schlagen wieder zusammenfällt, gehören in die Kategorie der Lemon-Güter.« Erst wenn den Menschen in klarer und verständlicher Form gesagt werde, welche Qualitätseigenschaften ein Produkt wirklich habe, liege »echte Information« vor – und damit die Grundlage für einen funktionierenden Markt.

Die Beobachtungen treffen bis heute zu. Viele Menschen seien »zwar qualitätsorientiert«, trauten den Angaben der Hersteller jedoch nicht, analysierte 2021 der Sachverständigenrat für Verbraucherfragen, eingerichtet beim Bundesjustizministerium.[30] Obwohl ihnen »bei Lebensmitteln Qualität wichtiger ist als der Preis, hat dies die paradoxe Nebenfolge, dass sie mangels Vertrauens bei Lebensmitteln vor allem auf den niedrigen Preis achten«. Um »tatsächlich und auch fundierte Qualitätsentscheidungen zu ermöglichen«, sei daher »eine Verbesserung der Verbraucherinformationen erforderlich«. Tatsächlich bleibt die Qualität oft rätselhaft. Zumal teurere Lebensmittel nicht automatisch die höherwertigen Produkte sind und umgekehrt die oft geschmähten Billig-Lebensmittel nicht die schlechteren sein müssen.

Der Preis im Supermarkt lügt, oder besser: Er sagt viel mehr aus über die Margen von Handel und Industrie als über Qualität eines Produkts und Kosten seiner Herstellung. Mit verlogenen Marketingkampagnen vermag es zudem so mancher Hersteller, billig zusammengerührte, hochgradig denaturalisierte Lebensmittel zum Qualitätsprodukt hochzujazzen und fürstliche Preise dafür aufzurufen. Was fehlt, ist das, was schon US-Präsident John F. Kennedy 1962 in seinem »Consumer Bill of Rights« einforderte, sozusagen der Ur-Definition der Verbraucherrechte. Als zweites von vier zentralen Prinzipien beschreibt er darin das Recht, informiert zu werden: Unternehmen müssen ausreichende, angemessene Informationen zur Verfügung stellen, damit die Konsumierenden Qualität erkennen und informierte Produktentscheidungen treffen können.[31]

»Schlüsselqualifikation Lesen-Schreiben-Rechnen«

Warum ist es, 60 Jahre später, noch immer so schwer, Produktinformationen nach den Bedürfnissen der Kundschaft auszurichten? Um die Lebensmittelkennzeichnung hat sich ein regelrechter Kulturkampf entfacht. Er dreht sich darum, *an wessen Interessen* sich Etiketten auszurichten haben – an denen der Hersteller oder denen ihrer Kundschaft –, und um die Entscheidungshoheit. »Eigenverantwortung der Verbraucher stärken statt staatlicher Konsumlenkung«, bloß kein »Übermaß« an Kennzeichnungsvorgaben, fordert die deutsche Süßwarenindustrie.[32] Das Motto müsse lauten: »Verbraucherbildung statt Bevormundung«.[33] Der Staat, so die klare Botschaft, möge sich nicht einmischen, denn wie die Etiketten gestaltet werden, bestimmen immer noch wir – die Hersteller.

Keine Verrenkung war dem Lobbyisten und Ferrero-Manager Stephan Nießner in der Vergangenheit zu schwierig, um gleichzeitig *für* Transparenz zu sprechen und das Agieren *gegen* Transparenz zu rechtfertigen. Er ist für Information, natürlich, ist für ihn doch die »selbstbestimmte« und »freie« Entscheidung der Konsumierenden ein »wesentlicher Teil unserer bewährten freiheitlichen Wirtschaftsordnung« – aber bitte nicht durch zu viele neue »Produktinformationen«. Für Nießner ist das kein Widerspruch: Zu viel Information mündet für ihn in eine »Informationsüberflutung« oder gleich in eine Form dirigistischer Bevormundung.[34] Die Menschen sollen also mündig sein, aber bitte nicht aufgrund zu vieler Informationen, und auf gar keinen Fall sollte ihnen die Entscheidung selbst überlassen sein, welche Informationen sie wollen. Alles klar?

Unverblümt brachte der Handelsverband HDE 2014 einmal zu Papier, wie er sich die ideale Kundschaft wünscht: dem »Leitbild« eines »mündigen, durchschnittlich aufgeklärt und selbstbestimmt handelnden Verbrauchers« folgend. Von diesem erwartet der Verband »eine gewisse Anstrengung bei seinen Konsumentscheidungen« und »das Beherrschen der Schlüsselqualifikationen Lesen-Schreiben-Rechnen«, dann sei dieser Idealtypus auch in der Lage, sich die Informationen in den »zahlreichen zur Verfügung stehenden Quellen (Internet, Literatur, Material der Verbraucherorganisationen und der Stiftung Warentest, Herstellerangaben)« zusammenzusuchen und eine selbstständige Konsumentscheidung zu treffen. Das müsste er auch, denn »nur auf diese Weise«, so der Verband, erhalte der Mensch »die in einer freiheitlichen Gesellschaft unverzichtbaren Möglichkeiten zur Entfaltung seiner Persönlichkeit«.[35] So werden intransparente Lebensmitteletiketten zum alternativlosen Treibstoff für die Reise des Homo sapiens zu seiner höheren Bestimmung. Und für Christoph Minhoff, den obersten Lebensmittellobbyisten der Republik, ist offenbar schon allein dadurch alles getan, dass Lebensmittelhersteller »jeden Tag 170 000 Produkte zur Verfügung« stellten – denn damit hätten die Menschen ja die Wahl. »Der Konsument ist dabei durchaus in der Lage, sich zu informieren, zu reflektieren und damit auch, seine Kaufentscheidung im Supermarkt eigenverantwortlich zu treffen.«[36]

Nur: Was, wenn dies schon bei der Herkunft einer einfachen Marmelade scheitert?

Keine Ernährungspolizei

Mit dem Verweis auf mündige Menschen und der gleichzeitigen Absage an eine verbindliche Vermittlung jener Informationen, die sie erst mündig machen würden, richtet es sich die Lebensmittellobby in ihrer eigenen kognitiven Dissonanz bequem ein. Liberale wie konservative Politiker:innen spinnen die Erzählung fort. »Nein, bloß nicht«, entgegnete Ernährungsministerin Julia Klöckner 2018 auf eine anscheinend völlig abwegige Frage in einem *Tagesspiegel*-Interview[37] – dabei ging es nur darum, ob sie eine »Staatsernährungs-App« plane, »die mir sagt, was mein Essen taugt«. Ein Informationsangebot also, kein Kreuzzug gegen das

Heiligste des freien Marktes. Für Klöckner Anlass genug, zu betonen: »Ich will keine Ernährungspolizei und auch keinen Nanny-Staat.« Information ist pfui.

Wer die ganze Dimension dieses Kulturkampfes verstehen möchte, muss einige Jahre zurückgehen, zum Bundestagswahlkampf 2013. In ihrem Programm[38] regen die Grünen an, dass öffentliche Kantinen einen »Veggie Day«, einen vegetarischen Tag, zum Standard machen sollen. Das wäre freilich mehr als nur ein Informationsangebot, aber es bleibt beim Appell: Von Pflicht ist keine Rede. Doch die Partei erntet einen Sturm der Entrüstung, als habe sie die sofortige Stilllegung aller Autos verlangt. Über die »grüne Bundes-Verbots-Republik« empört sich der damalige CDU-Generalsekretär Hermann Gröhe, seine Partei lehne »diese Bevormundungspolitik entschieden ab«.[39] »Die Grünen wollen uns das Fleisch verbieten!«, titelt die *Bild*-Zeitung wahrheitswidrig[40] und wettert in einem Kommentar leidenschaftlich gegen diesen Versuch der »Umerziehung«. Was komme noch, fragt das Boulevardblatt schäumend und präsentiert gehässig ein paar Ideen: vielleicht »ein Kerzen-Tag, an dem wir alle nur im Dämmerlicht sitzen?«.[41] Selbst der damalige Bundesgeschäftsführer der Linken, Matthias Höhn, warnt vor einer »grünen Erziehungsdiktatur«.[42]

Es waren schwere Zeiten für die Grünen, sie brachen in den Umfragen ein, und der »Veggie Day« lebt als Trauma fort. Es erklärt, weshalb selbst weniger marktgläubige, wirtschaftskritischere Parteien vorsichtig sind, sich mit Forderungen zum Verbraucherschutz allzu weit aus dem Fenster zu lehnen. Das gilt bis heute.

Natürlich: Niemand möchte sich bevormunden lassen und keine Partei als Diktatorin dastehen. Dabei spielt es jedoch keine Rolle mehr, ob es *wirklich* um Bevormundung geht oder – erinnern wir uns an Hans-Werner Sinn – um eine Regulierung, die eine fehlgesteuerte Marktwirtschaft zu ihrer Reparatur benötigt: Schon der Anschein von Bevormundung genügt. Zweite Faustregel: Auch Information ist Bevormundung. Versuchen Sie nicht, mit Logik dagegenzuhalten. Sagen Sie nicht, dass uns eigentlich doch diejenigen bevormunden, die Informationen vorenthalten und uns so dazu bringen, entgegen unserer Absicht Marmelade mit weitgereisten Früchten zu kaufen. Sie werden damit nicht durchdringen, denn Information ist Bevormundung. Jedenfalls dann, wenn Unternehmen sie uns nicht freiwillig geben, sondern erst dazu verdonnert werden müssten. Mithin immer dann, wenn es um nachteilige Eigenschaften ihrer Produkte geht.

Nichts zeigt besser, wie verrutscht diese Debatte ist, als der Streit um die sogenannte Ampelkennzeichnung in den Jahren 2009 und 2010. Es war eine Zeit, als es in der »Mickey-Mouse-Bar« im Brüsseler Europaparlamentsgebäude vielleicht noch lauter summte und brummte als in anderen Zeiten. Das Café in unmittelbarer Nachbarschaft zum Plenarsaal erhielt seinen Namen von den Lehnen und Sitzflächen der Stühle, die mit ihren knallbunten, runden Stoffballen manchen offenbar an die Ohren der Comic-Maus erinnerten. Es ist einer der beliebtesten Treffpunkte für Abgeordnete und ihrer Stäbe mit den Abgesandten der zahlreichen in Brüssel ansässigen Lobbys. Um die Ampelkennzeichnung, die die Menge an Zucker, Salz und Fett in Lebensmitteln mit rot-gelb-grünen Punkten einordnen sollte, entbrannte damals eine der größten »Lobby-Schlachten« der EU, wie nicht nur der schwedische Grünen-Abgeordnete Carl Schlyter beobachtete.[43] Der zuständige Parlamentsausschuss sei von der Lebensmittelindustrie erheblich unter Druck gesetzt worden. »In all meinen Jahren als Europaabgeordnete«, staunte laut *FAZ* auch die britische Sozialistin Glenis Willmott, »habe ich nicht so viele Mails, Briefe, Faxe und Anrufe bekommen, in denen ich zu Frühstücken, Mittagessen und Abendessen, Diskussionsrunden, Seminaren und Konferenzen eingeladen wurde, alle organisiert und bezahlt von der Lebensmittelbranche und alle gegen mehr Transparenz und Ehrlichkeit bei der Kennzeichnung von Lebensmitteln gerichtet.«[44] Mehrfach baute die Lebensmittelindustrie Lobby-Stände auf, um vielsprachig über Für und vor allem Wider diskutierter Kennzeichnungsideen zu sprechen – mitten auf den Fluren des Parlamentsgebäudes.

Eine Milliarde Euro gegen Transparenz

Die Lebensmittel-Ampel war für sie aus zwei Gründen Bedrohung. Einerseits vermochte sie es, Zuckerbomben auf einen Blick als ebensolche zu entlarven, und zwar auch dann, wenn der Hersteller sich alle Mühe gab, sie als gesunde Fitnessprodukte zu bewerben. Damit war die Ampel durchaus mehr als nüchterne Information. Mit ihren Farben lieferte sie, ähnlich wie die längst etablierten Energielabel auf Kühlschränken und Waschmaschinen, eindeutige Bewertungen und sollte damit auch den Anreiz geben, Rezepturen zu verbessern. Andererseits war die Ampel der erste ernst zu nehmende Versuch, eine Kennzeichnung durchzusetzen, die weiten Teilen der Industrie nicht passte. Nichts also, was sie einfach hinnehmen konnte.

Versetzen wir uns zurück in diese Zeit vor etwas mehr als zehn Jahren. Wie viel Zucker, Fett oder Salz in den Produkten steckte, stand nur in Ausnahmefällen auf der Packung. Die Hersteller mussten keine Nährwertangaben machen – also ließen sie es. Ihre Kundschaft durfte ruhig glauben, dass die »himmlischleichte« Yogurette bestens zu den schlanken Joggerinnen aus der Werbung passte, weil sie doch leichter daherkam als andere Schokolade – was sie nicht war. Erst als die in Großbritannien entwickelte Ampelkennzeichnung sich durchzusetzen drohte, begannen Unternehmen, freiwillige Angaben aufs Etikett zu drucken, um Schlimmeres – die Ampel – zu verhindern. Vor allem multinationale Konzerne etablierten dazu ihr eigenes Kennzeichnungsmodell. Es bot viele Vorteile, vor allem ließen sich ungünstige Nährwerte mit schwer verständlichen Prozentangaben, die sich noch dazu gern auf willkürlich kleine »Portionen« eines Produktes (wie 30 Gramm Chips) bezogen, wunderbar kaschieren und einem schnellen Vergleich mit der Konkurrenz entziehen. Die lobbykritische Brüsseler Organisation Corporate Europe Observatory geht davon aus, dass es sich die europäische Lebensmittelwirtschaft am Ende eine Milliarde Euro kosten ließ, ihr eigenes Modell in den Markt zu drücken und die Ampel zu verhindern.[45]

Die vereinte Wirtschaftslobby war alarmiert über die Ampel-Debatte. In einem gemeinsamen Positionspapier warnten sieben große Verbände, darunter der Bundesverband der Deutschen Industrie, der Einzelhandelsverband, die Bundesvereinigung der Deutschen Ernährungsindustrie und der Deutsche Bauernverband, vor regulatorischen Eingriffen in den Markt. Eine verpflichtende Nährwertdeklaration sei überflüssig, eine Ampel natürlich bevormundend.[46] Am Ende entschied sich eine vergleichsweise knappe Mehrheit im Europaparlament gegen sie. Im maßgeblichen Ausschuss fehlte der Ampel in einer dramatischen Sitzung nur eine einzige Stimme.

Wesentlichen Einfluss auf dieses Votum hatte Renate Sommer, CDU-Europaabgeordnete aus Herne und frühere Referentin bei der Deutschen Landjugendakademie des Deutschen Bauernverbandes.[47] Als Berichterstatterin des Europaparlaments konnte sie die Lebensmittelinformationsverordnung wesentlich mitgestalten. Ihr Bericht aus dem April 2010[48] ist gespickt mit Argumenten, wie sie in dieser Zeit oft in der Mickey-Mouse-Bar zu hören waren, und er liest sich stellenweise ähnlich komisch wie ein Lustiges Taschenbuch. Pflichtkennzeichnungen begegnete sie darin mit einer Grundskepsis, »schließlich können und dürfen in unserem Gesellschaftssystem keine Gesetze die Bürgerinnen und Bürger von ihrer Eigenverantwortung bzw. von der Verantwortung der Eltern für ihre Kinder entbinden«. Weshalb den Menschen *ohne* Informationen eigenverantwortliche Entscheidungen zuzutrauen sind, sie dazu *mit* Informationen aber plötzlich nicht mehr in der Lage sein sollen, ließ Sommer offen – so weit reichte ihr Vertrauen in die Menschen offenbar nicht.

Mit verpflichtenden Nährwertangaben würde zudem die »visuelle und ästhetische Wirkung der für festliche Anlässe wie den Muttertag entworfenen Geschenkverpackungen für Schokoladen- oder Pralinenerzeugnisse (…) ruiniert«, sorgte sich Sommer. Ob diese Argumentation nun Ausdruck einer besonderen Genussfreudigkeit der Abgeordneten war – später würde sie es noch zur Bier-Botschafterin des Brauer-Bundes[49], zur Genussbotschafterin der Spirituosen-Industrie[50] und zur ehrenamtlichen Präsidentin des »Bierclubs« im Europäischen Parlament[51] bringen, wo sie sich von Brauereien mit höchstwahrscheinlich nährwertangabenfreien Produkten verköstigen lassen konnte – oder ob die Motivation anders lag, sei dahingestellt. Jedenfalls wusste die CDU-Politikerin auch, freilich ohne Beleg, dass durch die einfach zu verstehende Ampelkennzeichnung »mit hoher Wahrscheinlichkeit« eine »Fehl- und Mangelernährung weiter Teile der Bevölkerung vorprogrammiert« wäre. Schon der Limo-Konzern Coca-Cola hatte 2008 in einem Positionspapier vor »chronischen Nährstoffmangeln« gewarnt.[52] Ein Argument, das sich wohl nur so verstehen lässt: Die bisherige Intransparenz ließ die Menschen ungewollt Zucker- und Fettbomben essen, weil sie diese nicht erkannten – und bewahrte sie so vor der Unterernährung. Wohingegen die Ampel Hungerwillige natürlich ins

Unglück stürzen würde, könnten sie mit ihr zuverlässig Hochkalorisches meiden und endlich den gewünschten Mangel herbeiführen. Aus all dem spricht ein eigenwilliges Verständnis von Freiheit und Marktwirtschaft.

Kampf um Millimeter

Wir mögen über die Argumente schmunzeln. Doch was seinerzeit, 2010 und abschließend 2011, auf Basis solcher Papiere entschieden wurde, wirkt bis heute nach. Im Guten wie im Schlechten. Erstmals sind nun überhaupt Nährwertangaben vorgeschrieben, in Tabellenform auf der Rückseite der Verpackungen – ein Ergebnis, das ohne die Ampel-»Schlacht« wohl nicht denkbar gewesen wäre. Ein einfaches Label wie die Ampel auf der Vorderseite, das Produkte schnell vergleichbar machen würde, kam dagegen erst einmal nicht. Mehr noch: Die europäischen Gesetzgeber legten fest, dass Pflicht-Kennzeichnungen künftig nur noch EU-weit beschlossen werden dürfen, nicht mehr in einzelnen Mitgliedsländern. Als sich Bundesernährungsministerin Julia Klöckner zehn Jahre später, 2020, unter großem öffentlichem Druck dazu bewegen ließ, mit dem NutriScore eine von französischen Wissenschaftlern weiterentwickelte Form einer Ampelkennzeichnung einzuführen[53], konnte sie dies nur noch als freiwilliges Modell präsentieren: Hersteller, die nicht mitmachen wollen, lassen es einfach. Seither wird über ein EU-weit einheitliches Modell gestritten. Falls es noch ein weiteres Jahrzehnt dauert, bis ein solches kommt: Niemand sollte überrascht sein.

Auch die Mindestgröße für die Schrift auf den Verpackungen wurde 2010/2011 EU-weit definiert: mit winzigen 1,2 Millimeter, bezogen auf ein kleines »x«. Die Europäische Kommission hatte mehr vorgeschlagen und war gescheitert. Das würde nur zu »zusätzlichem Verpackungsmüll und eventuell sogar größeren Portionen führen«, argumentierte die Konservative Renate Sommer, während Lebensmittellobbyisten klagten, dass ihnen »kein ausreichender Raum für den Markenauftritt« und »Werbung« bliebe.[54] Später bekannte selbst der damalige EU-Gesundheitskommissar Vytenis Andriukaitis, dass er sich die Etiketten nie anschaue: »Ich kann sie nicht lesen, nicht einmal mit meiner Brille. Es ist absolut unmöglich.«[55]

Den Anstoß, eine größere Schrift vorzuschlagen, gab ihm das nicht. Die Verordnung war nach jahrelangen, zähen Verhandlungen gerade erst verabschiedet, und Andriukaitis hätte wohl noch drei weitere Amtszeiten benötigt, sie wieder aufzuschnüren und etwas so Verwegenes wie eine ohne Lupe sicher lesbare Schrift durchzusetzen. Und als ob es eines Beweises bedurft hätte, dass sich Kennzeichnung nicht an den Interessen der Einkaufenden, sondern an denen der Hersteller ausrichtet: Für kleine Verpackungen ist auch noch eine Ausnahme definiert – hier müssen Zutatenlisten oder Nährwertinfos nur 0,9 Millimeter groß gedruckt sein. Das Informationsbedürfnis der Menschen schrumpft offenbar mit der Packungsgröße. So ist das, wenn Gesetze in der Mickey-Mouse-Bar gemacht werden: Hauptsache, der Platz für den Markenauftritt bleibt gesichert.

Kleben am Status quo

»Vorsicht«, ruft Felix Ahlers durch seine Maske auf dem Weg zum Ausgang aus der Werkhalle: Von hinten nähert sich ein selbstfahrender Gabelstapler. Warum sein Erfolgskonzept – Veränderungen und Transparenz wagen – nicht Schule macht, darüber hat der Frosta-Chef viel gegrübelt. Hinter der Hygieneschleuse entledigt er sich seines Haarnetzes und des weißen Kittels, bittet die Treppen hoch in einen schmucklosen Besprechungsraum, holt schnell noch eine Karaffe Wasser. Ein Büro hat Ahlers nicht mehr, mit Laptop und Handy arbeitet er von überall aus. Die Lebensmittelindustrie sei »Status-quo-orientiert«, glaubt er, sie habe Angst, Dinge zu verändern und damit Risiken einzugehen. Vor allem die Konzerne. Seinen Verzicht auf Zusatzstoffe, glaubt Ahlers, hätte er als CEO einer Aktiengesellschaft nicht durchhalten können: Der kurzfristige Ergebnisdruck der Aktionäre, die quartalsmäßigen Berichtspflichten, die Breite des Sortiments, die Veränderungen erschwert – »als AG hätten wir nach spätestens sechs Monaten umsteuern müssen«, ist er überzeugt.

Auch Frostas Herkunftstransparenz hat durchaus kritische Nachfragen hervorgerufen, zum Beispiel, ob denn das Hühnerfleisch unbedingt aus Thailand kommen müsse. Für Ahlers die Gelegenheit, seine Motivation zu erklären: Hühner stammten ursprünglich aus Asien, fühlten sich in dem dortigen Klima wohl – und wenn er nicht das Fleisch, sondern Soja-Futter aus anderen Teilen der Erde einführe, komme er sogar auf mehr Transportgewicht. Angesichts der deutschen Exportüberschüsse findet er es zudem aus sozialen Gründen richtig, Jobs für Menschen in Thailand zu schaffen. Trotz solch kritischer Nachfragen bewertet Ahlers die Erfahrungen positiv. Transparenz erhöhe die Glaubwürdigkeit bei seiner Kundschaft und halte sie bei der Stange. Doch was für den Mittelständler gilt, ist bislang nicht gerade massenkompatibel.

Anfänglich erzählte Ahlers gern auch in Unternehmerrunden seinen Kolleg:innen aus der Lebensmittelwirtschaft von seinen Erfahrungen. Inzwischen geht er nicht mehr zu solchen Treffen. Frosta gilt als Exot, Ahlers als Außenseiter, auch im Lebensmittelverband, wo die großen Unternehmen, die Konzerne mit ihren Shareholder-Value-Zwängen die Richtung bestimmten. Und die

Lobby auf eine Blockadehaltung gegenüber Veränderungen festnagelten. So sieht er es.

Diese Blockade sollte Politik überwinden, findet Ahlers. Würde sie einfach entscheiden, zum Beispiel für eine klare Herkunftskennzeichnung für alle, könnten sich die Unternehmen auch schnell darauf einstellen. Sie müsste es nur eben tun – und aufhören, reflexhaft von »Bevormundung« zu sprechen.

KAPITEL 5

Kontrollverlust

Warum Behörden vor dreckigen Küchen
kapitulieren und Schlachthöfe die Arbeit
der Ämter übernehmen

Lutz Zengerling verfügt über die große Gabe, anderen auf die
Nerven gehen zu können. Ist er von etwas überzeugt, dann lässt
er nicht locker – wie groß die Widerstände auch sein mögen. Im
Spätsommer 2021 sind sie wieder groß, doch der Amtschef der
Lebensmittelüberwachung in Berlin-Pankow ist guter Dinge.

Der Hauptstadtbezirk ist so etwas wie das gallische Dorf des
Verbraucherschutzes. Seit 2009 versucht Zengerling hier, alle Ergebnisse der amtlichen Betriebskontrollen öffentlich zu machen,
als Vorreiter in ganz Deutschland. Er ist davon überzeugt, dass
sich nur damit die Hygiene in Restaurants, Imbissbuden oder
Bäckereien nachhaltig verbessern lässt. Dänemark macht das
schon 20 Jahre lang erfolgreich vor.[1] Die Kontrollergebnisse stehen dort im Internet, und sie hängen für jeden sichtbar an der
Eingangstür der Betriebe. Smiley-Symbole, in mehreren Abstu-
fungen von lachend bis traurig, geben einen schnellen Eindruck,
ob alles sauber war. Mit einem Text daneben erklären die Behörden en détail, was sie in Küchen und Produktionsstätten zu be-
anstanden hatten. Eine Transparenz, die Wirkung zeigt, schließ-

lich geht kaum jemand gerne in ein Restaurant, in dem die Küche dreckig ist – vorausgesetzt, die Zustände sind bekannt. Das wissen auch die Unternehmen. Die Smileys sind für sie ein Anreiz, sich so sehr um Sauberkeit zu kümmern, dass die Mundwinkel nach oben gehen. Nachdem Dänemark das Transparenzsystem 2001 eingeführt hatte, stieg die Zahl der Betriebe ohne jegliche Beanstandung von 70 auf 85 Prozent. Solch positive Effekte zeigten sich überall dort, wo auf ähnliche Weise Transparenz über die amtlichen Kontrollergebnisse geschaffen wurde[2], in Finnland, Toronto, Wales oder New York, wo sogar die traditionell häufigen Salmonellen-Infektionen zurückgingen.[3]

In Deutschland sucht die notorisch unterbesetzte amtliche Lebensmittelüberwachung im Jahr rund 500 000 Unternehmen auf, kontrolliert die Betriebshygiene, misst die Temperatur in der Eis-Theke, schaut, ob alle Kennzeichnungsvorgaben eingehalten sind. Hier gibt es keinen Trend zum Guten: Etwa jedes vierte kontrollierte Unternehmen wird beanstandet, mehr noch in der Gastronomie, überwiegend aufgrund von Hygienemängeln. Doch in welcher Küche es drunter und drüber geht, erfahren die Verbraucher:innen nicht, und die Beanstandungsquote verharrt seit Jahren mit kleinen Schwankungen auf demselben Niveau, ohne Besserung. Bis zum Jahr 2017. Seitdem gibt es in der offiziellen Statistik plötzlich nur noch gut halb so viele auffällige Betriebe – doch nicht etwa, weil die Kontrollbehörden den entscheidenden Hebel gefunden hätten. Sie änderten nur die Erfassungsmethode, lassen seither alle sogenannten informellen Beanstandungen außen vor, Rechtsverstöße also, bei denen die Ämter »nur« eine Verwarnung aussprechen. Und schwuppdiwupp gibt es nur noch um die 13 Prozent Problembetriebe.

»Einen Heul-Smiley will keiner haben«

Lutz Zengerling deutet auf den Papierstapel, der vor ihm auf dem großen, L-förmigen Schreibtisch liegt. »Kieken Se mal: Dit is ne Betriebsakte«, sagt er. Je nach Befund enthält sie Mängellisten, Verwarnungen, Bußgelder, Verfügungen über eine Betriebsschließung. »Immer das Gleiche«, seit er sich erinnern kann – ohne dass sich Wesentliches verbessert, allen Berichten und dokumentierten Mängeln zum Trotz. Zengerling ist lange schon dabei, mehr soll über ihn nicht gesagt werden, dafür sei »der Job zu gefährlich geworden«. Oft genug sah er in all den Jahren dabei zu, wie ein von seinem Amt geschlossener Betrieb an einem Tag mal schnell geputzt wurde und wieder öffnen durfte, »wohl wissend, dass es in zwei Wochen wieder so aussieht wie vorher«. Bußgelder hätten viele Unternehmer einfach »eingepreist«. Das komme sie billiger als die Kosten für ein gutes Hygienemanagement: Schulungen fürs Personal, Desinfektionsmittel, Reparaturen, immer wieder neue Utensilien. Fällt das Bußgeld einmal höher aus, werde es vor Gericht oft wieder reduziert, weil fachfremde Staatsanwälte und Richter die Vergehen als Kavaliersdelikte einstuften. Selten kommen mehr als ein paar Hundert Euro zusammen – Abschreckung geht anders.

Einmal habe Zengerling einer Richterin empfohlen, ein benutztes Schneidebrett für einige Tage auf die Heizung zu legen, um zu sehen, was mangelnde Sauberkeit anrichten kann. Ergebnis des Versuchs: Die Richterin sei beeindruckt gewesen. Und sauer, weil sie das teure Brett nur noch wegwerfen konnte. Die Justiz verändert aber hat er damit nicht. »Die lässt die Verbrecher immer loofen«, meint er. Für ihn stand fest: »Wir kommen hier so nicht weiter.«

Also führte er 2009 in Pankow ein erstes, kleines Smiley-System ein.[4,5,6] Es begann mit 39 Betrieben, die sein Veterinäramt im Internet namentlich nannte. Mitsamt Kontrollergebnis und eindrucksvollen Fotos, die dreckige Kühlschränke, Mäusekot und Schimmel zeigten. Schnell hieß die Pankower Website nur noch »Ekelliste«. Sie füllte sich und wurde hitzig diskutiert. Seitdem geht es hin und her: Erst scheiterte der Berliner Senat bei dem Versuch, Transparenzveröffentlichungen in einem Landesgesetz zu regeln. Nur mit einer solchen rechtlichen Grundlage hätten wie in Dänemark die Betriebe auch verpflichtet werden können, ihre eigenen Kontrollergebnisse an die Tür zu pinnen, doch die Zuständigkeit sah der Senat beim Bund. Ohne Gesetz waren die anderen Berliner Bezirke uneins, ob sie mit Pankow mitziehen sollten oder nicht. Ein stadtweites Vorgehen wurde abgesprochen, allerdings ohne Smiley-Symbole. Doch jeder Bezirk machte es anders. Einige veröffentlichten die Hygienesünder einfach trotzdem nicht, andere schon, aber so versteckt und mit kryptischen Angaben, dass von einem einheitlichen und erst recht von einem wirkungsvollen System keine Rede mehr sein konnte.[7] 2012 kehrte Zengerling zu seinen Smileys zurück. Bis zwei Supermärkte mit ihren Klagen 2014 die »Ekelliste« kippten: Die Richter legten unter anderem die Smiley-Symbole als eine unzulässige Bewertung aus. Um eine solche zu veröffentlichen, hätte der Bezirk eine konkrete gesetzliche Grundlage gebraucht.[8]

Doch die war ja gerade erst gescheitert, und Pankow bekam sie auch in den folgenden Jahren nicht. In ganz Deutschland diskutierte die Politik derweil über Smileys oder alternative Symbole: Verbraucherschutzministerien waren dafür, Wirtschaftsministerien dagegen. Die Länder forderten den Bund auf, mit einem Gesetz wenigstens die Möglichkeit zu schaffen, auf Landesebene Transparenzsysteme einzuführen. Das Bundeslandwirtschaftsministerium argumentierte hingegen, die Länder sollen sich doch erst mal auf ein einheitliches Modell einigen. Also passierte nichts. Viele Behörden waren froh darüber, schließlich würde ein Smiley-System nicht nur den Hygienezustand der Betriebe, sondern auch die Arbeit der Ämter transparent machen. »Davor haben die Angst«, sagt Zengerling.

Der Pankower Amtstierarzt gab nicht klein bei. »Vielleicht bin ich old school«, sagt er, »aber für die Euros, die ich überwiesen kriege, mache ich meinen Job richtig.« Die Smileys hatten sich nun mal als »schärfstes Schwert« seines Amtes erwiesen: »Einen Heul-Smiley wollte doch keiner haben. In manchen Betrieben wurden über Nacht Küchen renoviert, wo wir seit Jahren vergeblich gesagt haben: Wird aber mal Zeit!« Als die europäische Politik an einer neuen Lebensmittel-Kontrollverordnung arbeitete – einem Gesetz, das unmittelbar in allen EU-Staaten den Rahmen für die Behörden steckt –, wurde der Pankower Beamte zum Lobbyisten. Er führte zahlreiche Gespräche, schrieb Briefe. Welchen Einfluss alles hatte, weiß er nicht. Doch als die neue Verordnung kurz vor Weihnachten 2019 in Kraft trat, stand darin auch, dass Behörden eine »Einstufung« von Unternehmen aufgrund der Kontrollergebnisse veröffentlichen dürfen.[9] Zengerling erkannte darin die bislang vermisste rechtliche Grundlage für die – inzwischen dritte – Neuauflage seines Smiley-Systems. Seit Ende 2020 ist er wieder online.[10] Mitsamt den Ekelfotos von schwarz gewordenem Frittieröl, von ungekühlten Rippchen im Spülbecken und von Sushi-Röllchen, die bei fast 22 Grad gelagert werden. Und in der festen Annahme, dass sich die einmal derart öffentlich präsentierten Betriebe künftig keine solche Blöße mehr geben möchten.

»Bitte nicht nach hinten schauen«

600 Kilometer westlich von Pankow, am Niederrhein, spricht Tobias Bähner ohne Umschweife davon, dass seine Branche ein Hygieneproblem habe. »Viele machen Show für den Gast auf dem Teller, aber es darf bitte niemand nach hinten schauen«, sagt der 43-Jährige auf der Terrasse seines Restaurants. Gemeinsam mit seiner Frau betreibt er das »Renzis« in Duisburg seit elf Jahren, ein umgebauter Bauernhof an der Straße nach Moers: Hochzeitslocation, großer Biergarten, viele regionale Produkte. In diesen Jahren hat er zwar vergleichsweise wenig Kontrollen erlebt, aber so viel Erfahrung mit Transparenzsystemen gemacht wie wenige andere.

Auch Nordrhein-Westfalen hat seine Smiley-Geschichte. 2007 führte das CDU-geführte Landesumweltministerium den »NRW-Smiley« ein, rein freiwillig und ohne Internetveröffentlichung von Amts wegen: Betriebe, die bei den Hygienekontrollen gut abschnitten, konnten sich ein offizielles Smiley-Logo ausstellen lassen und an die Türe hängen.[11] Bähner war dabei und begeistert. »Ein total positives Ding«, sagt der ausgebildete Koch. »Viele Gäste haben uns darauf angesprochen. Die fanden es gut, dass wir da mitmachen.« Bähner – groß, Dreitagebart, strahlend blaue Augen, die blonden Haare zum Pferdeschwanz gebunden – setzt in seinem Restaurant auf ausgebildetes Personal, das gelernt hat, mit Lebensmitteln umzugehen, und auf ein konsequentes Hygienemanagement. Lange hatte er jedoch die »9-Euro-Schnitzelbetriebe« im Wettbewerbsvorteil gesehen, die an allem sparten, auch an der Hygiene, um günstig anbieten zu können. Mit dem Smiley-Symbol an der Tür konnte Bähner, amtlich bestätigt, ausweisen: Bei ihm wird sauber gearbeitet. »Der Smiley hat mir die Bühne gegeben, unsere Mühen und Kosten auch nach außen zu zeigen.«

Der NRW-Smiley scheiterte an seiner Freiwilligkeit. In sechs Jahren ließen sich nicht einmal 600 Betriebe auszeichnen – ein halbes Prozent der möglichen Unternehmen im Bundesland. Die anderen waren nicht etwa alle bei den Kontrollen durchgefallen, sondern es waren auch viele der Guten, die keine Smileys wollten, und so fehlte jegliche Orientierung: Hing irgendwo kein Smiley an der Tür, konnte das alles bedeuten oder nichts. Dass alles dreckig war. Dass lange nicht mehr kontrolliert wurde. Oder dass alles sauber war, der Betrieb aber kein Interesse daran hatte, sich mit dem Smiley zu präsentieren, denn wer weiß schon, ob immer alles gut läuft? Der Einfluss der NRW-Smileys auf die Hygienesituation war daher gleich null. Die Zahl der Beanstandungen blieb unverändert hoch.[12]

Das mittlerweile grün geführte Ministerium beendete den Versuch, startete 2013 ein neues Pilotprojekt in Duisburg und Bielefeld. Anstelle von Smileys zeigte ein Farbbalken in Rot, Gelb oder Grün, wie das Ergebnis ausfiel. Der wesentliche Unterschied aber war ein anderer: *Alle* Kontrollergebnisse waren jetzt per App abrufbar, ob die Unternehmen wollten oder nicht. Und siehe da: 70 Prozent der Betriebe verbesserten sich von einer Kontrolle zur nächsten.[13,14] Doch wie in Pankow stoppten Gerichte den Probelauf Ende 2016 nach Klagen mehrerer Gastwirte, auch hier fehlte ihnen die nötige Rechtsgrundlage.[15] Lange Diskussionen später einigte sich die rot-grüne Koalition schließlich auf ein Gesetz. Nach einer dreijährigen »Übergangsphase« hätte es die Unternehmen von 2020 an verpflichtet, ihre Ergebnisse per Kontrollbarometer auszuhängen.[16] Es kam nicht mehr dazu: Kurz nach Verabschiedung folgte ein Regierungswechsel, und die neue CDU-FDP-Regierung schaffte das Gesetz als eine ihrer ersten Amtshandlungen gleich wieder ab.

Das Renzis war da vom grünen fast in den gelben Bereich abgerutscht. Noch lange nicht schlecht, aber auch nicht optimal.

Ein schwieriger Tag, sagt Bähner – zwei Gesellschaften gleichzeitig, ein erkrankter Koch, es gab Fehler bei der Markierung eingefrorener Lebensmittel –, ausgerechnet da kam die Kontrolle. Er entschied sich trotzdem, das Resultat auch vor Ort den Gästen transparent zu machen. »Ey, was habt ihr denn da gemacht?«, fragten manche. Bähner nahm die Fragen als Anlass für Erklärungen. Und als Ansporn, schlechte Tage künftig zu vermeiden.

Eine Sicht, die die Gastro-Lobby nicht teilen kann. Seit jeher sperrt sich der Deutsche Hotel- und Gaststättenverband (Dehoga) gegen Smileys oder Transparenzbarometer. Bähner erinnert sich an die missbilligenden, ja bösen Blicke der Dehoga-Abgesandten, als er, selbst Mitglied im Verband, in einer Anhörung im Landtag für den Smiley warb. Sie könnten wohl nicht aus ihrer Haut, vermutet der Niederrheiner, denn die Lage sei verfahren: Der Dehoga kämpfe um jedes Mitglied, also auch um jene »9-Euro-Schnitzelbetriebe«, die es mit den Hygienevorgaben nicht so genau nähmen. Zudem kämpften die Betriebe ohnehin mit der Bürokratie, da lehnten viele jede neue Regulierung ab. Bedenken, auf deren Basis vieles »totgeredet« würde. »So kommen wir unheimlich schwer ins Machen«, meint Bähner: »Um nachhaltig etwas zu bewegen, müsste Politik den Smiley doch unterstützen. Sie kuscht aber vor den Lobbyisten und fördert das Industrielle, auf billig Ausgelegte.«

»Misstrauen« und »Kompetenzgerangel«

Die Smiley-Debatten sind symptomatisch für das deutsche Lebensmittelkontrollsystem: Es wird viel geredet, vieles zerredet – aber es kommt wenig voran. Dabei fällt es nicht schwer zu erkennen, wie verkrustet bereits die Struktur ist. Gut 400 Ämter sind zuständig für die Überwachung der mehr als 1,2 Millionen Lebensmittelbetriebe in Deutschland:[17] Winzige Kreisbehörden prüfen nicht nur kleine Bäckereien, sondern auch multinationale Konzerne, sie sollen globale Warenströme überwachen und müssen doch an der Landkreisgrenze an die nächste Behörde abgeben.

Dabei legt das Lebensmittelrecht die Verantwortung zunächst in die Hände der Unternehmen. Sie müssen Sorge dafür tragen, dass sie die Hygieneregeln einhalten, richtig kennzeichnen, dokumentieren. Die Behörden schauen, ob dies auch funktioniert. Dazu führen sie Betriebskontrollen durch, prüfen Eigenkontrollsysteme und Unterlagen, sehen nach der Hygiene, nehmen Proben und geben sie ins Labor. Hinzu kommen spezielle Kontrollen für die Tierhaltung oder für Bio-Betriebe. Zu beachten ist ein Geflecht aus übergeordnetem europäischem Recht, deutschen Gesetzen und Verordnungen sowie Verwaltungsvorschriften.

Politisch verantworten die Bundesländer die meisten Kontrollen. Mal beaufsichtigen sie die kommunalen Ämter direkt, mal haben sie dazu separate Landesbehörden installiert, mal gibt es eine mittlere Ebene aus Bezirksregierungen oder Regierungspräsidien, die auch noch mitreden. Um im Bild zu bleiben: Die Zahl der Köche ist groß, und jeder mag sein Süppchen ein wenig anders kochen. Dabei sind den politisch Verantwortlichen die Schwachstellen des Kontrollsystems sehr gut vertraut. Auf ihren Schreibtischen stapeln sich die Gutachten, besser gesagt: die Rüffel.

Der Skandal um dioxinbelastete Eier 2010/2011 gab dem Bundeslandwirtschaftsministerium Anlass, das Krisenmanagement der Behörden auf Bund-, Länder- und kommunaler Ebene ausführlich evaluieren zu lassen. Während das Gutachten der AFC Risk & Crisis Consult noch im Entstehen war, platzte mit der EHEC-Krise ein zweiter Untersuchungsfall in die laufende Arbeit, entsprechend viel war zu bewerten. Ihr bisher unveröffentlichtes Ergebnis, intern vorgelegt Anfang 2012[18], ist deutlich: Zwischen den Behörden gebe es ein gegenseitiges »Misstrauen« und »Kompetenzgerangel«, Informationen würden zu langsam und in unterschiedlichen Datenformaten weitergegeben, es fehle an Kommunikationsmitteln, wichtige Ansprechpersonen seien nicht erreichbar, wenn es darauf ankommt. »Föderale und lokalpolitische Ansprüche« würden »die effektive und effiziente Umsetzung geltenden Rechts erschweren bzw. auf ein minimales Niveau begrenzen«, es bestehe keine verbindliche Vereinbarung über Abläufe und Zuständigkeiten im Krisenmanagement, und nicht zuletzt waren die kommunalen Behörden personell und finanziell schlecht ausgestattet: Sie seien »meist nicht in der Lage«, angemessene Kontrollen in den Unternehmen durchzuführen und könnten »kriminelle Machenschaften meist nicht aufdecken«. Die Rolle des Bundes müsse daher dringend gestärkt, Verantwortlichkeiten zentralisiert und einheitliche Verfahren festgelegt werden, so der Rat.

Jede dritte Kontrolle fällt aus

Zur gleichen Zeit ging auch der Bundesrechnungshof in einem zweiten Gutachten hart mit dem Zustand der deutschen Lebensmittelüberwachung ins Gericht, mit ganz ähnlichen Einschätzungen.[19] Überregionale Unternehmen sollten doch besser vom Bund und nicht von den kommunalen Ämtern überwacht werden, hieß es da. Weil sich Bund und Länder »vielfach« nicht auf Vorgehensweisen verständigen konnten, übten die mehr als 400 Kontrollbehörden ihre Aufgaben »in sicherheitsrelevanten Bereichen uneinheitlich aus«, es bestünden »wesentliche Lücken« und »systemimmanente Schwächen« beim Krisenmanagement. Finanziell wie personell seien viele der Ämter »unzureichend« ausgestattet und »mitunter nicht in der Lage, die erforderliche Kontrolldichte einzuhalten«. Zu wenige Kontrollen als Resultat einer Sparpolitik in Gemeinden und Städten? Der Rechnungshof hatte eine einfache Lösung parat: Geben die Haushalte keine angemessene Ausstattung der Behörden her, sollten diese von den Betrieben eben Gebühren erheben.

Ins selbe Horn blies einige Jahre später, 2016, der Bayerische Oberste Rechnungshof, auf den Plan gerufen durch den Salmonellen-Skandal um die Firma Bayern-Ei. In seiner Analyse von Anfang 2016[20] legt er offen, dass die Kontrollen im Freistaat schon »seit Jahren (…) nicht im vorgeschriebenen Turnus und in der nötigen Anzahl vorgenommen« würden. Ständig verfehlten die Ämter ihre Vorgaben, und niemand brachte sie dazu, sie einzuhalten – ein allerdings nicht nur bayerisches Phänomen: Als Geschäftsführer der Verbraucherorganisation foodwatch führte ich beispielhaft für das Jahr 2018 eine umfangreiche Datenrecherche bei den gut 400 Ämtern durch. Das Ergebnis: Von den gemäß Verwaltungsvorschrift durchzuführenden Lebensmittelkontrollen fiel jede dritte aus. In einzelnen Behörden war die personelle Ausstattung so dünn, dass sie nicht einmal die Hälfte der vorgesehenen Betriebsbesuche absolvierten. Nur jedes zehnte Amt konnte sein Soll erfüllen.[21]

Inzwischen existiert zwar eine Vereinbarung zwischen Bund und Ländern für Krisenfälle, die die Zusammenarbeit in Fällen wie Dioxin oder EHEC geschmeidiger machen soll. Doch ansonsten wurde wenig von all den Vorschlägen umgesetzt. Nur das Problem der Unterbesetzung haben Bund und Länder in seltener Eintracht bearbeitet, auf ihre eigene Art: Sie schufen nicht mehr Stellen für Kontrollpersonal, sondern senkten Ende 2020 einfach die Zahl der Betriebsbesuche, die die Ämter durchführen sollen.[22] Für weniger Kontrollen reicht schließlich auch weniger Personal – und weniger Personal gab es ja bereits. Dabei waren die Kontrollen bereits zuvor über Jahre hinweg kontinuierlich ausgedünnt worden. 2019 führten die Ämter noch knapp 810 00 Betriebsprüfungen in gut 500 000 der mehr als 1,2 Millionen registrierten Lebensmittelbetriebe durch.[23] 15 Jahre zuvor waren es noch 1,2 Millionen Kontrollbesuche, fast ein Drittel mehr – und das bei weniger erfassten Betrieben.[24]

Amtstierärzte, vom Schlachthof bezahlt

Bis heute gilt: Widmet sich ein Gutachten dem System der Lebensmittelkontrollen, werden eigentlich immer erhebliche Schwächen offenbar. Im März 2020 ließ die Europäische Kommission die deutschen Kontrollen bei Fischprodukten bewerten. Das »Auditteam« war ausweislich seines Berichts[25] offenbar einigermaßen entsetzt über das, was es beispielhaft in Niedersachsen und Schleswig-Holstein zu sehen bekam. In drei von acht stichprobenhaft besuchten Betrieben stieß es auf »gravierende Hygienemängel« – obwohl diese regelmäßig amtlich geprüft worden waren. Sie müssen ein Bild des Grauens abgegeben haben: Verschmutzte Umkleideräume, Holzsplitter auf Produktabdeckungen, kein Hygienekonzept, fehlende Eigenkontrollen bei lebensbedrohlichen Keimen wie Listerien, und aus Rohren tropften Flüssigkeiten und Schmierstoffe in Abfüllanlagen für Lebensmittel – nichts von alledem war bei den amtlichen Kontrollen bemängelt worden. Einer der Unternehmer sei sich »in keiner Weise seiner Verantwortung für die Lebensmittelsicherheit« bewusst gewesen und »bestritt diese« sogar, trotz jahrelangen Kontakts zur Behörde. Am Überwachungssystem die übliche Kritik: »zu wenig« Personal, weshalb die »vorgesehenen Kontrollfrequenzen unterschritten« würden, eine »meist oberflächliche Fachaufsicht«, die, angeblich »aus Datenschutzgründen«, keinen regelmäßigen Zugriff auf Kontrollberichte hatte. In mehreren Ämtern führte zudem »ein und dieselbe Person« seit mehr als 20 Jahren »praktisch alle amtlichen Kontrollen im Fischereisektor durch«, obwohl eine Rotation im Sinne der Unabhängigkeit zwingend vorgeschrieben ist – ein klarer Verstoß der Behörden gegen Vorschriften des Verbraucherschutzes.

Wenige Monate zuvor, Ende 2019, hatte die Europäische Kommission in einem weiteren Audit bereits die deutschen »Systeme zur Kontrolle der Lebensmittelsicherheit« in der Rindfleischproduktion auseinandergenommen:[26] Aufgrund der unzureichenden Zusammenarbeit und des mangelhaften Informationsaustauschs zwischen den vielen Behörden sei nicht gewährleistet, dass die amtlichen Kontrollen wirksam sind. Sie böten »keine Garantien«, dass die speziellen Hygieneanforderungen in Schlachthöfen, »wie beispielsweise die Durchführung von Verfahren zur Gewährleistung der Sauberkeit der Tiere«, effektiv umgesetzt würden. Und auch dieser Auditbericht weist auf Probleme in der Personalstruktur der Ämter hin. In ihrer Personalnot schickten manche Behörden niedergelassene Tierärzte als Amtsveterinäre in die Schlachthöfe. Dort überwachten sie zum Teil die Schlachtung derselben Tiere, die sie als niedergelassene Veterinäre in den Bauernhöfen behandelt hatten – und manchmal werden sie für ihre Kontrolltätigkeit nicht vom Amt, sondern direkt von den Schlachtbetrieben bezahlt. »Die wissen oft gar nicht mehr, für wen sie arbeiten«, sagt Holger Vogel, Präsident des Bundesverbands der beamteten Tierärzte. Er hält den Auditbericht für »die Bankrotterklärung der amtlichen Fleischuntersuchung«.

Und tatsächlich: Als Mitte 2021 die Staatsanwaltschaft Anklage im Fall eines Schlachthofs im niedersächsischen Bad Iburg erhob, in dem nicht nur Tiere gequält, sondern auch bereits tot angelieferte Rinder »geschlachtet« und ihr Fleisch verkauft worden sein soll, ging es um ein solches Konstrukt: Niedergelassene Veterinäre, die vom Amt in den Betrieb geschickt wurden und die die mutmaßlichen Rechtsverstöße nicht geahndet haben sollen.

Die Bio-Branche ist von den Kontrolldefiziten nicht ausgenommen. Hier gibt es neben den üblichen Lebensmittel- noch die Ökokontrollen, die Prüfung also, ob Bauernhöfe wie Industrieunternehmen die speziellen Vorgaben für Bio-Produkte einhalten. Fragwürdig ist bereits die Organisation dieser Kontrollen: Obwohl das Bio-Siegel staatlich ist, sind sie abgegeben an die privatwirtschaftlichen Öko-Kontrollstellen. Natürlich machen auch sie die Ergebnisse ihrer Prüfungen nicht öffentlich, doch das grundlegende Problem entsteht schon vorher: Die Bio-Betriebe sind in der bemerkenswerten Lage, sich selbst aussuchen zu dürfen, wer sie kontrolliert. Sie können sich einfach eine der Öko-Kontrollstellen herauspicken. Die knapp 20[27] Ersatz-Behörden konkurrieren also miteinander um jeden einzelnen Betrieb. Es sind gewinnorientierte Gesellschaften, deren Geschäft floriert, wenn möglichst viele Bio-Unternehmen sich von ihnen statt bei der Konkurrenz überprüfen lassen.[28] Der Interessenkonflikt ist offensichtlich: Je strenger ihre Kontrolle ausfällt, umso unattraktiver könnte eine Öko-Kontrollstelle in den Augen der Begutachteten erscheinen. Das ist nicht nur ein Fehlanreiz, sondern steht klar im Widerspruch zum Prinzip unabhängiger Kontrollen.

Stammen Bio-Produkte von außerhalb der EU, sollen Einfuhrkontrollen sowie Prüfstellen in den Drittländern dafür sorgen, dass die europäischen Öko-Standards eingehalten werden. Hier war es der Europäische Rechnungshof, der sich 2019 nicht richtig glücklich darüber zeigte, wie das läuft.[29] Seinem Sonderbericht zufolge fehlte ein geeignetes System zur Prüfung der Kontrollstellen außerhalb der EU, und es haperte an der vorgeschriebenen Rückverfolgbarkeit. Der Sektor ist betrugsanfällig: Bio-Ware lässt sich teurer verkaufen als konventionelle Lebensmittel, und selbst das beste Labor kann der Gurke nicht nachweisen, ob sie eine »Bio-Gurke« ist. Umso wichtiger ist es, die Herkunft nachvollziehen zu können. Für seinen Test forderte der Rechnungshof die Behörden in 18 EU-Staaten sowie die Europäische Kommission auf, innerhalb von drei Monaten die Erzeuger von mehr als 100 Bio-Lebensmitteln zu ermitteln und für alle an der Produktion beteiligten Unternehmen das nötige Öko-Zertifikat vorzulegen. Waren Unternehmen von außerhalb der EU beteiligt, scheiterten die Behörden in vier von zehn Fällen. Selbst wenn nur Unternehmen desselben EU-Landes beteiligt waren, gelang es ihnen in 17 Prozent der Fälle nicht. Doch wer nicht weiß, woher ein Lebensmittel kommt, kann auch nicht prüfen, ob dort die Bio-Standards eingehalten wurden.

Alle Jahre wieder

Das Ritual nach solchen Audits ist fast immer dasselbe: Die Kritisierten, vor allem Bundes- oder Länderministerien, benennen auf Anfrage, was sie nicht alles unternommen hätten, um die Kontrolle zu verbessern. Es folgt, einige Jahre später, das nächste Audit – und siehe da, die bemängelten Probleme sind im Kern dieselben geblieben. Würden die Rechnungshöfe ein Gutachten über die Effizienz ihrer eigenen Gutachtertätigkeit im Bereich der Agrar- und Lebensmittelkontrollen machen, sie müssten sich selbst empfehlen, das mit den Audits künftig besser sein zu lassen: viel Aufwand, aber wenig Nutzen. Ihre noch so dringlichen Ratschläge verhallen meist ungehört.

Das nervt auch diejenigen, die die Kontrolle kontrollieren sollen. Manchmal lassen sie dies durchblicken. Wie der Bayerische Oberste Rechnungshof (ORH), als dieser sich im Frühjahr 2021, fünf Jahre nach einem früheren Bericht, abermals zur Überwachung der Schweinehaltung im Freistaat einließ, bei der es – wider besseres Wissen – einfach nicht voranging.[30] »Der ORH hatte dem [bayerischen] Verbraucherschutzministerium schon 2016 […] dringend ans Herz gelegt, die schon damals festgestellten Kontrolldefizite bei schweinehaltenden Betrieben zu beheben – wie sich nun zeigte: vergeblich.« Bayern verfehle die zum Seuchenschutz vorgeschriebenen Kontrollquoten in Schweinehaltungen, viele Betriebe seien von den Behörden gar nicht erst erfasst. »Die Vorgaben sind eindeutig – doch die Umsetzung lässt sehr zu wünschen übrig«: So klingt es, wenn der Rechnungshof der Staatsregierung die Leviten liest bei »derartigen Kontrolldefiziten hinsichtlich Tierschutz und Tiergesundheit«.[31] Nur: Weshalb sollte es bei der nächsten Prüfung anders sein?

Die Tierschutzkontrollen sind als weiteres Problemfeld schließlich längst bekannt. Schlecht ausgestattete Ämter, fachliche Schwächen, keine Anreize zur Verbesserung – die Mängelliste ist lang. Bei den Kontrollbesuchen auf den Bauernhöfen geht es nicht um Hygiene und Lebensmittelsicherheit, vielmehr schauen die Behörden, ob die Tierschutzbestimmungen eingehalten werden. Ihre Kontrollen sind schon allein deshalb wenig effektiv, weil sie nur äußerst selten stattfinden.

Ein förmlicher Antrag nach dem Informationsfreiheitsgesetz an das Bundeslandwirtschaftsministerium hilft, den Bereich ein wenig auszuleuchten. Drei Monate nach Antragstellung liegen Daten vor. Demnach hatten die Behörden in Deutschland im Jahr 2019 gerade einmal gut 6 Prozent der kontrollpflichtigen Betriebe überprüft, im Jahr zuvor lag die Kontrollquote auf gleich niedrigem Niveau. Wer Gänse oder Enten hielt, konnte praktisch sicher sein, nicht von Amts wegen in Sachen Tierschutz behelligt zu werden.

2018 hatte die Bundesregierung in ihrer Antwort auf eine Anfrage der FDP-Fraktion[32] bereits offengelegt, wie selten ein Betrieb mit sogenannten Nutztierkontrollen zu rechnen hat: alle sieben Jahre etwa im Saarland, das unter den Flächenländern damit noch am besten dasteht. In NRW dauert es für einen Betrieb fast 15 Jahre bis zur nächsten Kontrolle, in Niedersachsen 21 – und in Bayern schauen die Ämter nur alle 48 Jahre in einen Betrieb. Viele Bäuerinnen und Bauern dürften also ihr ganzes Berufsleben lang noch nie einen Amtskontrolleur auf dem Hof gesehen haben, der nach dem Tierschutz schaut.

»Nicht geeignet, messbare Änderungen zu bewirken«

Nicht nur die Häufigkeit der Kontrollen ist gering, auch ihre Durchschlagskraft. Denn trotz der wenigen Kontrollen stießen die Ämter durchaus auf vieles, was so nicht sein sollte. Die Unterlagen, die das Bundesministerium auf Antrag zur Verfügung stellt, listen detaillierte Verstöße gegen Tierschutzvorgaben auf: zu viele Tiere auf zu wenig Platz, Verstümmelungen, fehlerhafte Dokumentation. In etwa jedem vierten kontrollierten Betrieb (22 Prozent im Jahr 2019, 28 Prozent im Jahr davor) bemängelten die Behörden Tierschutz-Verstöße. Besonders oft bei Schweinehalter:innen, wo jeder dritte kontrollierte Betrieb auffällig war. Insgesamt, über alle Tierarten gerechnet, waren die entdeckten Verstöße gegen Tierschutzvorgaben 2019 in mehr als 1 800 Fällen so schwerwiegend, dass die Ämter sofort ein Ordnungswidrigkeits- oder Strafverfahren einleiteten, in 2018 immerhin mehr als 1 500 Mal. Nur: Wie wollen die Ämter einen Anreiz zur Verbesserung schaffen, wenn bis zur nächsten Kontrolle Jahre vergehen?

Die Quoten lassen sich nicht einfach auf die Gesamtzahl der Bauernhöfe hochrechnen: Die Ämter kontrollieren risikobasiert, schauen also eher dorthin, wo es bereits Hinweise auf Mängel gibt. Wie effektiv Kontrollen sind, entscheidet sich jedoch an einer anderen Frage: Wirken sie abschreckend, können sie Gesetzesverstöße also präventiv verhindern und die einmal amtlich festgestellten Mängel für die Zukunft abstellen? Genau daran hapert es, wie nicht nur die auf gleichbleibendem Niveau verharrenden Beanstandungsquoten belegen. So befand es auch die Europäische Kommission, die im Oktober 2019 abermals ein »Audit-Team« nach Deutschland sandte, um sich die Tierschutzkontrollen näher anzusehen. Es sollte ermitteln, ob die zuständigen Behörden »ein strategisches Konzept für die Durchsetzung der Vorschriften der Europäischen Union verfolgen, ob die Kontrollen anhand von Grundsätzen des ›Qualitätsmanagements‹ erfolgen und ob Tierschutzindikatoren zur Messung des Schweregrades, des Ausmaßes und der Dauer von Tierschutzproblemen eingesetzt werden«. Das Fazit des Prüfteams ist nicht gerade in der Sprache der Diplomatie abgefasst: Die Behörden folgten »einer operativen Routine«, kontrollierten und dokumentierten also, wie sie das immer taten – ihr Ansatz umfasse aber »weder Zielvorgaben, Indikatoren oder Fortschrittsmessungen noch eine Prioritätensetzung von Kontrollen oder Mittelzuteilung«, weshalb er »nicht dazu geeignet ist, messbare Änderungen zu bewirken«.[33]

Auf 19 Seiten listet das Prüfteam Mangel um Mangel auf. Die deutschen Behörden führten, obwohl rechtlich vorgeschrieben, »keine wirksamen Kontrollen zur Umsetzung« eines Aktionsplans zur Verhütung des Schwanzbeißens bei Schweinen durch, sie hätten »keine konkreten Maßnahmen unternommen, um die Einhaltung der Bestimmungen« sicherzustellen. Insgesamt würde überhaupt »nicht analysiert«, warum es in manchen Bereichen so viele auch schwere Verstöße gibt »und was zu ihrer Korrektur unternommen werden kann und sollte«. Vor allem aber vermissten die EU-Abgesandten jegliche Stoßrichtung für die amtlichen Tierschutzkontrollen in Deutschland: Um wie viel und bis wann soll der Anteil von Schweinen mit kupierten Schwänzen oder der von lahmenden Rindern reduziert werden? Weder eine Strategie noch irgendwelche Zielvorgaben gebe es. Zwar biete das deutsche Tierschutzgesetz alle Möglichkeiten, die Qualität der Tierhaltung durch messbare »Tierschutzindikatoren« zu überprüfen. Es fehlten jedoch bereits Vorkehrungen zur Erfassung dieser Indikatoren. Wenn es aber »unmöglich« sei, die Einhaltung der Bestimmungen zu überprüfen, so seien auch »die Bestimmungen nicht durchsetzbar«, folgerte der Bericht in schlüssiger Logik.

Die Juristin Annabelle Thilo untersuchte in ihrer Dissertation[34] das Agieren der Veterinärämter ausgehend von aktuellen Strafverfahren. Die Arbeit ist nichts für schwache Nerven. Weniger aufgrund der recht komplexen rechtlichen Materie, sondern weil sie Bilder aus den Akten der Staatsanwaltschaften zeigt, die anschaulich machen, um welche Fälle es hier geht: Zu sehen ist ein Tier mit madenbefallenem, offenem Geschwür, ein Rind mit in den Nacken eingewachsener Halskette aus extrem kurzer Anbindehaltung, ein Schwein mit gewaltigem Abszess am Ohr.

Thilo beschreibt ein folgenreiches »Vollzugsdefizit« bei den amtlichen Kontrollen. Selbst bei schweren Tierschutzverstößen träfen die Behörden oftmals keine Anordnungen gegen die Betriebe. Oder es kommt nur zu mündlichen Aufforderungen, die Mängel abzustellen, nicht zu schriftlichen Verwaltungsverfahren. Nachkontrollen fänden oft nicht statt, Tierhaltungsverbote würden kaum ausgesprochen. Es sind besonders krasse Fälle, die die Juristin untersucht. Doch was sie zeigt, ist symptomatisch: Mögen die Zustände noch so unerträglich sein und die Ämter davon wissen – dass die Missstände abgestellt werden, bedeutet dies noch lange nicht. Ein Teil des Problems, wie Thilo analysiert:

Die Mitwisserschaft der Behörden hat selten ernsthafte Folgen für die Verantwortlichen. Praktisch alle ausgewerteten Strafverfahren gegen Amtstierärzt:innen wurden eingestellt.

»Die Betriebe kontrollieren sich selbst«

Das Sterben beginnt in gedämpftem Licht, mit einigen grünen Lampen und mit dem Klang von Panflöten. Im »Wartestall«, einer großen Betonhalle, verbringen die Schweine so ihre letzten eineinhalb Stunden. Im Lastwagen angeliefert und von Amtstierärzten begutachtet, sollen sie sich erst einmal beruhigen. Dazu tönt aus Lautsprechern leise Musik, und während sich für Rinder kurz vor der Schlachtung NDR 1 bewährt haben soll, was vielen Kühen offenbar aus dem Melkstall bekannt vorkommt, setzt der Tönnies-Konzern bei Schweinen auf sanftere Melodien. Panflöte also, immer wieder durchbrochen von Grunzgeräuschen und dem Klappern der Rasseln, mit denen die Tiere durch die Gänge getrieben werden, wenn es für sie an der Zeit ist.

Der Tönnies-Hauptstandort im nordrhein-westfälischen Rheda-Wiedenbrück ist der größte Fleischbetrieb Europas, eine gewaltige Fabrik. In zwei Schichten schlachten und verarbeiten 5000 Beschäftigte hier unvorstellbare 20 000 Schweine – jeden Tag, sechs Tage die Woche. Der Wartestall steht am Anfang einer durch und durch rationalisierten Kette von Arbeitsschritten, von denen jeder nur wenige Sekunden dauert, bis am Ende Minutensteaks oder Hackfleisch in Plastikschalen liegen und zu den Discountern der Republik transportiert werden.

Ihre letzten Schritte führen die Schweine in kleinen Gruppen in eine Art Paternoster. Er fährt sie neun Meter in die Tiefe, wo sie zwei Minuten lang mit CO_2 betäubt werden. Wieder oben angekommen, kippt eine automatische Klappe die regungslosen

Tiere auf ein Band. Jetzt geht alles schnell: Nur Augenblicke später hängen sie, eine Kette um den Hinterfuß, kopfunter an Rollbahnen unter der Hallendecke, die sie zur eigentlichen Schlachtung befördern. Ein gezielter Stich in die Halsschlagader, und in einem Strahl strömt das Blut aus ihnen heraus, die jetzt keine Tiere mehr sind, sondern Schlachtkörper. Als solche werden sie, um Dreck und Borsten zu entfernen, gebürstet, geschabt, gebrüht, geflammt und poliert. Jeder Schlachtkörper wird mit einer Nummer versehen, gespeichert auch auf einem Chip in den Eisenbügeln, an denen er, nun mit Haken durch beide Hinterfüße aufgehängt, weiterfährt durch das laute Klopfen, Rattern und Surren der Fabrik. An jeder Stelle lässt sich damit verfolgen, um welches Tier von welchem Landwirt es sich handelt.

Wer sich durch den Betrieb bewegt, muss sich dem Rhythmus der hin und her schwingenden Schlachtkörper anpassen. Mal führen die Wege unter ihnen durch, mal kreuzen sie die Richtung der Rollbahnen, sodass es erst weitergeht, wenn zwischen zwei Schweinen eine kurze Lücke entsteht. Von Hand schlitzen Beschäftigte sie auf, entnehmen die Organe, bevor ein gewaltiger Sägeroboter die Körper in zwei Hälften teilt. An ihren Bügeln rollen sie, nur noch an der unten baumelnden Schnauze zusammenhängend, weiter. Bis zum zweiten Teil der amtlichen Kontrolle: der Fleischbeschau.

Im ersten Schritt hatten Amtstierärztinnen und Amtstierärzte bei der Anlieferung den Gesundheitszustand der Schweine begutachtet und die Freigabe zur Schlachtung erteilt. Jetzt geht es darum, ob ihr Fleisch bedenkenlos zu essen ist. In zwei parallelen Linien sind gut zehn Meter des Schlachtbandes dafür vorgesehen: In der Mitte rollen die Schweinehälften vorbei, auf Bühnen zu beiden Seiten stehen Menschen in weißen Kitteln. Das Logo des Landkreises Gütersloh auf der Brust weist sie als Fachassistent:innen der für Tönnies zuständigen Kontrollbehörde aus.

Alle fünf Sekunden kommt ein neuer Schlachtkörper. In dieser kurzen Zeit müssen die Amtsleute, jede:r für ein Teilstück, prüfen, ob es Grund zur Beanstandung gibt. Ein Monitor zeigt ihnen automatisch die Schlachtnummer des Tieres an, mit einem Fingertipp können sie Befunde eingeben: »Hals blutig/Hämatom« zum Beispiel, »Krüppelohr« oder »Brustfellentzündung«. Bei schwereren Befunden schleust die Technik die Bügel automatisch in eine separate Ecke der Halle aus, wo eine Amtstierärztin das Fleisch genauer in Augenschein nimmt und entscheidet, was für den Verzehr geeignet ist und was entsorgt werden muss.

Es folgen die letzten beiden Kontrollstufen. Auf einer weiteren Bühne stehen zwei Frauen und zwicken mit einer Zange kleine Stücke aus dem Zwerchfellpfeiler der vorbeifahrenden Körper. Die Proben werden gesammelt und später im Labor auf Trichinen untersucht – winzige Fadenwürmer, die eine schwerwiegende Erkrankung auslösen können, in den deutschen Fleischbetrieben aber seit Jahren praktisch nicht mehr nachgewiesen wurden. Zuletzt versehen, einige Meter weiter, wiederum zwei Frauen die Schlachtkörper mit einem Stempel, dem sogenannten Genusstauglichkeitskennzeichen: Es ist die amtliche Bestätigung, dass das Fleisch für den Verzehr geeignet ist und weiter in Richtung Zerlegung darf. Anders als bei der Fleischbeschau ist auf die Kittel der vier Mitarbeiterinnen kein Logo des Landkreises Gütersloh gestickt. Obwohl die Probenentnahme und das Stempeln zu den gesetzlich festgelegten Aufgaben der Behörden gehören, übernehmen es Angestellte von Tönnies. Und nicht nur die: In zahlreichen Schlachthöfen Europas ist Betriebspersonal in die amtlichen Kontrolltätigkeiten eingebunden. Was hat es damit auf sich?

»Wes Brot ich ess, des Lied ich pfeif«

»Amtliche Kontrollen sollten von Personal durchgeführt werden, das unabhängig ist«, gibt eine EU-Verordnung vor.[35] Als wäre dies kein Widerspruch, überlässt es dieselbe Verordnung den Behörden, »Aufgaben im Zusammenhang mit amtlichen Kontrollen« an vorher geschultes »Personal von Schlachtbetrieben« zu übertragen. Holger Vogel, der Präsident des Bundesverbandes der beamteten Tierärzte und Leiter des Veterinäramts im Kreis Vorpommern-Greifswald, sieht dies als Teil eines kritischen Trends: »Die Kontrolle wird den Ämtern zunehmend entzogen. Die Betriebe kontrollieren sich selbst«, sagt er. Zwar sei es kein Problem, die Firmenleute ausreichend zu schulen. »Aber Fakt ist doch: Wes Brot ich ess, des Lied ich pfeif.«

Dass Schlachthofpersonal bei den Kontrollen mitmischt, dürfte außerhalb der Branche weitgehend unbekannt sein, erlaubt ist es schon lange. Mit Inkrafttreten einer neuen Kontrollverordnung Ende 2019 weitete die EU die Möglichkeiten noch einmal aus. Ein Informationsantrag bei der Europäischen Kommission fördert seitenweise Lobbybriefe aus jener Zeit zutage, in der die Regelungen neu gefasst wurden. Sie zeigen, wie umstritten diese Entwicklung schon im Gesetzgebungsverfahren war. In Stellungnahmen hatte die Dachorganisation der europäischen Tierarztverbände das eigentlich Selbstverständliche eingefordert: dass amtliche Kontrollen von den Ämtern durchgeführt werden. Sie drängte auf eine ständige Anwesenheit der Amtsveterinär:innen in den Schlachthöfen. Dies wäre ein »großes Hindernis« für die Rentabilität kleinerer ländlicher Schlachthöfe, vor allem in Frankreich und Belgien, hielt insbesondere der Verband der ländlichen Geflügelbetriebe Europas dagegen. Die europäischen Gesetzgeber hörten darauf, Wirtschaftsinteressen setzten sich durch.

Seitdem gilt, dass bei »rotem« Fleisch das Schlachthofpersonal nicht nur Proben nehmen und stempeln, sondern auch bei der Fleischbeschau zum Einsatz kommen darf. In der Geflügel- und Hasenschlachtung darf es sogar bei der Lebendbeschau mitwirken. Mit einer kleinen Umformulierung brachte die neue Verordnung zudem eine wesentliche Änderung: Mussten die Kontrollen bisher unter der »Aufsicht« von Amtstierärzt:innen erledigt werden, liegen sie fortan nur noch in deren »Verantwortung« – was bedeutet: Sie müssen nicht mehr vor Ort sein. Es reicht, wenn das Amt Hilfskräfte schickt, sogenannte Fachassistent:innen. »Das ist der Knackpunkt. Der Amtstierarzt soll am Ende unterschreiben, aber er sieht gar nicht mehr, was passiert«, kritisiert Verbandschef Vogel. Kein Wunder also, dass sich die Bundesregierung von der neuen Verordnung eine Entlastung der Behörden verspricht. Ob es dem Tier- oder Verbraucherschutz dient, ist eine andere Frage.

Wie stark wird diese Möglichkeit in Deutschland genutzt – und warum? Eine aufwendige Recherche ist nötig, um das zu erfahren. Im April 2021 stelle ich stichprobenhaft 50 förmliche Auskunftsanträge bei den Kontrollämtern der größten Geflügel- und Schweineschlachthöfe des Landes. Manche antworten schnell, andere verweigern sich. Es folgen E-Mails, neue Anfragen, Telefonate mit Schlachthofbetreibern und Pressestellen. Mehr als fünf Monate soll es dauern, bis alle Antworten vorliegen. Das Ergebnis: 13 der 50 Behörden geben an, dass sie in insgesamt mehr als 20 Schlachthöfen Aufgaben im Zusammenhang mit den amtlichen Kontrollen an Betriebspersonal oder von den Unternehmen beauftragte Dienstleister delegieren, vor allem in Nordrhein-Westfalen und Niedersachsen, wo ein Großteil der Fleischindustrie angesiedelt ist.[36] Besonders in der Schweineschlachtung ist es verbreitet, dass Firmenbeschäftigte wie bei Tönnies Proben entnehmen und den Genusstauglichkeitsstempel anbringen. Amtstierärzte-Präsident Vogel sieht das skeptisch: »Das ist wie ein amtliches Gütesiegel, das sich die Betriebe dann selbst verleihen«, sagt er. »Und wenn sich die Amtsleute umdrehen, ist ein vorher als untauglich eingestufter Schlachtkörper mal eben tauglich gekennzeichnet.«

Läuft es wie bei Tönnies, ist solcher Betrug allerdings praktisch ausgeschlossen – die beiden Tönnies-Frauen stempeln im Akkord, sie stehen weit entfernt von den aussortierten Schlachtkörpern und bekommen überhaupt nur die vom Amtspersonal bereits als tauglich Eingestuften zu sehen.

Es kommt also darauf an: Wie sind die Abläufe im Schlachthof organisiert, wodurch wird in den einzelnen Betrieben die Unabhängigkeit der Kontrollen sichergestellt? Wer dazu Fragen stellt, stößt auf unterschiedlichste Reaktionen. Einige der Schlachthöfe zeigen sich zugeknöpft – wie die Goldschmaus-Gruppe, die in Garrel (Kreis Cloppenburg) eigene Leute für das Stempeln und die Probennahmen einsetzt. Auf Anfrage bescheinigt sich das Unternehmen selbst, dass die Unabhängigkeit »gegeben« sei, verweigert jedoch Antworten auf konkrete Fragen, ebenso der Westfleisch-Konzern. Manche Schlachthöfe reagieren auf Anfragen gar nicht, andere dagegen ausführlich, laden zur Betriebsbesichtigung ein, so die Familienunternehmen Steinemann und Brand, die Konzerne Vion und Tönnies.

Aus den Gesprächen und schriftlichen Auskünften fügt sich ein Bild zusammen. Demnach hilft das seltsame Konstrukt Behörden und Unternehmen gleichermaßen, vor allem, weil der Personalmangel die öffentlichen Verwaltungen fest im Griff hat. Viele Ämter tun sich schwer, Hilfskräfte für die Schlachthofkontrollen zu finden und die geforderte Variabilität an den Tag zu legen: Die Arbeitszeiten sind schwierig, es ist kalt und feucht, oft herrscht ein rüder Umgangston. Zudem verlagern die Firmen immer wieder ihre Standorte, fahren die Kapazitäten rauf und runter, während die meisten Beschäftigten im öffentlichen Dienst nicht einfach hin- und weggeschickt werden können. Die Behörden behelfen sich mit flexibleren Tarifverträgen, bei denen das Arbeitsverhältnis an den Schlachthof gebunden ist: Macht er dicht, fällt auch die Fachassistenz-Stelle weg. Und einige lassen Aufgaben eben von den Unternehmen erledigen. Diese profitieren davon nicht nur, weil die für die Kontrollen erforderlichen Personen dadurch zuverlässiger greifbar sind, sondern auch finanziell. Denn die Behörden stellen ihren Personaleinsatz bei den Schlachthofkontrollen in Rechnung. Auf die Sätze hat das Unternehmen keinen Einfluss – auf eigene Löhne schon. Die Kontrolle durch die eigenen Beschäftigten ist deutlich billiger.

Vion nennt den Kostenvorteil offen als einen Grund für die Praxis. Ein Sprecher geht davon aus, etwa 15 Prozent unter der amtlichen Bezahlung zu liegen. Andere Schlachthöfe schätzen den Kostenvorteil noch größer ein. So sind es mal die Ämter, mal die Unternehmen, die die Einbindung von Betriebspersonal anstoßen. Kurzfristig hilft das gegen Engpässe, langfristig eher nicht. Nachdem der Vion-Schlachthof im brandenburgischen Perleberg begann, die Trichinenproben mit eigenen Leuten zu nehmen, sparte der Landkreis Prignitz einen Arbeitsplatz in seinem Veterinäramt ein. Die personelle Ausstattung der Behörden profitiert von der Praxis also nicht.

Für Missbrauch immerhin gibt es wenig Raum, wenn die Abläufe gut organisiert sind. Welcher Schlachtkörper tauglich ist, entscheiden Amtsleute, die untauglichen werden ausgeschleust und sofort überall mit einem Untauglichkeitsstempel versehen, erläutert Aron Steinemann, Prokurist der Steinemann-Gruppe. Niko Brand, Chef der Brand Qualitätsfleisch GmbH, ergänzt, dass es auch digitale Vermerke für die untauglichen Tiere gebe, deren Entsorgung er nachweisen müsse. Und auch wenn die Trichinenproben vom eigenen Personal genommen werden, untersucht werden sie im amtlichen Labor. Die Statistik weist für Deutschland zudem nahezu keine Erkrankungsfälle aus.

Allerdings delegieren die Behörden bisher längst nicht alles an die Betriebe, was sie delegieren dürften. Gerade in der Geflügelschlachtung, wo die rechtlichen Möglichkeiten bei der Einbindung von Betriebspersonal am weitesten reichen, schöpfen sie noch nicht aus dem Vollen. So bleibt, obwohl auch anders möglich, beim Branchenführer PHW (»Wiesenhof«) die Tier- und Fleischuntersuchung dem Amtspersonal vorbehalten. Allein am Standort Lohne leisten Konzernbeschäftigte unter amtlicher Aufsicht Hilfsarbeiten bei der »Vorselektion von geschlachteten Tierkörpern mit Schlachtschäden«, Entscheidungsbefugnisse haben sie keine. Am weitesten geht der Landkreis Oldenburg bei Heidemark in Ahlhorn, dem größten Puten-Schlachthof Europas: Bei eigenen Engpässen gestattet die Behörde dem Unternehmen, eigenes Personal bei der verbraucherschutzrelevanten Fleischkontrolle einzusetzen. Am Anfang der »Fleischbeschaustraße«, wie das Amt betont, sodass deren Arbeit danach noch durch Amtsleute überwacht werden könne.

Doch wie lange bleibt es bei dieser Zurückhaltung? Ist es nur eine Frage der Zeit, bis die Unternehmen auch die Fleischbeschau mit ihrem Personal übernehmen und die Behörden weitere Stellen abbauen? Dass diese Möglichkeit seit Ende 2019 nicht nur für Geflügelbetriebe besteht, sondern auch in der Schweineschlachtung, ist den Unternehmen nicht entgangen. »Wir sprechen mit den Behörden darüber«, sagt Gereon Schulze-Althoff, Tierarzt und Leiter des Qualitätsmanagements bei Tönnies, »ich will das für die Zukunft nicht ausschließen.« Entscheidend ist aus seiner Sicht jedoch nicht, wer die Kontrolltätigkeiten durchführt, sondern wie gut diese durch das Amt überwacht würden.

Für Amtstierärzte-Präsident Vogel liegt das Problem in der Tendenz hin zu einer Selbstkontrolle der Betriebe. Je weniger die

Amtstierärzte vor Ort sind, umso anfälliger werde die Kontrolle. Dann blieben die Putenhoden oder Karkassen von Puten trotz Serositis [Entzündung der Haut] »eben mal drin und werden zu Separatorenfleisch verarbeitet«, befürchtet er. »Wir werden nicht den totalen Crash erleben, aber das ist eine schleichende Erosion des amtlichen Kontrollsystems.«

Von Kläranlagengeruch und Mäusekot

Diesem Kontrollsystem geht – ganz anders als der Fließbandproduktion bei Tönnies – vor allem eines ab: die Effizienz. Besonders fatal ist das, wenn es überlastete oder überforderte Behörden mit Unternehmen zu tun haben, die unfähig oder unwillig sind, sauber zu arbeiten. Dann kommt es zum GAU, wie beim 2019 bekannt gewordenen Skandal um den hessischen Wurshersteller Wilke, dessen bakterienbelastete Produkte mit Todesfällen in Zusammenhang gebracht werden. Ein Fall, der wie unter dem Brennglas zeigt, was passieren kann, wenn so ziemlich alles schiefgeht, was die Schwachstellen des Kontrollsystems hergeben.

Es gibt eine bemerkenswerte Aussage von Reinhard Kubat, dem damaligen Landrat des für die Kontrolle von Wilke zuständigen Landkreises Waldeck-Frankenberg. Die Geschehnisse hätten »deutlich gemacht«, schrieb er in einen Bericht, »dass wir dort an unsere Grenzen stoßen, wo seitens der zu kontrollierenden Betriebe keine wirkliche Offenheit und Kooperationsbereitschaft besteht – oder wo sogar Einzelne mit durchaus krimineller Energie handeln«.[37] Das ist nichts anderes als eine Kapitulationserklärung: Der Kontrolleur erklärt, Recht und Gesetz nicht durchsetzen zu können, wenn die zu kontrollierenden Betriebe nicht mitmachen wollen. Doch für wen, wenn nicht just für solche unwilligen Betriebe, braucht es die Kontrollen? In solchen Unternehmen und nicht bei den Routinekontrollen in der Mehrheit der im Großen und Ganzen sauber arbeitenden Betriebe entscheidet sich doch, ob ein Kontrollsystem taugt und Menschen zuverlässig zu schützen vermag.

Dass sein Veterinäramt so schwach agierte, hatte Landrat Kubat freilich mitzuverantworten. Wie viele andere war es dünn besetzt, führte erheblich weniger Kontrollen durch als vorgesehen, auch bei Wilke.[38] Trotz der personellen Engpässe fielen die baulichen und hygienischen Mängel in der Wurstfabrik bei den Kontrollen durchaus auf. Sie sind in zahlreichen Berichten dokumentiert, wieder und wieder. Was fehlte, war ein stringenter Vollzug. Auch da ist Waldeck-Frankenberg kein Einzelfall: Vielen Behörden fehlt nicht nur das Kontroll-, sondern auch das Verwaltungspersonal, das konsequent förmliche Verwaltungsverfahren eröffnet, sobald ein Verstoß gegen Hygiene- oder andere Vorgaben bekannt ist. Das den Unternehmen schriftliche Anordnungen schickt, die Mängel zu beheben, das Fristen setzt, Nachkontrollen durchführt, schließlich Zwangs- und Bußgelder verhängt, wenn nichts passiert.

Nachdem der Landkreis das Wilke-Werk Anfang Oktober 2019 dichtgemacht hatte – Hinweise auf einen Zusammenhang mit Todesfällen verdichteten sich da –, begutachtete die hessische »Task-Force Lebensmittelsicherheit« den Betrieb noch am selben Tag. Ihr Bericht liest sich wie ein Schauerroman, zahlreiche Bilder unterstreichen diesen Eindruck. »Kondenswasser von verschimmelter und verschmutzter Decke tropfte in direkt darunter stehende offene Fleischwannen«, notierte die Task-Force an einer Stelle. Sie beschrieben »Kläranlagen-« und »Verwesungsgeruch«, Mäusekot im Kühlraum, »Biofilme, Schimmel, Rost und Kalk«, »ein vollständiges Versagen des Eigenkontrollsystems« – kurzum: »ideale Lebensbedingungen« für Listerien. Der »gesamte Produktionsbereich« müsse von den Bakterien als »großflächig kontaminiert« betrachtet werden.

Klar wird damit auch: Versagt hatten nicht nur die Eigenkontrollen eines Unternehmens, sondern auch das staatliche Kontrollsystem. Wen sollte das ernsthaft wundern? Als der Skandal öffentlich wurde, gab der Verbraucherschutzdezernent des Landkreises dem Fernsehen des *Hessischen Rundfunks* ein bemerkenswertes Interview. Zu schaffen machte ihm in dem Gespräch weniger die Gesundheit der Verbraucher:innen angesichts der international vertriebenen, möglicherweise listerienbelasteten Wurstprodukte, sondern vielmehr der schwere Gang, den er hatte antreten müssen, um Wilke die Zwangsschließung zu verkünden: einem Betrieb, in dem »Freunde und Bekannte arbeiten«.[39]

Es konnte schon immer zum Problem werden, wenn sich Kontrolleur:innen und Kontrollierte lange kennen, wenn sie gemeinsame Interessen teilen. Doch genau so ist es angelegt, wenn ein Landrat Wirtschaft und Arbeitsplätze in seinem Kreis fördern und gleichzeitig unabhängige Kontrollen in genau jenen Unternehmen organisieren soll, die am Ort für Steuereinnahmen und Jobs sorgen. Ein unauflösbarer Konflikt, doch Wilke-Landrat Kubat scheiterte besonders grandios an der Aufgabe, für ein wenig Distanz zu sorgen. Zum Verbraucherschutzdezernenten hatte der 2021 schließlich abgewählte SPD-Politiker nämlich ausgerechnet einen Landwirt und Agrarfunktionär gemacht,[40] einen Mann, der noch dazu Verbindungen zu Wilke unterhielt: Die Firma warb auf den Packungen einer Eigenmarke mit einer Darstellung von dessen Hof. Und weil alles irgendwie eins zu sein schien, war der Dezernent nicht nur für den Verbraucherschutz, sondern gleich auch noch für Direktvermarktung zuständig.

Den Fall Wilke kennzeichnet die besondere Reihung krasser Fehlentscheidungen, von denen jede wiederum beispielhaft für das Kontrollsystem ist. Dass schwere Hygienemängel bekannt werden, die ein Betrieb einfach nicht abstellt, dass die Verantwortlichen im Kreis deshalb über eine Betriebsschließung beraten – und dann eben doch Gesundheitsschutz gegen die wirtschaftlichen Folgen, von einer möglichen Insolvenz bis hin zu Jobverlusten, abwägen, das kennen auch Behörden außerhalb von Waldeck-Frankenberg. Und es ist ja nicht so, dass der Konsum belasteter Lebensmittel keine Folgen hätte. Das Robert Koch-Institut (RKI) erfasst in seiner Statistik meldepflichtiger Krankheiten[41] jedes Jahr hundertfach lebensmittelbedingte Ausbrüche. Noroviren auf verschiedenen Produkten, die schwere Durchfallerkrankungen auslösen, und immer wieder Bakterien wie Campylobacter, Salmonellen und Listerien, die allesamt vorwiegend über Lebensmittel übertragen werden. Campylobacterbedingten Durchfall, übertragen zum Beispiel durch Geflügel oder Schweinefleisch, zählte das RKI allein 2019 in mehr als 60 000 Fällen. Dazu 35 Hepatitis-A-Erkrankungen (Gelbsucht), ausgelöst durch importierte Tiefkühl-Erdbeeren. Mehr als 3 700 Hepatitis-E-Fälle mit 8 Toten, Tendenz seit Jahren steigend, der wahrscheinlich wichtigste Infektionsweg: Schweinefleischprodukte. Mehr als 13 000 Salmonellosen, 18 davon tödlich – häufigste Infektionsherde: Eier und rohes Schweinehack. Listerien schließlich, wie sie auch in der Wilke-Fabrik nachgewiesen wurden, sind jedes Jahr für rund 600 oft schwere Erkrankungen verantwortlich, plus Dunkelziffer, und verbunden mit einer hohen Sterblichkeit: 40 Todesfälle registrierte das RKI allein im Jahr 2019, auch hier gelten Lebensmittel als wesentliche Infektionsquelle.

Allerdings gelingt es bislang in den seltensten Fällen, Krankheits- oder Todesfälle sicher auf das ursächliche Produkt zurückzuführen. Aus diesem Grund haben Verantwortliche nur äußerst selten strafrechtliche Konsequenzen zu befürchten, und gleichzeitig wird die Problematik lebensmittelbedingter Infektionen unterschätzt. Im Wilke-Skandal gelang es dem RKI und anderen Bundesbehörden mithilfe einer neuen Methode, einen spezifischen Bakterienstamm sowohl bei Wurstprodukten als auch Patient:innen nachzuweisen. Erst das führte sie schließlich zur hessischen Wurstfabrik. Fälle, in denen das Puzzle so wie hier aufgeht, dürften in dem Maße häufiger werden, wie sich die labortechnischen Möglichkeiten weiterentwickeln.

Das Mantra von Teilen der Lebensmittel-Lobby und so manchen politisch Verantwortlichen, dass Lebensmittel »noch nie so sicher waren wie heute«, stimmt deshalb nur zum Teil. Natürlich haben wir riesige Fortschritte gemacht gegenüber Zeiten, in denen jeder Schluck Trinkwasser ein Gesundheitsrisiko darstellte. Unbestritten gibt es in vielen Unternehmen hohe hygienische Standards. Doch darf uns all das nicht die Augen davor verschließen, dass es auch bei uns die Fälle gibt, in denen Menschen an einer Scheibe Wurst erkranken oder sterben – obwohl, und dies ist das Entscheidende, ein effizientes Kontrollsystem viele dieser Fälle vermeiden könnte. Das Mantra taugt daher nicht als Totschlagargument gegen jede Kritik an den Kontrollen. Denn wie viele vermeidbare Einzelfälle müssen wir zählen, bis wir auch anfangen, sie zu vermeiden? Die Frage stellt sich gerade dann, wenn Verbraucherschutzbehörden – wie offenbar auch im Fall Wilke – schlechte Hygienezustände über Monate und Jahre hinweg kennen, es aber nicht schaffen, sie abzustellen, und die Produktion unverändert weiterläuft. Lebensmittel waren noch nie so sicher, wie sie sein könnten: Das beschreibt die Aufgabe.

Da könnte es einen großen Unterschied machen, wenn die Öffentlichkeit wüsste, was die Behörden wissen – bevor etwas passiert. Naheliegend die Annahme, dass sich eine Wurstfabrik ein Weiter-so nicht erlauben kann, wenn die Abnehmer, ob Unternehmen oder Konsumierende, von Beginn an von den Missständen erfahren. Genau mit dieser Logik forderte im April 2021 auch der Sachverständigenrat für Verbraucherfragen beim Bundesjustizministerium, alle Ergebnisse der Lebensmittelüberwachung zu veröffentlichen, am besten mit leicht verständlichen Symbolen im Internet und an den Ladentüren: »So erhalten die Unternehmen auch einen wirksamen Anreiz, sich an das Lebensmittelrecht zu halten und sauber zu produzieren.«[42] Es wäre ein Schritt von vielen, das Kontrollsystem zu stärken.

»Knüppel zwischen de Beene«

Mit seinem mittlerweile dritten Pankower Smiley-System hat Lutz Zengerling wieder einmal Ärger. Erste Klagen gegen die Veröffentlichung von Kontrollergebnissen zeichnen sich ab, doch das ist das Geringste. Mit Klagen hat der Amtschef gerechnet und sich die Rückendeckung geholt, notfalls »durch alle Instanzen gehen« zu können. Doch da ist auch noch der Verbraucherschutzsenator, Dirk Behrendt, ein Grüner. »Wir haben uns öfter mal gestritten«, sagt Zengerling. Er wirkt dabei durchaus amüsiert, im Spätsommer 2021, kurz bevor es auf eine Entscheidung zuläuft.

In Behrendts Behörde fallen wenig gute Worte über den Amtsveterinär aus Pankow. Den Leuten des Senators gilt Zengerling als unbelehrbar, weil nichts ihn von seinem Smiley-System abbringen kann. Dabei will auch Behrendt, dass die Kontrollergebnisse öffentlich werden. So stand es im rot-rot-grünen Koalitionsvertrag, und kurz vor Ende der Wahlperiode legte der Senator endlich auch einen Gesetzentwurf vor. Dennoch gibt es Krach. Besser gesagt: gerade deshalb.

In Berlin arbeiten die Senatsverwaltung, also die Landesregierung, und die Stadtbezirke immer mal wieder erfolgreicher gegen- als miteinander. Bei den Smileys führte dies zu einem echten Kleinkrieg. Obwohl die Bezirke mit ihren Veterinärämtern die Kontrollen durchführen müssen, hat sich Behrendt mit seinem Gesetzentwurf kaum mit ihnen abgestimmt – so sehen sie es. Und weil der Senator so lange brauchte und niemand absehen konnte, ob das mit einem berlinweiten Gesetz noch etwas werden würde, war Zengerling dem Grünen mit seinem Smiley einfach zuvorgekommen. Als wäre das nicht genug, kamen auch noch verschiedene Parteibücher ins Spiel: In Pankow hatte ein AfD-Mann als Stadtrat die politische Verantwortung für die Lebensmittelkontrollen übernommen. Der trug zu Zengerlings Smiley-System zwar nicht viel bei, doch bei böswilliger Auslegung konnte der Eindruck entstehen, dass der Rechte dem grünen Senator mal eben zeige, wie Verbraucherschutz geht.

Zengerling ist davon überzeugt, dass Behrendt versucht hat, ihn zu stoppen. Die Senatsverwaltung bestreitet das, Zengerling aber bleibt dabei: »Der Senator hat uns überall Knüppel zwischen de Beene geworfen«, sagt er, und weil die Kontrollen zwar Bezirkssache sind, die IT-Infrastruktur aber berlinweit organisiert wird, habe die Senatsverwaltung dem Bezirk Pankow sogar die für das Smiley-System benötigten Serverkapazitäten verwehrt. Zengerling aber hatte, das Unheil ahnend, einen »Plan B« vorbereitet. Der sei ein wenig aufwendiger, funktioniere aber.

Als Behrendt seinen Gesetzentwurf für ein berlinweites Transparenzsystem schließlich vorlegte, schlugen manche Fachleute in den Bezirken die Hände über dem Kopf zusammen: Wie in NRW soll ein Farbbalken anstelle von Smiley-Symbolen die Kontrollergebnisse darstellen, doch das ist nicht das Problem. Denn: Nach dem Modell dürften fast nur grüne Bewertungen an den Türen zu sehen sein – so viele Möglichkeiten erhielten die Betriebe, »rote« Ergebnisse zu verstecken. Besonders empört Zengerling, dass die Unternehmen gegen Gebühr eine kurzfristige

Nachkontrolle und damit ein besseres Ergebnis erhalten könnten, wenn sie nur alles ein paar Wochen lang sauber hielten: »Die Großen koofen sich 'ne bessere Bewertung, die Kleenen müssen warten«, schimpft er. Der Senator sei Lobbyinteressen gefolgt, um den Gaststättenverband mitzunehmen. Im *rbb*-Fernsehen kritisiert der Veterinär den Entwurf des Senators öffentlich als »rechtswidrig«.[43]

Doch Zengerling wäre nicht Zengerling, würde er nur tatenlos zusehen. Er nahm sich Behrendts Gesetzentwurf und schrieb ihn so lange um, bis er zwar noch so ähnlich aussah, nun aber die Einführung seines Smiley-Systems berlinweit vorschreiben würde. Er schaffte es nicht nur, die Leiter:innen der anderen Berliner Veterinärämter hinter der Idee zu versammeln, sondern auch die Bezirksbürgermeister. Sie brachten Zengerlings Gesetzentwurf als den ihren in das Verfahren ein.[44] Zengerling kneift in unserem Gespräch die Augen zusammen, zuckt mit den Schultern und wippt ein wenig lachend auf seinem Stuhl auf und ab. So etwas scheint ihm diebische Freude zu bereiten, kurz vor der Entscheidung.

Wenige Wochen später wird er verloren, der Senator sich durchgesetzt haben: Am 2. September 2021 beschließt das Abgeordnetenhaus Behrendts Entwurf, genannt das »Saubere-Küchen-Gesetz«.[45] Mit all seinen Schwachstellen, die die Gastro-Lobby freuen, den Verbraucherschutz ärgern werden. Die einzige Änderung: Es soll erst später, 2023 nämlich, in Kraft treten.

Lutz Zengerling hat also noch viel Zeit, zu überlegen, was er tut. Seinen Kampf für das Smiley-System wird er nicht aufgaben, so viel ist sicher. Er wird weitermachen, solange er irgendeine Möglichkeit dazu sieht.

KAPITEL 6

Amtsgeheimnisse

Warum uns die Warnungen vor gefährlichen
Lebensmitteln so schlecht erreichen

Nichts, gar nichts deutet auf ein Widerstandsnest hin, hier in der
verkehrsberuhigten Straße am Rande der nordrhein-westfälischen Kleinstadt Greven. Die Buchshecken in den Vorgärten der
Nachbarschaft sind akkurat geschnitten, eine beinahe unwirk-
lich weiße Katze schmiegt sich an die Fassade eines der vielen
Backsteinreihenhäuser. Zwei Nummern weiter steht Gert
Kretschmann in seinem Garten hinter dem Haus und freut sich
über die prächtigen Seerosenblüten in dem kleinen, selbst angelegten Teich. Auch der 61-Jährige wirkt nicht wie einer, der den
Aufstand probt. Bis zu seinem Ruhestand vor ein paar Jahren
diente er als Hauptmann, war bei der Bundeswehr im Personal-
bereich. Er ist groß gewachsen, doch von einer solch ruhigen und
nüchternen Art, dass schon ein kleiner Wutausbruch jenseits
alles Vorstellbaren liegt.

Allerdings sind seine Methoden eher subtil: Kretschmann recherchiert Rückrufaktionen und verbreitet sie. Wurde bei einer
Kinderschaukel eine Bruchstelle entdeckt, beim Dampfbügel-
eisen eine defekte Schweißnaht oder im Fruchtsaft Plastiksplitter,
lässt sich das bei ihm nachlesen, auf der Internetseite produkt-

rueckerufe.de, auf Facebook, Twitter, Instagram. Wer möchte, kann sich über eine App per Push-Meldung informieren lassen. Einfach soll es gehen, denn Kretschmann möchte möglichst viele Menschen warnen, bevor etwas passiert. Dutzende haben sich dafür bereits persönlich bei ihm bedankt, und wenn sie Fragen haben, beantwortet er sie, so gut es eben geht für eine einzelne Privatperson. »Helfersyndrom«, sagt der Mann mit den grauen Stoppelhaaren und dem Dreitagebart schmunzelnd. »Ich spiele ein bisschen Verbraucherschutzbehörde.«

Zählen wir allein die für Lebensmittel zuständigen Verbraucherschutzbehörden in Bund, Ländern und Kommunen zusammen, Kretschmann wäre die in etwa vierhundertundzwanzigste. Wahrscheinlich jedoch die effektivste, zumindest, was die Verbraucherinformation angeht. Mehr als 4000 Warnmeldungen hat Kretschmann verbreitet, seitdem er 2007 mit seinem »Rückruf-Hobby«, wie er es nennt, begann. Der Aufwand ist beträchtlich, eine echte Kärrnerarbeit: Er recherchiert, welche neuen Warnmeldungen es gibt, auch solche, die hinter vielen Klicks auf Firmenwebsites verborgen liegen, verfasst Texte dazu und verbreitet sie. Bis zu vier Stunden hat er damit zu tun. Täglich, seit fast 15 Jahren. Selbst im Urlaub hört er nicht auf zu warnen, die Gefahren machen schließlich auch keine Pause. Kretschmann sucht die Reiseziele nach einem sicheren WLAN-Netz aus und schreibt so manche Meldung noch abends aus dem Hotelbett. Er tut dies, der Vergleich drängt sich angesichts seiner beruflichen Vergangenheit auf, mit soldatischer Disziplin. Nur mit Befehl und Gehorsam hat seine Arbeit nichts zu tun. »Das ist auch 'ne Art Rebellion«, sagt er.

Metallspäne im Gurkenglas, Salmonellen in der Teewurst, zu viel Jod im Milchpulver: Allein 200 Lebensmittel rufen Firmen und Behörden jedes Jahr öffentlich zurück. Die Produkte sind riskant für Einzelne oder überhaupt nicht zum Verzehr geeignet, dennoch gelangten sie in den Verkauf, liegen in Kühlschränken und Vorratskellern. Manche von ihnen können ernste Verletzungen oder Krankheiten auslösen, daher die öffentliche Warnung. Doch dabei läuft oft etwas schief – und genau das ist es, was Kretschmanns Arbeit das Rebellische gibt. Denn die Frage ist ja: Warum muss *er* das alles machen, in seinem Reihenhaus in Greven?

Sein Ein-Mann-Warnsystem funktioniert besser als die Kommunikation der vielen echten Behörden. Zahlreiche Meldungen verbreitete er schon früher als sie. Er brachte Warnungen, die die Ämter noch gar nicht kannten, und solche, die sie nicht vermelden wollten. Im Gegensatz zu ihnen können sich die Menschen bei Kretschmann darauf verlassen, dass er so konkret wie möglich aufklärt: über Gesundheitsrisiken, Verkaufsstellen, Produktdaten. Anders gesagt: Kretschmann führt die Behörden vor. Indem er ihnen zeigt, was möglich ist – und was eigentlich ihr Job sein sollte, den sie mit ihren mehreren Tausend Leuten aber einfach nicht so gut hinbekommen wie er allein. Manchmal sagt er ihnen das auch in einem Kommentar auf seiner Website oder in einem Tweet. Niemals aggressiv, stets freundlich formuliert, wie es seine Art ist.

Aufklärung über die Gefahren?
»Zweitrangig.«

Auch der Staat betreibt inzwischen ein Rückrufportal im Internet. lebensmittelwarnung.de heißt es, und wer verstehen möchte, woran es bei den amtlichen Warnungen hakt, muss sich nur einen x-beliebigen Zeitpunkt aussuchen und jene Meldungen verfolgen, die die Behörden dort publizieren. Denn wie sie das tun – es ist zum Haareraufen.

Anzunehmen wäre ja, dass eine Verbraucherschutzbehörde schnell Alarm schlägt, wenn sie weiß, dass ein möglicherweise gesundheitsgefährdendes Lebensmittel im Umlauf ist und jeden Moment irgendjemand hineinbeißen könnte. Dass sie flugs eine Pressemitteilung verschickt, damit Medien berichten. Dass sie direkt informiert über soziale Medien, dass die Informationen auf Websites verbreitet werden, mit Aushängen im Supermarkt. Verwerfen wir diesen Gedanken.

Der Gesetzgeber hatte nämlich anderes im Sinn als einfach nur eine möglichst rasche Information der Menschen, deren Gesundheit es zu schützen gilt: Er schützt die Unternehmen vor der Blöße, dass über ihre Fehler als Erstes andere, die Behörden, sprechen. Deshalb dürfen grundsätzlich zunächst nur die Firmen selber warnen, die Firmen allein. Den Ämtern ist es explizit verboten, ihr Wissen öffentlich zu teilen und laut »Achtung!« zu rufen. Kein Witz: Die Gesetze verlangen von ihnen, über gefährliche Produkte im Umlauf erst einmal zu schweigen, weil das mit der Warnung die Unternehmen richten sollen, selbst dann, wenn es ein Amt war, das auf das Problem gestoßen ist.[1] Auf ihrem Internetportal tun die Behörden daher vor allem eines: Sie weisen erst dann auf Rückrufinformationen hin, nachdem Firmen diese bereits veröffentlicht haben. Das ist keineswegs überflüssig. Viele Warnungen stammen von kleinen oder namentlich eher unbekannten Firmen. Versenden sie eine Pressemitteilung, beachten manche Redaktionen diese gar nicht – wenn die Unternehmen überhaupt einen geeigneten Presseverteiler haben. Weisen Behörden auf die Meldung hin, verstehen die Journalist:innen: Es ist wichtig, es ist dringend. Und auch für die Verbraucher:innen selbst hat das Verfahren Sinn: Statt wild verstreut finden sie, so weit die Theorie, alles Wichtige online an zentraler Stelle.

Schauen wir genauer hin. Der Sommer 2021, es sind ganz gewöhnliche Rückruf-Monate: Glassplitter in einem Dip, Blei in

Nudelsoßen, Lackablösungen in Tomaten-Konservendosen. »Aus Gründen des vorbeugenden Verbraucherschutzes«, wie es so oft beschönigend heißt, ruft im Mai der schleswig-holsteinische Nuss-Spezialist Carl Wilhelm Clasen Bio-Amaranth zurück: »Bei den genannten Chargen wurde der gesetzliche Höchstgehalt für Ethylenoxid überschritten.« Liest sich harmlos, mögen einige denken, handelt es sich ja auch nur um eine – in Großbuchstaben – »VORSORGLICHE WARENRÜCKNAHME«. Nähere Hintergründe oder Einordnungen, die uns beunruhigen müssten, erhalten wir in der Meldung nicht.[2]

Nichts lesen wir davon, dass Ethylenoxid ein Wirkstoff ist, der in der EU als Bestandteil für Pflanzenschutzmittel verboten ist, der in Desinfektionsmitteln zwar genutzt werden darf, aber nur, solange der Kontakt mit Lebensmitteln ausgeschlossen ist. Der im Amaranth also auch in Spuren nichts verloren hatte, und das aus gutem Grund: Das Bundesinstitut für Risikobewertung stuft Ethylenoxid als »erbgutverändernd und krebserzeugend« ein, es schreibt: »Einen Richtwert ohne Gesundheitsrisiko gibt es somit nicht.«[3] Warum darüber kein Wort von Clasen?

Auf Anfrage dazu keine Antwort von der Firma. Auskunft gibt die zuständige Behörde, das Landratsamt im schleswig-holsteinischen Herzogtum Lauenburg, das dem lückenhaften Text im Vorfeld zugestimmt hatte. Bemerkenswert die Begründung: Es gehe darum, möglichst schnell zu informieren, teilt es mit: »Die Aufklärung über die genauen Gefahren ist dabei zunächst zweitrangig.« Informationen über gesundheitliche Risiken könnten »die wichtige Hauptbotschaft ›Rückruf‹« überfrachten, zudem könnten sich »Interessierte« ja bei den Bundesbehörden oder »beim Hersteller« informieren. Auch den Versand einer Presseerklärung an einen relevanten Medienverteiler oder eine Information über die eigenen Onlinemedien verlangte die Behörde vom Unternehmen nicht. Die Botschaft: Wir sollen mal schön selbst recherchieren, wenn eine Firma uns potenziell gesundheitsgefährdende Produkte verkauft – am besten direkt bei jenem Unternehmen, von dem dann auf Anfrage keine Antwort kommt.

Fachleute wissen: Rückruf geht anders. Bereits 2016 kritisierte die Verbraucherzentrale Hamburg: Der weit überwiegende Anteil der Warnmeldungen beschreibt »die mögliche Gesundheitsgefährdung nur unzureichend, weil sie entweder unvollständig sind oder die Risiken verharmlost werden«.[4] Zwar gibt es keinen einheitlichen Standard, wie die Informationen zu gestalten sind, schon gar keinen verbindlichen. Aber durchaus so etwas wie eine anerkannte, gute Praxis. Das bayerische Verbraucherschutzministerium hat sie 2018 für seine Kreis- und Stadtbehörden zusammengefasst. Besteht auch nur die *Möglichkeit,* dass gesundheitsgefährdende Produkte abgegeben wurden, ist eine öffentliche Warnung »in jedem Fall« zwingend, heißt es in dem Merkblatt. Mindestens drei Instrumente müssten dazu »kumulativ« – das Wort ist fett gedruckt und unterstrichen – genutzt werden: erstens eine Pressemitteilung mit Produktnamen, farbigem Produktfoto und einer genauen Beschreibung der »von dem Lebensmittel ausgehenden Gefahr sowie den Auswirkungen bei Verzehr des Lebensmittels«. Zweitens ein Aushang im betroffenen Einzelhandel, auch hier mit genauen Gründen für den Rückruf. Und, drittens, die Information über lebensmittelwarnung.de. Falls das Unternehmen »über regelmäßig genutzte Kanäle mit den Verbrauchern kommuniziert«, seien auch diese unbedingt zu nutzen – »z. B. Homepage, Newsletter, Social Media wie Facebook oder Twitter«.[5]

Dass dies geschieht, ist jedoch die absolute Ausnahme. Clasens Amaranth ist nur eines von vielen Beispielen für völlig unzureichende Warnungen. Immerhin kam es überhaupt zu einer, denn das verbotene Ethylenoxid fand sich über Monate hinweg in zahlreichen Lebensmitteln, Hunderte von Produkten wurden europaweit zurückgerufen – in Deutschland jedoch lange Zeit vergleichsweise wenige. Denn war die Belastung niedrig, drückten viele Behörden beide Augen zu und sahen darüber hinweg, dass doch jede noch so kleine Menge ein Gesundheitsrisiko birgt. Nicht überall waren sie so »großzügig«: Zum Teil verschwanden dieselben Chargen derselben Produkte in Österreich vom Markt, die in Deutschland munter weiterverkauft wurden.

Desinformation mit Segen der Behörde

Zurück zu Fällen, von denen wir erfahren dürfen. Ende Mai 2021 zwingen »mikrobielle und substanzielle Abweichungen« die Ciloglu Handels GmbH im baden-württembergischen Gärtringen zum Rückruf schwarzer Oliven.[6] Was für Abweichungen das sind, die ja immerhin »substanziell« sein sollen, lässt die Firma offen. Wie so vieles mehr: Besteht eine Gesundheitsgefahr? Wo wurden die Oliven verkauft? Lose oder verpackt? Wir tappen im Dunkeln. Auch ein Produktfoto fehlt, das wir bei verpackter Ware mit der Oliven-Packung in unserem Kühlschrank abgleichen könnten. Weshalb lassen Behörden eine solche Desinformation zu?

Es ist nicht ihr einziges Versäumnis. Die Rückrufinformation des einer breiten Öffentlichkeit wohl gänzlich unbekannten Unternehmens stammt vom 22. Mai. Es ist der Tag, an dem der Verkauf gestoppt und die Ware aus Lagern und Regalen geräumt wurde. Doch was ist mit den Menschen, die die belasteten Lebensmittel längst gekauft hatten? Sie sind es doch, die die öffentliche Warnung erreichen muss, und zwar möglichst schnell, vor dem Verzehr. Doch von der Unternehmensmeldung dürften nicht viele Notiz genommen haben: Sie fand wenig Verbreitung.

Mehr und größere Medienberichte etwa löste erst der amtliche Hinweis auf lebensmittelwarnung.de aus, den stets auch viele Redaktionen erhalten. Allein: Der Eintrag hier erfolgt erst am 27. Mai, fünf Tage nach dem Rückruf.[7]

Ein Blick in den Kalender zeigt das Problem: Zwar lagen dem zuständigen Landratsamt Böblingen bereits am 22. Mai alle Unterlagen vor. Ungünstigerweise fiel der Rückruf jedoch auf den Samstag vor Pfingsten. Dem folgte bekanntlich der Pfingstsonntag und auf diesen der Pfingstmontag, noch ein Feiertag. Und so machten sich die Behördenverantwortlichen, dann hoffentlich frisch erholt vom langen Wochenende, erst am folgenden Dienstag an die weitere Arbeit. Nun mussten die Informationen noch den Dienstweg antreten. So dauerte es einen weiteren Tag, bis das Landratsamt sie an das Regierungspräsidium Stuttgart weiterleitete, dieses wiederum an das beim Landesamt für Geoinformation und Landentwicklung angesiedelte Landeskontrollteam Lebensmittelsicherheit, das einen weiteren Tag später schließlich im Auftrag des baden-württembergischen Landwirtschaftsministeriums die Meldung auf lebensmittelwarnung.de einstellte.

Wer möchte da nicht die Zuständigen einmal richtig durchschütteln, in der Hoffnung, dass sie dann vor lauter Dienstplänen und Dienstwegen ihr Ziel, eine Information der Menschen, wieder sehen können? Doch aus Sicht des Landratsamtes ist das alles kein Problem – ebenso wenig wie die fehlenden Angaben zu den betroffenen Produkten, zur Art der Belastung und den möglichen Risiken. Dem Rückruftext hatte es zugestimmt, ihn für ausreichend befunden. Zwar müsse das Unternehmen laut Gesetz »den Verbraucher effektiv und genau über den Grund für die Rücknahme eines Produktes unterrichten«, schreibt es auf Anfrage. Aber: »Genaue Vorgaben für die Erstellung eines Kundenaushanges enthalten die lebensmittelrechtlichen Vorschriften nicht.« Und so muss irgendjemand in Böblingen von der

Eingebung erfasst worden sein, dass es sich bei den substanziellen, nicht-produkttypischen Abweichungen doch um eine recht genaue Angabe handelt.

Possenhafter geht es auch in Schilda nicht zu. Und es wird noch besser: Den Rückruf führte das Unternehmen offenbar gar nicht freiwillig durch, das Landratsamt musste ihn nach eigener Aussage anordnen. Es hatte also von Beginn an und aus erster Hand alle wesentlichen Informationen und hätte sie öffentlich machen können. Tat es aber nicht.

Was steckte nun hinter den ominösen »mikrobiellen und substanziellen Abweichungen« bei den Oliven? Erst auf Nachfrage gibt das Landratsamt an, dass sie mit Schimmelpilzen belastet und nicht zum Verzehr geeignet waren. »Für die Unannehmlichkeiten bitten wir Sie um Verständnis«, heißt es in dem Rückruf lapidar.

Statt Warnung: Wochenende

Die Unannehmlichkeiten sollten noch größer werden, und die Behörden zeigten sich begrenzt lernfähig: Kurz nach dem ersten Rückruf muss die Ciloglu Handels GmbH neuerliche Warnungen aussprechen. Es geht um weitere Olivenchargen, Teigblätter und gefüllte Teigtaschen, ebenfalls potenziell mit Schimmelpilzen belastet und dennoch in den Handel gelangt. Am 2. Juli leitet das Unternehmen den Rückruf ein. Verbreiten kann er sich erst am 6. Juli so richtig, als die Behörden über lebensmittelwarnung.de informieren.[8,9] Dazwischen lagen, wir ahnen es: ein Wochenende und ein Montag. Der war diesmal zwar kein Feiertag, aber wohl auch so für viele der schwierigste Tag der Woche.

Mag sein, dass die Menschen den Schimmel von selbst erkannten, dass aus dem Fall also kein großes, bestenfalls gar kein gesundheitliches Problem entstand. Doch sind die wie hier so achselzuckend zur Kenntnis genommenen Verzögerungen keineswegs die Ausnahme, auch bei schwerwiegenden Risiken. In Fällen also, in denen unsere Gesundheit davon abhängen kann, ob wir eine Warnung schnell erhalten – rechtzeitig, bevor wir die belasteten Lebensmittel verzehren. Und zwar auch dann, wenn wir dies am Wochenende oder beim Festessen am Feiertag vorhaben.

Um ein ernstes Risiko geht es im Fall von Käseprodukten des irischen Herstellers Cahill's Farm Cheese, in Deutschland vertrieben von einer Firma in Moers. lebensmittelwarnung.de meldet am 29. Juli 2021 die mögliche Belastung mit Listerien[10], einer tückischen Bakterienart, gefährlich vor allem für ältere Menschen, Schwangere und deren ungeborene Kinder.[11] Immerhin: In seiner deutschsprachigen Information weist der Hersteller deutlich darauf hin, dass ein Verzehr in Einzelfällen »auch lebensbedrohlich sein« kann. Nur: Die Information des Unternehmens trägt das Datum 26. Juli – erst drei Tage später also informieren die Behörden in NRW über eine Gefahr in dieser Dimension, und diesmal kam noch nicht einmal ein Wochenende dazwischen. Tage waren verstrichen, die im schlimmsten Falle über Leben oder Tod entscheiden können.

Was war passiert? Am späten Nachmittag des 26. Juli – genauer: »nach Dienstschluss um 17:26 Uhr« – sei das zuständige Landratsamt Wesel vom Importeur erstmals über den Rückruf informiert worden. Die Moerser Firma hatte selbst erst kurz zuvor an diesem Tag einen Hinweis von dem irischen Hersteller erhalten und ihrerseits schnell reagiert: Binnen weniger Stunden hatte sie ihre Abnehmer im Groß- und Einzelhandel in Kenntnis gesetzt, Aushänge verbreitet, die Großhändler wiederum die Meldung an ihre Kundschaft weitergereicht. Was zunächst jedoch nicht erfolgte: eine Information der Endverbraucher:innen über jene Wege, die besonders geeignet sind, viele Menschen in kurzer

Zeit zu erreichen – über Pressemitteilungen, die von Medien in solchen Fällen regelmäßig schnell verbreitet werden, und über lebensmittelwarnung.de. Standardkanäle, die auch hier äußerst hilfreich gewesen wären. Denn bei den zurückgerufenen Produkten handelte es sich um Käse mit Whiskey und mit Porter-Bier, markante Sorten also, die gut identifizieren kann, wer sie beispielsweise an einer Käsetheke erworben hat. Über Medien und Internet dürften die Betroffenen leichter zu erreichen sein als mit einem Aushang in jenem Laden, in dem sie ihn gekauft haben – und den viele nach einem Einkauf nicht direkt am nächsten Tag schon wieder aufsuchen.

Erst am übernächsten Tag, dem 28. Juli, leitete das Landratsamt in Wesel die Informationen an das nordrhein-westfälische Landesamt für Verbraucherschutz weiter. Es dauerte einen weiteren Tag, bis dieses sie dann schließlich auf dem staatlichen Warnportal einstellte. Dies – also: gar keine Pressemitteilung und eine Internetmeldung am dritten Tag nach dem Rückruf – sei »als ausreichend eingestuft« worden, teilt die Weseler Kreisbehörde mit.

Eine interessante Sichtweise. Erst recht in dem Wissen, dass die Warnung sogar noch viel früher hätte erfolgen müssen, wäre alles glattgelaufen. Denn bereits am frühen Abend des 22. Juli hatte die italienische Lebensmittelüberwachung die anderen EU-Behörden in Kenntnis gesetzt, dass sie bei amtlichen Kontrollen Listerien nachgewiesen hatte[12] – eine Woche vor der amtlichen Meldung in Deutschland. Schnell, nämlich am 23. Juli, gingen die irischen Behörden mit einer Warnung vor den Käseprodukten an die Öffentlichkeit und nannten dabei auch die nach Deutschland gelieferten Chargennummern als betroffen.[13] Es war ein Freitag, und vielleicht spielte auch hier das Wochenende wieder einmal Schicksal. Nur: Die lückenlose Rückverfolgbarkeit der Lieferketten ist in ganz Europa Gesetz, es hätten also sofort, Wochenende hin oder her, sämtliche Hebel in Bewegung gesetzt werden müssen, um zu klären, ob und mit welchen Chargen Deutschland betroffen war, um unverzüglich öffentlich zu warnen. Dann jedenfalls, wenn es darum ginge, die Gesundheit der Menschen möglichst effektiv zu schützen.

Dass es besser laufen kann, zeigten die Behörden anderer Länder, auch solche auf anderen Kontinenten. Noch am 23. Juli sprachen die kanadischen Behörden eine Warnung vor dem zurückgerufenen Cahill's-Käse aus.[14] Am selben Tag informierte auch die Lebensmittelbehörde in Großbritannien.[15] Die US-Verwaltung zog am 27. Juli nach[16], ebenso wie die luxemburgische.[17] In Polen und Malta machten Behörden bzw. Vertriebsfirmen die Warnung am 28. Juli und damit immerhin noch einen Tag früher als in Deutschland publik.[18]

Halten wir fest: Ein potenziell gefährliches Produkt ist längst zurückgerufen, und nach Erkenntnissen der Behörden informiert der irische Hersteller seinen deutschen Importeur erst nach Tagen. Es braucht nicht sehr viel Fantasie, um zu erkennen, dass hier etwas gehörig schiefgelaufen ist, die Gesundheit von Menschen unnötig aufs Spiel gesetzt wurde. Und das Amt in Wesel? Hat »keine Notwendigkeit gesehen, nachzufassen«. Im »Vordergrund« stehe »das eigenverantwortliche Handeln der in der Herstellungs- und Lieferkette betroffenen Unternehmen«, teilt es in fast schon dekadenter Bräsigkeit mit und meint damit wohl, dass es sich für nicht zuständig hält. Würde ein ernsthafter Verbraucherschutz nicht bedeuten: den Problemen nachgehen, ob sie nun in Irland oder Deutschland liegen mögen, und keine Ruhe geben, bis sich ein solcher Fall nicht wiederholen kann?

Für Betroffene ist es entscheidend, wichtige Warnungen schnell und zuverlässig zu erhalten. Wie sich das erreichen lässt, für diese Perspektive ist auf dem Dienstweg offenbar kein Platz. Würde sie das Handeln der Ämter bestimmen, es sähe anders aus:

Vor gefährlichen Lebensmitteln würden sie so schnell und so öffentlich wie möglich warnen, um so viele Menschen wie möglich vom Verzehr abzuhalten. Wenn es bereits in der Informationskette der Unternehmen hakt, würden sie Nachforschungen anstellen, damit das nicht wieder geschieht. Und vielleicht würde in den Amtsstuben auch die Erkenntnis reifen, dass der Verbraucherschutz nicht um 17:26 Dienstschluss machen kann, wenn es gilt, Menschen vor möglicherweise Schlimmerem zu bewahren.

»Mir hat das maßlos gestunken«

Die Erfahrung, dass es bei Rückrufen nicht rundläuft, nicht nur bei Lebensmitteln, machte Gert Kretschmann bereits vor 15 Jahren. Alles begann mit seinem Fernseher und einem lauten Zischen. Plötzlich qualmte es aus dem Gerät, einem Markenprodukt, und Kretschmann war froh, dass nicht noch mehr passierte. Fast zeitgleich rannte sich sein Sohn nach seinem Kontaktlinsenpflegemittel die Hacken ab. Nirgendwo war es mehr erhältlich, niemand sagte ihm, weshalb. Für den Vater waren beide Ereignisse merkwürdig genug, um ein wenig im Internet zu recherchieren. Was er fand, erstaunte ihn dann doch: Der Fernseher war wegen eines bekannten Defekts längst zurückgerufen worden. Wie auch das Pflegemittel, das im Verdacht stand, Hornhautschäden bis zur Erblindung auslösen zu können. Kein Medium, keine Behörde hatten darüber berichtet. Kretschmann fand die Rückrufe erst, als er gezielt nach ihnen suchte, nach vielen Klicks bei den Firmen im Internet – gut versteckt auf Unterseiten, die kaum jemand besucht. »Mir hat das maßlos gestunken«, sagt er.

2007 geht er mit seiner Internetseite produktrueckrufe.de ans Netz. Er richtet Suchroutinen ein, um all die versteckten Meldungen zu finden und an zentraler Stelle zu bündeln. Es dauert nicht lange, bis sich Behördenleute bei ihm melden. Erstaunt fragen sie, woher er eigentlich die ganzen Informationen habe. Es ist eine verkehrte Welt, und in dieser Welt nimmt Kretschmanns Rebellion ihren Lauf. Lebensmittel bilden schnell einen Schwerpunkt. Sie machen rund zwei Drittel seiner Beiträge aus.

So ist es wohl auch sein Verdienst, dass es die staatliche Warnseite überhaupt gibt: seines und das von Oliver Barthel, der von Gerstetten auf der Schwäbischen Alb die Eltern-Informationsseite cleankids.de betreibt und nahezu zeitgleich mit Kretschmann begann, über Rückrufe zu schreiben. Im März 2011 jedenfalls schließen Bund und Länder eine lange verhandelte Vereinbarung über die Einrichtung des Portals.[19] »Alle Lebensmittelwarnungen auf einen Blick« verspricht die damalige Bundesministerin Ilse Aigner, als es im Oktober 2011 ins Netz geht[20]: eine Seite aber, die längst nicht »alle« Warnungen erfasste und die schon beim Live-Gang in die Jahre gekommen ist, weil sie aussieht wie eine versehentlich ins Netz hochgeladene Excel-Tabelle. Seither hat sich kaum etwas verbessert.

Das lag nicht an mangelnden Ideen. Von Beginn an ahnten die Ministerinnen und Minister wohl, dass die Informationen zu den Menschen kommen mussten, weil es umgekehrt kaum funktionieren kann – wer würde schon vor jedem Essen noch schnell auf dem Portal nach Warnmeldungen stöbern? Also vereinbarten sie in ihrem Vertrag von 2011 fest, die »Möglichkeit eines E-Mail-Abonnements zur automatischen Benachrichtigung« der Verbraucher:innen einzurichten. Ein Newsletter also, wie er 2011 längst kein technisches Hexenwerk mehr war: Es gibt ihn bis heute nicht. Irgendwo in den zahlreichen Gesprächen und Verhandlungen zwischen den vielen beteiligten Behörden muss er auf der Strecke geblieben sein.

Im Dezember 2020 kündigte Bundesernährungsministerin Julia Klöckner wieder einmal »mehr Verbraucherschutz« an. Lebensmittelwarnung.de werde erneuert, und diesmal soll es eine App geben, die Warnungen direkt aufs Handy schicken kann. Es gebe ein Konzept, die Umsetzung sei beschlossen.[21] Ein gutes halbes Jahr später, nichts ist passiert, Nachfrage bei dem Klöckner unterstellten Bundesamt für Verbraucherschutz: Die Neuentwicklung befinde sich überhaupt erst in der Konzeptionsphase, heißt es nun. Wann alles fertig wird, bleibt offen.

Es zieht sich wieder mal, obwohl es um unsere Gesundheit geht. Andere Apps – eine »Waldfibel« und eine »Beste-Reste-Rezepte«-App[22] – ließ das Ministerium in all den Jahren scheinbar mühelos entwickeln. Eine Regierung muss eben Prioritäten setzen.

Derweil verschickt Kretschmann zuverlässig Push-Meldungen. 35 000 Menschen haben seine App auf dem Handy, es ist bereits die zweite Version, die er anbietet. Das einzige moderne Kommunikationsinstrument, das lebensmittelwarnung.de nutzt, ist Twitter, dessen Reichweite stark begrenzt ist. Weniger als 10 000 Menschen folgen dem amtlichen Kanal @LMWarnung, und wie sie die Hinweise auf jeden neu veröffentlichten Lebensmittelrückruf erhalten, ist bezeichnend: »Es wurde eine neue Warnung zu Lebensmitteln veröffentlicht«, heißt es standardmäßig in jedem einzelnen Tweet, gefolgt von einem Link auf die Internetseite. Weder das betroffene Produkt noch die Gesundheitsgefahr sind in den Tweets benannt, auch Fotos fehlen – es sind nichtssagende Meldungen, die im Strom der Tweets einfach vorbeirauschen. Um zu erfahren, ob sie das betroffene Lebensmittel zufällig im Kühlschrank haben, müssten die Follower in jeder neuen Nachricht auf den Link klicken und auf der Internetseite nachschauen, vor welchem Produkt überhaupt gewarnt wird. Verbraucherfreundlich ist das nicht.

»Internes Kommunikationsmissverständnis«

Einen Vorteil brachte das staatliche Portal von Beginn an zweifelsohne mit: Steht eine Warnung erst mal drauf, verbreitet sie sich besser. Die neuen Einträge laufen auch bei zahlreichen Medien ein, dadurch schaffen es viele Rückrufe überhaupt erst in Zeitungen, Radionachrichten und Onlinemedien. Umso wichtiger wären zuverlässige, schnelle, effiziente Abläufe.

Wären. Doch alles bei lebensmittelwarnung.de ist furchtbar kompliziert. Eine Bundesbehörde betreibt die Seite technisch, die Meldungen stellen die Länder ein. Und zwar eine Behörde je Bundesland, nicht die rund 400 kommunalen Ämter, die in der Regel für die Überwachung der Unternehmen zuständig sind und meist als Erste alle Informationen haben. Weiß ein Landkreis, dass ein hochproblematisches Lebensmittel bundesweit verkauft und in diesem Moment vielleicht von Tausenden Menschen verzehrt wird, so muss er dennoch den Dienstweg einhalten. Er meldet alles seiner oberen Landesbehörde, erst die kann den Eintrag auf lebensmittelwarnung.de vornehmen. Dass dabei oftmals Zeit verloren geht, liegt auf der Hand.

Wie beim Rückruf von Grana Padano-Käse, verkauft bei Rewe und falsch etikettiert, weshalb der Hinweis auf eine Ei-haltige Zutat fehlte. lebensmittelwarnung.de meldet das am 26. Juni 2021[23] – unter Hinweis auf eine Pressemitteilung des italienischen Herstellers, die dieser bereits fünf Tage zuvor verschickt hatte.[24] Noch früher, am 18. Juni, hatte Rewe einen Hinweis auf seine Presse-Website gestellt und sich an Medien gewandt,[25] weshalb die Warnung zum Glück bereits Verbreitung fand. Wer sich auf das staatliche Portal verließ, musste hingegen warten. Geschlagene acht Tage brauchten die Behörden, um auf ihrer zentralen Informationsplattform zu reagieren – und dann auch noch schlampig, mit falschem Haltbarkeitsdatum, das auf das Jahr 2012 verwies.

Das für Rewe verantwortliche Lebensmittelkontrollamt der Stadt Köln habe die Informationen verzögert übermittelt, heißt es beim nordrhein-westfälischen Verbraucherschutzministerium auf Anfrage. »Aufgrund eines internen Kommunikationsmissverständnisses«, räumt dieses ein und behauptet mit einiger Chuzpe, es habe »kein gesundheitliches Risiko bestanden«, schließlich seien die Verbraucher:innen über Marktaushänge informiert worden. Ei-Allergiker sehen dies womöglich anders. Vor allem jene, die ihren Rewe-Supermarkt nicht täglich aufsuchen, um zu schauen, ob es neue Rückrufaktionen gibt – ein Verhalten, das in diesem Moment offenbar außerhalb der Vorstellungskraft der Kölner Verantwortlichen lag. Wie auch ein anderer naheliegender Gedanke, der im föderalen Geflecht nicht mehr durchzudringen scheint: Warum sollte nicht einfach die kommunale Behörde selbst, hier die Stadt Köln, die alle Informationen vorliegen hat und ohnehin mit ihren Fachleuten den Rückruf betreut, den Hinweis direkt auf lebensmittelwarnung.de veröffentlichen? So muss die Meldung erst den langen Marsch durch die Bürokratie antreten, bis sie von der »richtigen«, der zuständigen Stelle an die Öffentlichkeit befördert werden darf.

Was auch die obersten Landesbehörden nicht dürfen: angeben, dass auch Menschen in anderen Bundesländern von dem Rückruf betroffen sind. Es klingt skurril, ist aber Realität: Selbst mit dem Wissen, dass ein gesundheitsgefährdendes Produkt bundesweit im Handel ist, darf eine Behörde nur das eigene Bundesland als betroffen melden. Alles andere müssen die zuständigen Stellen der anderen Länder selbst tun – und zwar jede einzelne. Eine unnötige Komplikation, die die Effektivität der Warnungen vermindert. Denn die vielen Einträge auf lebensmittelwarnung. de lassen sich nach Bundesland sortiert anzeigen. Schaut also eine Hamburgerin gezielt nach Rückrufen in der Hansestadt, so erhält sie die Information erst dann, wenn die Behörden der

Hansestadt die Meldung eines anderen Bundeslandes gesehen und angeklickt haben, dass die gefährlichen Lebensmittel auch in Hamburg verkauft wurden. Das wäre kein Problem, wenn es schnell ginge. Doch bis sich jedes betroffene Bundesland auch als betroffen gemeldet hat, kann es dauern, manchmal mehrere Tage. Bei bundesweiten Rückrufen lässt sich dann verfolgen, wie nach und nach ein Land nach dem anderen sich dazuschaltet, bis auch der letzte Nachzügler »klick« gemacht hat. Wenn dann noch ein Wochenende in die Quere kommt …

Andere Rückrufe fehlen ganz. Weil Behörden sie als rein »regionales Geschehen« und damit keiner Meldung würdig einstufen. Wie bei einer kleinen Käserei, die ihre kontaminierten Produkte zwar nur in einem Ladengeschäft vertrieb – allerdings in einem Tourismusgebiet. Doch dass Urlaubende den lokalen Käse als Souvenir in ihre Heimat mitnehmen und darauf angewiesen sind, eine Warnung vielleicht auch andernorts als nur auf einem Aushang in der Käserei finden zu können, lag offenbar außerhalb der Fantasie des zuständigen Amtes. Oder die Meldungen verschwinden schnell. Wie beim Rinderhackfleisch der Westfalenland Fleischwaren, im Juli 2021 zurückgerufen aufgrund möglicher roter Kunststoffteilchen.[26] Ist das Mindesthaltbarkeitsdatum überschritten, löschen die Behörden meist zügig. Dass Menschen Hackfleisch durchaus gerne einfrieren und noch deutlich später verzehren, kommt in dieser Behördenrealität nicht vor.

Besonders schwierig kann es werden, sind ausländische Firmen beteiligt. Rekordverdächtige 20 Tage dauerte es vor einigen Jahren, bis die Warnung vor einem Nahrungsergänzungsmittel endlich auf das staatliche Portal gelangte. Es war mit pharmakologischen Substanzen belastet, die in einzelnen Fällen Schlaganfälle und Herzinfarkte auslösen können, es ging also um was. Doch die verantwortliche Hamburger Gesundheitsbehörde sah sich in der Pflicht, vor einer Veröffentlichung Kontakt mit dem niederländischen Produzenten aufzunehmen, konnte diesen aber nicht erreichen.[27] Geschlagene drei Wochen lang.

»Es waren Ekel-Eier drin!«

Zu viele beteiligte Behörden auf zu vielen Ebenen, die sich im Dickicht ihrer Zuständigkeiten verheddern. Fehlende, verbindliche Standards, sodass das eine Amt bei einem Rückruf ganz anders agiert als andere. Das sind wesentliche Ursachen, weshalb eine schnelle und genaue Information der Menschen oftmals scheitert. Doch aus den Abläufen spricht noch etwas: die Angst der Ämter, ein Unrecht zu tun. Nicht den Menschen, die zu spät oder gar nicht gewarnt werden könnten. Sondern den Unternehmen, sollten sich einmal öffentlich gemachte Fotos, Produktnamen oder andere Details als falsch erweisen. Die Sorgen haben viel mit einem 35 Jahre alten Fall zu tun, der in vielen Behörden bis heute gegenwärtig ist: dem »Flüssigei-Skandal«.[28]

1985 warnte das Regierungspräsidium in Stuttgart vor dem Verzehr »mikrobiell verseuchter« Lebensmittel und nannte dabei auch Produkte des schwäbischen Nudelfabrikanten Klaus Birkel. Der damalige Firmenchef bestritt den Vorwurf, verdorbenes Flüssigei verarbeitet zu haben. Vor Gericht bekam er recht, das Land Baden-Württemberg musste Birkel mehr als 12 Millionen D-Mark Schadenersatz zahlen. Jahre später aber rollten Reporter des Magazins *Stern* den Skandal noch einmal auf.[29] Unter der Überschrift »Es waren Ekel-Eier drin!« rückten sie den Fall in ein ganz anderes Licht: Demnach sollen doch verdorbene Eier in den Nudelteig gemischt worden sein, Landesregierung wie Unternehmen die Belege verschleiert haben.

Dass die Warnung somit – falls der *Stern*-Bericht zutreffen sollte – zu Recht erfolgt wäre, spielt heute kaum noch eine Rolle. Was von der Affäre blieb, ist die Angst der Behörden vor Schadenersatzklagen. Sie wirkt wie eine Schere im Kopf der Verantwortlichen in den Ämtern: Gilt es abzuwägen zwischen schneller Warnung der Öffentlichkeit und möglichen Einwänden der Unternehmen, sind viele lieber vorsichtig – zum Nachteil des Gesundheitsschutzes.

Solche Ermessensspielräume gibt es reichlich, das Lebensmittelrecht ist da nicht besonders hilfreich. Es steckt voller Unbestimmtheiten, Soll- und Kann-Regelungen und vermag es daher nicht, Behörden die nötige Sicherheit für konsequentes Handeln zu geben. Es beginnt damit, dass die Gesetze die Verantwortung für die Risikobewertung in die Hände der Unternehmen legen. Schlägt in einer Fabrik der Metalldetektor aus, beraten sich Firmenleitung und Angestellte darüber, was zu tun ist, nicht die Verbraucherschutzbehörde. Entscheidet sich das Unternehmen gegen einen Rückruf, erfährt sie von dem Vorfall oftmals nichts. Würde sie vielleicht anders entscheiden als das Unternehmen, das neben den Gefahren für die Kundschaft vielleicht auch über Rückrufkosten und Reputationsrisiken nachdenkt? Ihre Sicht kann sie so erst gar nicht einbringen.

Hat das Amt Kenntnis von einem Problem, »kann« es einen Rückruf anordnen, so steht es im Gesetz.[30] Wann es dies tun »muss«, ist weniger klar. Die Beweislast liegt bei der Verbraucherschutzbehörde: Sie hat dem Unternehmen nachzuweisen, dass der Rückruf unumgänglich ist. Stellt sich eine Firma quer, geht Zeit verloren. Kommt es zu einem Rückruf, folgt die öffentliche Warnung. Auch hier sollen es die Unternehmen richten. Das machen manche gut: Sie haben vorbereitete Abläufe für das Krisenmanagement, lassen sich beraten, texten schnell präzise Pressetexte, haben einen Medienverteiler an der Hand. Andere beginnen mitten in der Krise bei null – und brauchen deshalb

Zeit. Den Beamt:innen sind die Hände ziemlich eng gebunden. Denn eine amtliche Warnung anstelle des Unternehmens ist nur zulässig, wenn »andere ebenso wirksame Maßnahmen« nicht oder »nicht rechtzeitig« getroffen werden.[31] So steht es im Gesetz, unbestimmt und vollends dazu geeignet, die Behörden im Regen stehen zu lassen. Denn was bedeutet »rechtzeitig«? Wann ist eine Warnung »wirksam«? Das sagen die Paragrafen nicht. Reicht es, nach drei Tagen eine Pressemitteilung an eine kleine Lokalzeitung zu versenden? Muss es schneller gehen, der Verteiler größer sein?

Aufgrund der Unsicherheiten haben die Unternehmen weitgehend freie Hand. Dass eine Behörde selbst schon warnt, weil die PR-Abteilung der Firma zu lange über der Pressemitteilung brütet, dass sie anordnet, Fotos mitzuschicken, die Gesundheitsgefahren klarer zu benennen, nicht nur eine Handvoll Medien zu informieren – das bleibt die absolute Ausnahme. Und wenn eine Behörde schneller, deutlicher, präziser warnen könnte als eine Firma? Ginge es nur nach dem Verbraucherschutz, sie müsste es tun. Doch das Lebensmittelrecht wird an vielen Stellen anders ausgelegt: *Unternehmen first, Gesundheitsschutz second.* Ohne eine gesetzliche Klarstellung wird das auch so bleiben.

Weniger als 100 Rückrufe meldete lebensmittelwarnung.de in den Anfangszeiten jährlich. Im Jahr 2020 waren es 214, so viele wie noch nie.[32,33,34] Weil mehr geschlampt wird? Unwahrscheinlich. Vieles deutet vor allem darauf hin, dass Fehler häufiger entdeckt und seltener vertuscht werden. Und dafür gibt es Gründe.

Einer davon ist der Fall Lidl. Anfang 2010 waren schon einmal Listerien in die Schlagzeilen geraten, nachgewiesen auf Käseprodukten eines Herstellers in Österreich. Acht Todesfälle stehen mit dem Skandal in Verbindung, zwei davon in Deutschland, wo Lidl die Produkte unter einer Handelsmarke vertrieben hatte. Für den Discounter zog der Fall ein Bußgeld in Höhe von 1,5 Millionen Euro nach sich[35]: Die Staatsanwaltschaft sah es als erwiesen an, dass das Handelsunternehmen mehrfach von einer öffentlichen Warnung abgesehen hatte, obwohl es von den Keimen wusste – und auch davon, dass Käse aus den betroffenen Chargen bereits verkauft worden war. Nach dem Skandal krempelte Lidl sein Qualitäts- und Rückrufmanagement um und ist heute meist recht offensiv, wenn es zu informieren gilt.

2014 setzte ein anderer Rückruf Maßstäbe, und zwar im Guten. Die Keksfabrik Hans Freitag konnte nicht ausschließen, dass unbemerkt Metallborsten in Gebäckmischungen geraten waren – verkauft unter zig Markennamen bei fast allen großen Handelsketten. Eine schwierige Situation für das Verdener Familienunternehmen. Firmenchefin Anita Freitag-Meyer entschloss sich von Beginn an zu beispielloser Transparenz: Im Fernsehen hielt sie demonstrativ eines der Metallteilchen vor die Kamera, im Firmenblog teilte sie ihr Wissen, antwortete persönlich rund um die Uhr auf jeden Kommentar, gab sogar ihre Handynummer an und ließ sich von Verbraucher:innen direkt anrufen. Am Ende gab es Verunsicherung, aber keine Verletzungen – dafür viel Lob. Denn statt mit Wut und Shitstorms reagierten die Menschen mit Sympathie und Dankbarkeit für den offenen Umgang der Keksfabrikantin mit dem Rückruf.[36]

Wie der Lidl-Fall strahlte auch Freitag-Meyers Erfahrung in die Branche aus – im positiven Sinne. Andere Unternehmen verstanden, dass Menschen Fehler verzeihen, wenn mit ihnen nur richtig und transparent umgegangen wird. Bei vielen, wenn auch längst nicht bei allen, ist angekommen, dass ein Rückruf nicht automatisch mit einem Imageverlust verbunden sein muss. Eine gute Entwicklung, die eines nicht überdecken kann: Damit gefährliche Lebensmittel sicher zurückgerufen, wir schnell und zuverlässig gewarnt werden, sind wir darauf angewiesen, dass alles zusammenkommt: transparenzwillige, verantwortungsbewusste Unternehmen und reibungslose Abläufe in den Behörden, am besten weit entfernt vom Wochenende.

Dass all dies nicht selbstverständlich ist, zeigte auf dramatische Art und Weise der 2019 bekannt gewordene Skandal um listerienbelastete Wurst der bereits erwähnten hessischen Firma Wilke, der ebenfalls mit Todesfällen in Verbindung gebracht wird. Mehr als 1000 verschiedene Produkte musste das Unternehmen schließlich zurückrufen, und erst auf öffentlichen Druck hin veröffentlichten die Behörden Tage nach dem Rückruf eine Liste von Produktbezeichnungen, gaben zu, dass auch Handelsmarken etwa von Metro betroffen waren.[37] Zuverlässig prüfen konnten die Menschen dennoch nicht, ob sie Wilke-Wurst gekauft hatten: Die gab es oft auch ohne Markenlogo, als lose Ware an Bedientheken und in Kantinen. Die Verkaufsstellen, die die Behörden kannten, behielten sie jedoch für sich und setzten Menschen dadurch einem vermeidbaren Risiko aus.

Warum fehlt es an verbindlichen Standards, an klareren Gesetzen? Im Land der Verwaltungsvorschriften existiert ausgerechnet für gesundheitsrelevante Informationen keine Vorschrift, die den mehr als 400 Behörden einheitlich den besten Weg für konsequente Verbraucherwarnungen aufzeigt. Ja, warum ist es noch nicht einmal den Supermärkten vorgegeben, dass sie immer dann ihre Kunden informieren müssen, wenn Produkte, die sie verkauft haben, belastet sind?

Es gibt vor allem einen Grund dafür: Dass wir die Folgen sehen wie im Wilke-Fall, bleibt die absolute Ausnahme. Nicht, weil nichts passiert. Sondern weil lebensmittelbedingte Erkrankungen nur selten auf das ursächliche Produkt zurückzuführen sind – es ist ja längst verzehrt, die Belastung häufig eher unspezifisch. So kommt es, dass Rückruf-Hinweise, die nicht unbedingt sein müssen, weiterhin oft unterbleiben. Zum Beispiel im Einzelhandel, wenn keine Eigenmarke des Händlers, sondern ein

Markenprodukt betroffen ist. Hängt ein Supermarkt keinen Hinweis auf einen solchen Rückruf aus, hat er wenig zu befürchten – und umgekehrt kaum etwas zu gewinnen, wenn er es macht. Im Gegenteil: Ihn muss die Sorge treiben, dass sein Kundenstamm die ständigen Warnungen zu Unrecht auf ihn, den Händler, zurückführen und folglich lieber bei der Konkurrenz einkaufen könnte. Die hat zwar dieselben Waren im Sortiment, sich zu den Rückrufen aber in Schweigen gehüllt. Würden alle Wettbewerber informieren, hätte keiner dieses Problem. Aber das müsste schon der Gesetzgeber regeln.

Selbst ein gebranntes Kind wie der Discounter Lidl, der heute fraglos zu den besten Rückruf-Kommunikatoren zählt, bedient sich keineswegs aller Möglichkeiten, um Menschen vor Gefahren zu warnen. Im Jahr 2021 bewarb der Discounter großflächig seine neue Lidl-App, die auch digitale Kassenbons anzeigen kann.[38] Es wäre die perfekte Schnittstelle, um Warnungen gezielt zu verbreiten: punktgenau an jene Menschen, die die betroffenen Produkte gekauft haben. Doch vorgesehen ist das nicht: Wie die Newsletter und Facebook-Seiten vieler Firmen frei von schlechten Nachrichten bleiben, behält auch Lidl seine App dem Marketing vor. Warum? »Da nicht jeder Kunde die Lidl-Plus-App installiert hat, nutzen wir sie aktuell nicht in der Kommunikation zum Warenrückruf«, teilt das Unternehmen mit – eine abstruse Logik.

»Sonst keine problematischen Hobbys«

Im ersten Stock seines Grevener Reihenhauses liegt das Büro, das sich Gert Kretschmann für sein »Rückruf-Hobby« eingerichtet hat. Gegenüber dem großen, aufgeräumten Schreibtisch stehen Glasvitrinen voller Modellautos, eine von ihnen birgt eine stattliche Sammlung kleiner Feuerwehrfahrzeuge. Die Symbolik könnte kaum treffender sein für einen, der so etwas wie die freiwillige Feuerwehr des Verbraucherschutzes ist, die allerdings Brände löscht, die gar nicht erst entstehen dürften.

Vieles hat Kretschmann in all den Jahren versucht. Als ihm auffiel, auf welch kleinen und versteckten Zetteln manche Supermärkte ihre Rückrufinformationen präsentierten, entwickelte er selbst ein Musterplakat, um zu zeigen, wie es sein sollte: große Fotos, die wichtigsten Informationen, alles übersichtlich. Einige Male kam es bereits zum Einsatz. Am meisten Zeit kosteten ihn aber die stundenlangen Recherchen und das Verbreiten all der Warnungen. »Ich wundere mich, dass ich so lange durchgehalten habe«, sagt er. Seiner Frau musste er irgendwann versprechen, das Handy zu Hause zu lassen, wenn das Paar freitagabends zum traditionellen Restaurantbesuch aufbricht – es poppten einfach ständig neue Warnhinweise auf, die es zu vermelden gab. Zumindest habe er »sonst keine problematischen Hobbys«, sagt Kretschmann. Und doch ist er ein wenig müde geworden in all den Jahren, die Arbeit nahm einfach überhand. Am liebsten würde er das Portal nun abgeben. Das Thema Rückrufe aber wird ihn weiter beschäftigen: Er wird es nicht alleine richten, muss darauf setzen, dass die Gesetze besser werden, die Behörden ihre Arbeit machen, sich gute Rückruf-Standards endlich verbreiten. Eine Idee, was er dazu noch beitragen könnte, hat er bereits. Er wird versuchen, sie fortzuentwickeln.

Auf dem Weg aus dem Büro fällt sein Blick auf die beiden Bilderrahmen an der Wand, gleich neben der Tür. Unter Glas die Eintrittskarten von Konzerten, die Kretschmann besucht hat. Besonders häufig war er bei Udo Lindenberg, dem »Panikrocker«. Sobald die Pandemie es zulässt, soll endlich auch ein Rammstein-Ticket eingelöst werden, sagt er. Bei aller Müdigkeit nach fast 15 Jahren Verbraucherschutz: Kretschmann will es noch ein wenig krachen lassen.

KAPITEL 7

Billig-Falle

Warum es sich für Bauern und Unternehmen
kaum lohnt, Klima und Tiere zu schützen

Hohe Eichen dominieren den großzügigen Hofplatz in Rettmer
am südlichen Rande Lüneburgs. Vom Giebel der altehrwürdigen
Backsteinscheune ruft eine Krähe, unaufhörlich fliegen Schwalben in ihre Nester unter dem Dach. »Piep! Show« steht auf einem
Schild an einem Bretterverschlag, daneben ein Fenster, durch das
die Besucher:innen Hühnerküken beim Picken beobachten können. Der kleine Hofladen funktioniert nach dem Vertrauensprinzip: Kartoffeln und Eier einpacken, ins Buch eintragen, Geld in
die Kasse werfen.

Von der Terrasse seines Wohnhauses auf der anderen Seite des
Hofplatzes, wo sich die Familie zum Mittagessen versammelt hat,
ruft Jochen Hartmann Gästen ein fröhliches »Hallo« entgegen.
Er bewirtschaftet den Hof in 19. Generation. Eine eindrucksvolle
Tradition, die dem 40-Jährigen bewusst wird, wenn er an sein
Hofbuch denkt und an die mehrere Jahrhunderte nachzeichnenden Einträge darin. »Es gab immer Herausforderungen«, lautet
seine Lehre daraus: »Hand- und Spanndienste für den König, der
Dreißigjährige Krieg, die Nazizeit. Heute heißen die Herausforderungen Klimaschutz, Biodiversität und Bodenschutz.«

Es ist kein Bio-Bauer und kein Umweltschutz-Aktivist, der so redet. Hartmann beschreibt sich als einfachen konventionellen Landwirt. »Früher wollte ich einfach nur Menge machen«, sagt er. Zwei Erlebnisse vor etwa zehn Jahren haben seine Sicht verändert: Die Kartoffelpflanzen kämpften mit einer Pilzkrankheit, und der junge Landwirt griff zur Spritze, wie er das gelernt hatte, als er in der Ausbildung zwar »jeden Schädling« kennengelernt, aber kaum etwas über Nützlinge und Bodenbiologie erfahren habe. Fast zeitgleich erlitt er zwei Bandscheibenvorfälle. Sein Arzt machte ihn nachdenklich, indem er ihn vor die Wahl stellte: »Er hat mir gesagt, es gibt zwei Optionen: Sie können die Symptome bekämpfen oder die Ursachen.«

Hartmann entschied sich, die Ursachen zu bekämpfen.

Ein Samstag im Juni 2021, der »Lange Tag der Stadtnatur« der Loki-Schmidt-Stiftung. Jochen Hartmann zieht noch schnell eine dunkelgrüne Steppweste gegen den Wind über den hellgrünen Pullover. Für zweieinhalb Stunden führt er 14 Interessierte durch seine Felder. Was denen als Erstes auffällt: die Farben. Klatschmohn, Kornblumen, Margeriten, Klee – auf dem mehrjährig angelegten Blühstreifen zeigt die Natur ihre Palette. Zwölf Meter breit hat Hartmann ihn am Rande seiner Felder angelegt, damit brütende Rebhühner sicher vor dem Fuchs sein können. Ist im Herbst die Blüte vorbei, lässt Hartmann den Streifen stehen, verzichtet auf Mahd und Mulchen – etwas, an das er sich erst gewöhnen musste. Schließlich wurde ihm beigebracht, dass ein Landwirt »alles schick« machen sollte, und auch heute sagen Kollegen ihm noch: »Bei dir sieht's ja aus wie Kraut und Rüben.« Er habe gelernt, die Kommentare »auszuhalten«. Jetzt freut er sich, wenn Vögel nach Samenkörnern picken, Rebhühner ihre Küken in seiner Feldmark ausbrüten und sich der lange Zeit verschwundene Fasan wieder angesiedelt hat.

»So, jetzt geh'n wir mal auf den Acker.« Auf der Trecker-Spur schreitet Hartmann voran. Wie bestellt, beginnt eine Lerche ihren Gesang. »Die habe ich ja das ganze Jahr noch nicht gehört«, freut sich eine Besucherin. Nach keinen hundert Metern und Dutzenden aufgehäufelten Reihen von Kartoffelpflanzen wird das Bild plötzlich unterbrochen: In zwei Reihen strecken sich Steckhölzer eineinhalb Meter hoch in den Himmel – Pappeln, quer über den gesamten Kartoffelacker. Zwei, drei Meter hoch sollen sie dieses Jahr noch wachsen und im nächsten Jahr, hofft Hartmann, bereits einen guten Windschutz bieten.

Eine Wette auf die Zukunft

Agroforst heißt die Methode, bei der Landwirte bewusst Acker-fläche aufgeben, um Bäume zu pflanzen. Hartmanns Ziel: Wind aus den Feldern nehmen, das Mikroklima verbessern und, ange-sichts der Trockenheit der vergangenen Jahre, weniger wässern müssen. Bäume vermindern die Bodenerosion, sie filtern den Schadstoffeintrag ins Grundwasser, sie binden Kohlenstoff und sorgen für den Humusaufbau im Boden, der Einsatz von Dünger und Pflanzenschutzmitteln kann reduziert werden,[1,2] kurzum: ein Gewinn für Artenvielfalt und Klimaschutz.[3]

Hier in der Lüneburger Heide ist das zunächst noch eine Wette auf die Zukunft. Hartmann betreibt Aufwand – setzt die Pappeln, harkt dazwischen Unkraut von Hand, weil er seit zwei Jahren auch Glyphosat weglässt – und verzichtet auf fünf Prozent seiner Fläche, die er sonst für den Kartoffelanbau nutzen könnte. Dafür hofft er, durch die Maßnahmen den Ertrag in einigen Jah-ren steigern und Kosten wie Flächenverzicht wieder ausgleichen zu können. Ob es aufgeht, ist offen.

Sind die Bäume in einigen Jahren zu hoch, steht auch hier die Ernte an. Hartmann will Pappelholzschnitzel kompostieren und auf dem Acker ausbringen, um abermals den Humusgehalt seiner Böden zu steigern. »Die Landwirtschaft hat den Humus in den vergangenen Jahrzehnten komplett aufgebraucht«, sagt der Bauer selbstkritisch. »Wir müssen uns ändern, denn in zehn Jahren werden wir ohnehin eine ganz andere Landwirtschaft machen müssen.«

Nächste Station: der Rübenacker. Auch hier blüht es, diesmal mitten auf dem Feld: die »Beetle Bank«, ein drei Meter breiter, mit dem Pflug aufgehäufter Wall. Ringelblumen, rosa Schafgarbe und Lichtnelken locken Käfer und andere Insekten. Der lockere, offene Boden ist ideal zur Eiablage, mit ihrer Schatten- und Sonnenseite bietet die »Beetle Bank« Lebensraum für unterschiedlichste Arten. »Früher hätte ich mich nie getraut, den Acker so zu stören«, bekennt Hartmann, »aber ich habe der Forschung vertraut.« Jetzt zählen Wissenschaftler:innen in seiner Feldmark Insekten und andere Tiere, um mitzuverfolgen, wie sich der Artenreichtum verändert. Tatsächlich steigt die Zahl der Feldhasen von Jahr zu Jahr, und Schwalben fliegen bevorzugt die Blühstreifen ab, weil es dort vor Insekten nur so wimmelt.

Auf 190 Hektar baut Hartmann an: Kartoffeln, Getreide, Raps, Rüben. 90 Hektar bewirtschaftet er traditionell, 100 Hektar groß ist seine Experimentierfläche. Und wie er experimentiert! Statt »Geld für den neusten Schlepper« auszugeben, investiert der Landwirt lieber in immer neue Bodenanalysen, um dann gezielt den Nährstoffgehalt zu beeinflussen und Dünger oder Pflanzenschutzmittel zu reduzieren. Spätabends liest er sich durch wissenschaftliche Studien, um Anregungen für seine Versuche zu bekommen. Auf einem Feld mit Extensivgetreide brachte er nur die Hälfte des Saatguts aus, setzte dafür eine Untersaat mit Leindotter, Hornklee, Rot- und Gelbklee. Anders als in Monokulturen finden Nützlinge wie Schwebfliegen hier Nahrung. Der Landwirt ist begeistert, wie wenig Unkraut kommt, obwohl er in diesen Flächen auf Pflanzenschutzmittel und auf Mineraldünger verzichtet. Am Rapsfeld öffnet er zum Test eine noch zarte Schote und erklärt dem beeindruckten Besuch, wie er auch hier auf Mischkulturen setzt, um die Bodenbiologie zu verbessern und Pflanzen zu stärken, und auf Algenpräparate, um das Wurzelwachstum anzuregen.

Jochen Hartmann schiebt einen Kunststoffzaun beiseite. Die Besuchsgruppe hat die letzte Station des Rundgangs erreicht: einen Bauwagen, den mobilen Hühnerstall. Jede Woche wird er verschoben, um den Tieren eine neue Auslauffläche zu verschaffen. Vor dem Wagen, zwischen Hasel- und Johannisbeersträuchern, wächst hohes Gras. Neugierig arbeitet sich gackernd die erste Henne durch Mohn, Fingerhut und Klee. Rasch bildet sich eine Traube Hühner um die Menschengruppe. Andere Tiere ziehen es vor, im Schatten des kleinen Pappelwaldes nebenan zu bleiben, der, anders als auf dem Kartoffelacker, schon hochgewachsen ist. Rund 2 800 Legehennen hält Hartmann in mehreren Mobilställen. Und auch hier experimentiert er fleißig weiter, stellt Alpakas in den Auslauf und staunt, wie gut diese Marder und Habichte von den Hühnern fernhalten. Seine Gäste sind beeindruckt. Eine Lehrerin will am liebsten gleich mit ihrer Klasse wiederkommen, sagt sie zum Abschied.

Eine Sonderwirtschaftszone für den Naturschutz

Am Stadtrand von Lüneburg setzt Bauer Hartmann eine ganze Menge von dem um, was in den Augen vieler geschehen sollte, damit Landwirtschaft nachhaltiger wird: Er sorgt für mehr Artenvielfalt, mehr Klima-, Boden- und Wasserschutz, für eine bessere Tierhaltung, weniger Düngemittel und weniger Pestizide. Es mag längst nicht alles perfekt sein, und einiges befindet sich am

Anfang seines Ausprobierens, doch Hartmann sucht den Weg in die richtige Richtung – mit einer Motivation und Begeisterung, die ansteckend wirkt. Und doch hat die Sache einen großen Haken: Unter normalen Bedingungen könnte der Bauer so niemals arbeiten.

Mit dem Extensivgetreide zum Beispiel erzielt er bisher höchstens 40 Prozent des Ertrags im Vergleich zu klassisch bewirtschafteten Flächen, und teurer verkaufen kann er seine Ernte nicht. »Betriebswirtschaftlich wäre das eine Katastrophe«, gibt Hartmann zu. Dass er im Konjunktiv spricht, hat einen Grund: Denn der Bauer hat für seine Experimente Geldquellen erschlossen, die es nur deshalb gibt, weil es sich um Versuche handelt. Stiftungen finanzieren ihm Pappelstecklinge für die Agroforstsysteme. Vor allem aber helfen ihm die Gelder des sogenannten FRANZ-Projekts, bei dem in ungewöhnlicher Allianz Bauernverband und Naturschutzbund, Landwirtschafts- und Umweltministerium, die Umweltstiftung Michael Otto sowie Forschungseinrichtungen zusammenarbeiten, um Naturschutzmaßnahmen in der Landwirtschaft zu testen.[4] Der Hof Hartmann ist einer von gerade einmal zehn Demobetrieben, in denen probiert und geforscht wird. So hat der Bauer zwar die Arbeit, aber kein Risiko: Das Projekt übernimmt die Mehrkosten und gleicht Ernteverluste finanziell aus. Eine Art Sonderwirtschaftszone für den Umwelt- und Naturschutz.

Hätte er das alles ohne die Projektförderung machen können? »Nee!«, sagt Hartmann entschieden. Er denkt an den Aufwand allein für das 40 mal 40 Meter große »Vogelfenster« inmitten eines Feldes, in dem statt Getreide Erbsen wachsen – wodurch Goldammer wie Lerche einen Lebensraum finden. Ohne Aussicht auf Kompensation hätte er bei der Getreidesaat wohl gesagt: »Drill mal weiter.«

Rentabel ist allein die komfortable Hennenhaltung, und auch

das hat Gründe. Auf dem Hof der Hartmanns kostet das Ei 40 Cent – weit mehr als andere Eier aus konventioneller Haltung. Die wenigen lokalen Geschäfte, die die Eier ebenfalls verkaufen, gehen bei den Preisen mit. Auch für ihre Ackerfrüchte hat die Familie Direktvermarktung als ihren Weg erkannt, den sie zukünftig noch ausbauen will. »Wir sind unsere eigene Nische«, weiß Hartmann. Außerhalb dieser Nische würde seine Art der Tierhaltung nicht funktionieren. Dort, wo Masse gemacht wird: in der Industrie oder bei den großen Supermarktketten. »Wenn du einmal ein Gespräch mit dem Chefeinkäufer einer Handelskette hattest – da geht es nur um den Preis, Qualität interessiert nicht.«

»Routinemäßig Schmerzen und Leid«

Landwirtschaft, wie viele sie sich vorstellen – Stand heute funktioniert das nur innerhalb lokaler Nischen oder dann, wenn Projektgelder fließen. Doch die erreichen nur einzelne Betriebe, einen Bruchteil des Marktes. Nachhaltigkeit ist nicht der Standard in einem System voller Fehlanreize, das die Großen belohnt und die Engagierten bestraft. Im Gegenteil. Fast 60 Milliarden Euro fließen EU-weit jedes Jahr als Agrarsubventionen in die Branche.[5] Wir, die die Steuern zahlen, hätten also Grund zu der Erwartung, dass mit all dem Geld Gemeinwohlziele wie Artenvielfalt, Klima- und Tierschutz entscheidend vorangebracht werden, Bauernhöfe eine sichere Existenzgrundlage erhalten. Doch in dieser Hinsicht liest sich die Bilanz der europäischen Agrarpolitik wie ein einziges Desaster.

Beispiel Tierhaltung. Der Wissenschaftliche Beirat des Bundeslandwirtschaftsministeriums analysierte sie 2015 in einem ausführlichen Gutachten – und griff zu prägnanten Worten: Es gebe »erhebliche Defizite vor allem im Bereich Tierschutz, aber auch im Umweltschutz«. Die Haltungsbedingungen »eines Großteils der Nutztiere« sei »nicht zukunftsfähig«, die Mindeststandards in Europa zu niedrig.[6] Dass es Tieren unter dem Bio-Siegel automatisch besser gehe, hatte 2011 bereits eine Analyse des staatlichen Thünen-Instituts und der Bioland Beratung GmbH als Irrglauben entlarvt: Bei der Tiergesundheit unterscheide sich »das Niveau nicht von dem des konventionellen Landbaus«, es sei »in weiten Bereichen nicht zufriedenstellend«, heißt es darin unverblümt.[7] In der Öko-Haltung bekommen die Tiere zwar mehr Platz, Auslauf und anderes Futter, gesünder sind sie dadurch nicht, wie auch der Veterinärmediziner Matthias Wolfschmidt, mein früherer Kollege bei foodwatch, in seinem Buch »Das Schweinesystem« beschreibt. Ob bio oder konventionell, große oder kleine Höfe: Studien legen nahe, dass jedes vierte Tierprodukt von einem Tier stammt, das unter größtenteils vermeidbaren Krankheiten litt.[8] Nicht ohne Grund also vertrat der frühere Bundeslandwirtschaftsminister Jürgen Borchert (CDU) in einem ARD-Interview die Position, »dass die jetzige Art der Tierhaltung nicht dem Tierschutzgesetz entspricht«.[9] Und auch der Deutsche Ethikrat forderte 2020 erhebliche Reformen und eine »verantwortliche Regulierung« ein, denn: »Unter den heute gängigen Zucht-, Haltungs-, Schlacht- und Verwertungsbedingungen werden Tieren oft routinemäßig Schmerzen und Leid zugefügt.«[10]

Auch in Sachen Biodiversität musste sich die Bundesregierung von ihren eigenen Beratern gehörig den Kopf waschen lassen. 2018 bewertete ihr Sachverständigenrat für Umweltfragen den Artenschwund als »in höchstem Maße besorgniserregend«, als »Warnsignal«, das »unverzügliches Handeln« erfordere. Langzeitmessungen hatten den Verlust von 80 Prozent der Biomasse von Fluginsekten innerhalb von weniger als 30 Jahren festgestellt. Nötig seien daher »weitreichende« Veränderungen, vor allem in der Landwirtschaft: weniger Pflanzenschutzmittel und Mineraldünger, mehr Kleinstrukturen mit Hecken, Bäumen und Ackerrandstreifen anstelle großer, freier Felder.[11] 2020 folgte der nächste dringende Appell: »Die Situation ist dramatisch, der Handlungsbedarf akut«, mahnte diesmal die Nationale Akademie der Wissenschaften Leopoldina in einer markanten Stellungnahme. Sie forderte einen »Wandel hin zu einer nachhaltigen Landwirtschaft, die auch den Schutz der biologischen Vielfalt einbezieht«. Was im Umkehrschluss bedeutet: Bisher tut sie dies nicht.[12]

Ähnliches lässt sich über den Klimaschutz sagen, für den die Ernährungswirtschaft eine maßgebliche Rolle spielt. Allein aus der Landwirtschaft kommen nach Angaben des Umweltbundesamtes 7–8 Prozent der deutschen Treibhausgase[13] – oder auch 13 Prozent, werden die Emissionen aus der Landnutzung, dem landwirtschaftlichen Verkehr und von Gewächshäusern hinzugerechnet, die bei der international vereinbarten Methodik der Klimaberichterstattung anderen Sektoren zugeordnet sind.[14] Wesentliche Klimaeffekte stammen aus der Tierhaltung, der Düngung und dem Umbruch von Mooren und Grünland. Vor allem in Regionen mit intensiver Tierhaltung, wo Gülle über den Bedarf der Pflanzen hinaus auf die Äcker ausgetragen wird, sind die Stickstoffüberschüsse beträchtlich. Sie belasten Gewässer mit Nitrat, verursachen Kosten bei der Trinkwasseraufbereitung[15] und bringen hoch klimaschädliches Lachgas in die Luft.[16] Jahrelang überschritten Nitratwerte im Grundwasser die Grenzwerte der EU – doch selbst, als sich die Bundesregierung schon europäische Vertragsverletzungsverfahren und ein Urteil des Europäischen Gerichtshofs eingehandelt hatte, konnte sie sich lange nicht auf eine strengere Düngeregulierung verständigen. Dass die jetzige wirkungsvoll genug ist, daran zweifeln Fachleute.[17,18,19,20] Beim deutschen Klimaschutzgesetz war es das Verfassungsgericht, das zum Nachbessern zwang. Die Große Koalition verschärfte 2021 schließlich auch die Einsparziele für die Landwirtschaft ein wenig, jedoch weniger stark, als zunächst erwogen.[21]

Möchte Politik Landwirtschaft nachhaltiger machen, kann sie den Höfen Vorgaben machen oder dafür sorgen, dass sich Nachhaltigkeit für die Betriebe lohnt. Das fehlgeleitete System der europäischen Agrarsubventionen vermag genau dies nicht. Aller Einwände zum Trotz – unlängst kritisierten 3 600 Wissenschaftler:innen in einem gemeinsamen Appell diese Ausrichtung[22] – werden sie noch immer vor allem als Flächenprämie ausbezahlt: Wer viel Land hat, bekommt viel Geld, unabhängig davon, was auf dem Land passiert. Für uns, die die Steuern zahlen, ist dieser Status quo doppelt unbefriedigend, wir werden so gleich zwei Mal zur Kasse gebeten: erst zur Förderung einer Landwirtschaft, die massive Umweltschäden verursacht – und dann für deren Beseitigung, die wir zum Beispiel über unsere Wasserrechnung bezahlen.

Zwar wird seit einigen Jahren ein Teil der EU-Gelder an Umweltauflagen geknüpft, allerdings äußerst zaghaft und mit überschaubarem Erfolg. »Weitgehend wirkungslos« sei das, urteilte der Beraterstab des Bundeslandwirtschaftsministeriums 2018.[23] Die Subventionen sollten nur noch für Gemeinwohlleistungen fließen, regten sie an und bemängelten, dass auch die Bundesregierung ihre nationalen Spielräume bei der Verteilung der Milliarden nicht nutzt, um den Umwelt- oder Tierschutz konsequent zu fördern. »Der Gestaltungswille der Bundespolitik ist gering, wenn es um eine Agrar- und Ernährungspolitik für die Mitte der Gesellschaft geht«, sagte der Vorsitzende des Beratungsgremiums, der Agrarökonom Harald Grethe, dem *Spiegel*.[24] In seinem Nachhaltigkeitsgutachten legte der Beirat Mitte 2020 nach und kritisierte, dass »ein starker Lobbyeinfluss der landwirtschaftlichen Interessenverbände« einer konsequenten Politik entgegenstehe,

etwa eine mit Blick auf Stickstoffüberschüsse und die damit ein-
hergehende Umweltproblematik ausreichende Dünge-Regulie-
rung verhindert habe.[25]

»Systemversagen in der Politik«

Auch in der Lebensmittelindustrie ist das Gefühl durchaus verbreitet, dass wenig politische Unterstützung bekommt, wer gesellschaftlich gewollte Verbesserungen voranbringen möchte.
Immer wieder treffen in Unternehmerrunden Verantwortliche
von kleineren und mittleren Firmen zusammen und klagen sich
gegenseitig ihr Leid.

Michael Durach ist so einer, geschäftsführender Gesellschafter
des Senf- und Feinkostherstellers Develey (»Löwensenf«,
»Bautz'ner«): ein Familienunternehmen mit Sitz in Unterha-
ching, rund 2 500 Beschäftigte, Umsatz von mehr als 500 Millionen Euro. 2008 – »da gab es noch keine Greta«, das ist Durach
wichtig – setzte er sich das Ziel, an allen Standorten klimaneutral
zu produzieren. 2020 erreichte er es. Die Strategie besteht vor
allem aus dem Vermeiden und Vermindern von Emissionen
durch kürzere Transportwege, den Verzicht auf Palmöl in Saucen,
erneuerbare Energien, nachhaltige Verpackungen. Erst als Letztes
kommt das Pflanzen von Bäumen als Kompensation für das, was
sich partout nicht vermeiden lässt.

Geht doch, ließe sich angesichts dieser Bilanz sagen. Michael
Durach – markant große, schwarz gerahmte Brille, dunkle, nach
hinten gegelte Haare – hat eine andere Sicht auf die Dinge. Wenn
er im Videogespräch ein »Systemversagen in der Politik« beklagt,
ist er kaum zu bremsen. Durach spricht nicht schäumend, sein
Ausdruck ist verschmitzt, immer wieder blitzt der bayerische
Zungenschlag durch, der seine Worte weicher klingen lässt und

doch nichts von ihren Spitzen nimmt. Erstens hätte Develey die Klimaziele mit Unterstützung der Politik schneller erreichen können, sagt er. Zweitens habe er nur vorangehen können, weil die Geschäftszahlen stimmten. Viele andere kleinere und mittelgroße Unternehmen seien nicht so einfach in der Lage, bewusst auf Profit zu verzichten und in Veränderung zu investieren: »Wenn es uns nicht so gut gehen würde, könnten wir uns Nachhaltigkeit nicht leisten.« Als CEO einer börsennotierten AG, ist Durach überzeugt, hätte er sich gar nicht erst für diesen Weg entscheiden können. »Nachhaltigkeit kostet Geld. In kapitalgetriebenen Unternehmen geht es um die Frage: Was erzähle ich meinen Shareholdern – und die wollen wissen, was das bringt, und nicht, was richtig ist.«

Es ist ein Paradoxon, das es politisch aufzulösen gilt: Gesellschaftlich wissen wir längst, dass wir uns *keine* Nachhaltigkeit nicht leisten können. Die Lage vieler Unternehmen aber ist genau umgekehrt: Sie können sich die Nachhaltigkeit nicht leisten.

Durach ist ein Unternehmer wie geschaffen zum Protagonisten für politische Sonntagsreden. Chef eines Traditionsunternehmens, das inhabergeführt, international erfolgreich und regional verwurzelt ist. Dazu sieht er sich auch noch in der Verantwortung für zukünftige Generationen, gerade beim Klimaschutz. Wenn die viel beschworene Floskel vom »Rückgrat« der deutschen Wirtschaft auf eine Firma passt, dann auf Develey. Durach aber sagt: »Wenn Wahlen sind, kommen Politiker vorbei und wollen Fotos machen – aber glauben Sie, es ruft einer an, wenn die Wahl gelaufen ist?« Sein Eindruck ist: Politik bedient zu sehr die Interessen großer Konzerne.

Damit Klimaschutz gelingen kann, braucht es aus seiner Sicht zwei Dinge: Anreize durch Steuervorteile oder Fördertöpfe und Planbarkeit. Ist die gegeben, wünscht er sich auch ausdrücklich sogar politische Vorgaben, damit es einen fairen Wettbewerb gibt. Wenige Manager sprechen das so offen aus wie der Senfproduzent. Das Problem aber sei, dass es in beiden Punkten nicht läuft. Wolle er als Unternehmer vorangehen, Klimaschutz aus eigenem Antrieb durchsetzen, finde er keine Förderung dafür. Als er eine neue Kältetechnologie entwickelt hatte, sei er vom bayerischen Umwelt- zum bayerischen Wirtschaftsministerium gerannt, von dort an die Bundesministerien und von diesen an die EU verwiesen worden – ergebnislos. »In einem Konzern arbeiten zehn Leute nur daran, Fördertöpfe zu finden, die kann ich mir gar nicht leisten.«

Politik erlebt Durach als »teilweise handlungsunfähig«. Er kritisiert einen »übertriebenen Föderalismus« mit einem ständigen Streit um die Zuständigkeiten, Ministeriumsapparate, »denen es egal ist, wer da oben als Minister herumhupft«, Minister:innen, die auf alles Rücksicht nähmen, auf ihre Partei, auf ihre Chancen, wiedergewählt zu werden. Könne sich Politik dann doch zu Vorgaben – wie bei der CO_2-Bepreisung – durchringen, kämen diese praktisch über Nacht. Planbarkeit geht anders, und mit der Umsetzung seien dann abermals vor allem kleinere und mittlere Unternehmen überfordert: »Die Großen haben die Lobby, sich immer wieder eine Ausnahmegenehmigung zu erhaschen. Bei uns weiß die Politik: Wir sind hier verwurzelt, wir gehen hier nicht weg und zahlen hier unsere Steuern.« Anstelle von Trippelschritten sehnt sich Durach nach einem größeren Wurf: »Wir müssten mal einen Politik-Schnitt machen und von null anfangen.«

»Die Agrarlobby blockiert«

Thomas Domin gehört zu Agroforst-Pionieren in Deutschland. Seinen Hof in Peickwitz bei Senftenberg hat der 42-Jährige vor mehr als 20 Jahren vom Vater übernommen, 370 Hektar ehemalige LPG-Flächen. Seitdem kämpfte er mit den extrem leichten Böden hier in der Oberlausitz, der »typischen Brandenburger Sandbüchse«. In trockenen Jahren trieb ihm der Wind den Sand gegen das Haus. Domin konnte buchstäblich dabei zusehen, wie ihm der Acker wegflog. Das öffnete ihn dafür, etwas Neues zu probieren. An einem Abend lud er schließlich seine Landverpächter ein. Ihr Einverständnis war nötig, um die großen, mit Landmaschinen gut zu bewirtschaftenden Flächen kleinteiliger zu strukturieren, Bäume zu pflanzen. Domin servierte gutes Essen »und ein paar Bierchen«, hielt einen Vortrag über seine Idee. Und gewann die Landbesitzer mit der Aussicht darauf, dass endlich »der Acker da bleibt, wo er ist«. 2014 durfte er loslegen. Für manchen Kollegen ist er seitdem »der Spinner mit den Bäumen«.

Im Pick-up nimmt Domin den Besucher mit auf eine Rundfahrt. Vorbei an der Gänse-Wiese, den Roggenfeldern, gefolgt von Hafer und Mais – alle 50 bis 100 Meter unterbrochen von Baumstreifen. Meist mehrere Reihen mit unterschiedlichen Gehölzen, Robinien, Feldahornen, Baumhaseln, Esskastanien. Domin probiert vieles aus: schnell wachsende Hölzer für die Hackschnitzelheizung, Erlen als Räucherholz, den Flaum der Pappeln als Kissenfüllungen, die Felsenbirnen vielleicht für Schnaps.

Zehn Hektar nehmen alle Baumstreifen zusammen ein. Sie reichen nicht bis an den Rand der Felder, so bleibt genügend Platz, um mit großen Maschinen weiter durchzukommen. Dennoch ist der Effekt gewaltig. Die Windgeschwindigkeiten auf den Feldern haben sich um 90 Prozent verringert, sagt Domin. Auch betriebswirtschaftlich überwiegen die Vorteile: Die Bäume verhindern die Verdunstung und sorgen für höhere Erträge, womit der Verlust von Ackerfläche ausgeglichen ist. Sie bieten Schutz vor Erosion, extremer Trockenheit und Hagelschlag. Nachdem die ersten fünf Hektar Gehölze gepflanzt waren, untersuchten Forscher auch die Umwelteffekte. Weil Domin weniger Dünger und Pflanzenschutzmittel einsetzen muss – auf Pilz- und Insektengifte kann er vollständig verzichten –, spart er damit jährlich 10 Tonnen CO_2-Äquivalente ein, weitere 100 Tonnen CO_2 werden von den Gehölzen gebunden.[26,27] Die Bäume können die Abdrift von Pestiziden vermindern und nehmen zudem überschüssiges Nitrat aus dem Boden auf, wodurch die Belastung im Grund- und Oberflächenwasser sank.[28,29]

Kurz vor dem Wassergraben, der die Grenze seiner Felder markiert, steigt Thomas Domin noch einmal aus dem Pick-up. Unter der sengenden Sommersonne führt er über den Acker hinein in den Pappel-Erlen-Waldstreifen. Ob der Besucher den Unterschied merke, will er wissen. Es ist eine rhetorische Frage. Unter den Bäumen ist es nahezu windstill und einige Grad kühler als in der brennenden Hitze des Feldes. »Wirklich enorm, ich hätte das anfangs nicht für möglich gehalten«, bemerkt Domin. »Am liebsten würde ich mal die Landwirtschaftsministerin und die ganzen Kritiker aus dem Ministerium, die immer sagen, was alles nicht geht, einpacken und hier in den Baumstreifen bringen.«

Wie Jochen Hartmann hat auch Thomas Domin das Gefühl, im Grunde auf dem richtigen Weg zu sein, aber dafür nicht gerade politische Unterstützung zu bekommen. Wie der Kartoffelbauer aus Lüneburg konnte auch er die nötigen Anfangsinvestitionen – immerhin bis zu 5000 Euro pro Hektar Baumstreifen – nur stemmen, weil er sich bereit erklärte, an einem universitären Agroforst-Forschungsprojekt teilzunehmen, und dafür Fördergelder erhielt. »Wir sollten hier mehr Klimaschutz machen, sind aber gezwungen, zu Weltmarktpreisen zu produzieren. Wenn ich etwas etabliere, was erst mal Geld kostet, bin ich im Nachteil – das ist ein Fehler im System«, meint der Lausitzer. Und beschreibt damit treffend die Situation für viele Landwirte: Mehr Nachhaltigkeit ist keineswegs das neue Normal, es ist die Ausnahme, nur in Sonderfällen machbar. »Es geht nur über Förderung«, sagt Domin.

Doch reguläre Förderung für Agroforstsysteme sah das bisherige Subventionssystem nicht vor. Im Gegenteil bestehen erhebliche Unsicherheiten:[30] Pflanzen Landwirte Bäume auf dem Acker, müssen sie sogar Abzüge bei der Flächenprämie befürchten – pflanzen sie sie auf Grünland, werden sie womöglich verpflichtet, Ausgleichsflächen zu schaffen. Und ob Thomas Domin das Holz vom Gewässerrandstreifen ernten und nutzen darf, ist rechtlich eine Grauzone. Auch aus diesen Gründen hat er 2019 einen Verband für Agroforstwirtschaft mitgegründet – und macht zweischneidige Erfahrungen. Im Bundesagrarministerium bestehe kein ernsthaftes Interesse daran, hier weiter voranzukommen, sagt er, obwohl es doch genau das ist, was eigentlich alle wollten. Wer ihn nach den Gründen fragt, erhält eine durchaus überraschende Antwort von dem konventionellen Bauern: »Die Agrarlobby blockiert«, glaubt er. Wen genau er damit meint? »Die BASFs, Bayers, Monsantos, die haben Angst, dass es zu grün wird.« Und auch den Deutschen Bauernverband mit seinem Präsidenten Joachim Rukwied hält er für einen »Teil davon«. Domin wünscht sich vor allem eines: dass Umweltleistungen honoriert werden. Die Spitze des Bauernverbandes aber betreibe »Greenwashing«, wolle, dass alles beim Alten bleibe, ausgerichtet darauf, »Masse zu produzieren«.

Öffentlich jedenfalls tritt der Bauernverband dafür ein, die nur an die Fläche und keine weiteren Bedingungen geknüpften Subventionen weitgehend beizubehalten.[31,32] Beim Klimaschutz wirbt er immer wieder für einen »gesamtwirtschaftlichen Ansatz« und spricht sich gegen allzu spezifische und strenge Sektorziele für die Agrarbranche und zu viel Druck auf die Tierhaltung aus.[33,34,35] Und auf Bauerntagen heizt Präsident Rukwied die Stimmung mit Verteidigungsreden an, die bei manchen wie eine Mischung aus Selbstbeschwörung und Realitätsverweigerung wirken: »Wir brauchen keine Agrarwende – die deutschen Bauern wirtschaften nachhaltig«, so klang das beispielsweise 2016.[36] Fehlte nur das Basta.

»Das war's mit den Sauen …«

Dabei ist es ja nicht so, dass alle Landwirte damit zufrieden wären, wie es ist. Im Gegenteil.

Am 1. Juni 2021 veröffentlicht Florian Röttger einen bitteren Text auf Twitter.[37] Es ist eine Abschiedsnachricht. Der Bauer, konventioneller Ferkelproduzent, verbreitet das Bild der geschlossenen Verladeklappe eines Tier-Transporters. Ein aktuelles Foto von seinem Hof in Ostwestfalen, auf der Klappe des Lastwagens ist noch ein schwungvoll mit wenigen Strichen gezeichnetes Schwein zu erkennen, halb verdeckt von einem auf das Bild montierten, traurigen Emoticon. »So, da war's mit den Sauen …«, schreibt Röttger darunter, »heute haben die letzten Tiere den Hof verlassen … Wie es weitergeht, ich weiß es nicht mehr … Politik hat es wieder geschafft …«

So wie Röttger geht es vielen Bauernfamilien. Sie denken darüber nach, die Tierhaltung oder gleich alles aufzugeben. Nicht wenige tun dies auch. Jedes Jahr machen im Schnitt mehr als 3 500 Höfe dicht, berichtet das Fachmagazin *Agrarheute*.[38] Gab es 1960 allein in der alten Bundesrepublik noch 1,5 Millionen Höfe, von denen im Schnitt jeder weniger als 10 Hektar bewirtschaftete, sind es heute, im vereinten Deutschland, noch weniger als 300 000 mit einer durchschnittlichen Fläche von mehr als 60 Hektar.[39] In einer düsteren Prognose rechnete die DZ Bank Anfang 2020 mit einer praktisch ungebremsten Fortsetzung des

Trends: nur noch rund 100 000, dafür noch größere Betriebe im Jahr 2040. Es drohe »die Abkehr vom Jahrhunderte alten Modell des bäuerlichen Familienbetriebs, den selbstständige Bauern, kleine Betriebseinheiten und mithelfende Familienangehörige kennzeichnen. Die Führung eines Agrarbetriebs gleicht sich immer mehr der eines Industrieunternehmens an.«[40] Besonders dramatisch ist die Entwicklung in der Schweinehaltung. Hier hat sich die Zahl der Betriebe in den vergangenen zehn Jahren bereits annähernd halbiert – nicht jedoch, weil ihre Produkte in diesem Maße seltener gefragt sind, denn der Tierbestand ging im selben Zeitraum nur um fünf Prozent zurück. Wer überleben will, muss also größer werden, immer größer. Statt 459 Schweine vor zehn Jahren hält ein Betrieb heute im Schnitt 826 Tiere.[41] Wachsen oder weichen.

Ob mit den Düngeregeln oder Tierhaltungsstandards: Unzufrieden sind alle. Die Umwelt-, Klima- und Tierschützer:innen, weil es kaum vorangeht. Die Landwirt:innen, weil ständig neue Auflagen drohen, keine davon geeignet, die Debatten über weitere Änderungen zu beenden, die für die Bauernhöfe schließlich oft mit hohen Investitionen verbunden sind. Und das in einer Zeit, in der viele nicht wissen, woher sie bei – wenn überhaupt – mageren Gewinnen das Geld nehmen sollen. Es fehlt an Planungssicherheit. All die Subventionen hinterlassen keine Garantie dafür, mit harter Arbeit ein erträgliches Einkommen erzielen zu können. »Politik hat es wieder geschafft ...«: Das ist längst ein Lebensgefühl geworden. Für Bauernfamilien wie für Umweltschutz-Aktive.

Das Schlimme ist: Beide Seiten haben recht.

Unter dem Druck der Klimakrise und der öffentlichen und wissenschaftlichen Diskussion über die Unzulänglichkeiten der Tierhaltung sieht sich die Politik gezwungen, etwas zu tun. Dabei will sie Bauern nicht überfordern, vor allem aber fehlt ihr der

Mut, Grundsätzliches infrage zu stellen. So kommt sie über Trippelschritte nicht hinaus. Die bringen einerseits den Klima-, Natur- oder Tierschutz nicht entscheidend voran. Andererseits sind sie jedoch geeignet, Bauern in eine ständige Alarmbereitschaft zu versetzen: Welche neuen Regeln gilt es morgen einzuhalten? Welche Investitionen müssen sie langfristig einkalkulieren? Am Ende reichen selbst die ständigen Trippelschritte aus, die Höfe zu überfordern, betriebswirtschaftlich allemal.

Zum »Mega-Thema unserer Zeit« erklärte Agrarministerin Klöckner im Jahr 2019 die Digitalisierung der Landwirtschaft.[42] In Lüneburg, zwischen Hühnerwald und Blühstreifen, kann Jochen Hartmann nur lachend abwinken. »Nee«, sagt er und schaut sich um, »das alles hier ist nicht durch Digitalisierung entstanden. Bodenbiologie, Tiergesundheit, Biodiversität brauchen keine Digitalisierung, die Industrie braucht sie.« Weniger Bürokratie, mehr Unterstützung für Fortschritte, das ist es, was er sich wünscht. »Wir Landwirte müssen experimentieren können. Bei der Politik kommt nur Murks raus.«

Sicher ist: Solange sie das System der billigen Massenproduktion unangetastet lassen, vergessen die politisch Verantwortlichen die zweite Seite: Sie verursachen für die Höfe neue Kosten, und das mit Maßnahmen, die für den Umwelt- und Tierschutz erkennbar unzureichend sind. Gleichzeitig sorgen sie noch nicht einmal dafür, dass Bäuerinnen und Bauern das Geld für diese Ausgaben wieder erwirtschaften können. Veränderungsbereitschaft gedeiht auf diesem Boden kaum.

Vom Importland zum Billig-Exporteur

Der turbulente Markt für Schweinefleisch ist vielleicht das beste Beispiel für falsche politische Weichenstellungen. Vor gerade einmal 20 Jahren war Deutschland noch Importnation, musste Schweinefleisch einführen, um die Nachfrage im Land zu decken. Dann begann ein rasantes Wachstum, die Schlachtmenge stieg und stieg, selbst dann noch, als der Konsum im Inland merklich abzunehmen begann. Erst seit einigen Jahren ist die Tendenz, auf hohem Niveau schwankend, leicht rückläufig.[43,44] Seit 2005 aber übersteigen die Ausfuhrmengen konstant die Einfuhren. Deutschland ist von der Importnation längst zum Massenexporteur geworden. Das Bundeslandwirtschaftsministerium hält dies offenbar uneingeschränkt für eine Erfolgsgeschichte, spätestens, seit es Deutschland als »Exportweltmeister« beim Schweinefleisch feiern konnte[45] – ein höchst fragwürdiger Titel, um den es seit einigen Jahren mit den USA und Spanien konkurriert.[46,47]

Mehr als 50 Millionen Schweine werden hierzulande jedes Jahr geschlachtet, fast 100 pro Minute. Etwas weniger als die Hälfte geht in den Export, und anders als manchmal suggeriert, werden nicht einfach nur Pfoten, Ohren und andere Teile, die die Menschen hier nicht essen wollen, nach China geliefert – der größte Anteil der Fleischausfuhren findet Abnehmer innerhalb der EU. Wir halten so viele Tiere im Land, dass wir für sie massenhaft Futter aus dem Ausland einführen müssen, vor allem Soja, dessen Anbau zur Zerstörung des Amazonas-Regenwaldes beiträgt.

»Exportweltmeister« wurde Deutschland nicht, weil es einzigartige Qualität liefert. Es befolgt schlicht das Gesetz des Weltmarktes, das da lautet: Wer am billigsten anbietet, bekommt den Zuschlag. Mehrere politische Entscheidungen begünstigten die Entwicklung. Lange gaben Exportsubventionen einer noch Ende der 1990er-Jahre wenig konkurrenzfähigen Fleischwirtschaft das Signal, auf das Auslandsgeschäft zu schauen, und halfen ihr dabei, im Preiswettbewerb bestehen zu können. Mit der EU-

Erweiterung kamen billige Arbeitskräfte aus Osteuropa ins Land, die in Schlachtbetrieben zu kläglichen Stundenlöhnen und unter teilweise menschenunwürdigen Bedingungen arbeiteten. Im westfälischen Rheda machten sich in den 1970er-Jahren findige Unternehmer auf, aus einem kleinen Fleischhandel einen internationalen Mega-Konzern zu bauen: Tönnies.[48,49] Die Ideen der Brüder Tönnies revolutionierten die Branche und sorgten für eine weitere Marktkonzentration. Sie lieferten Fleisch und Fleischprodukte direkt an den bereits von großen Ketten dominierten Einzelhandel. Vorverpackte »SB-Ware« in Selbstbedienregalen löste in den Supermärkten mehr und mehr die Bedien-Theken ab und machte handwerklich arbeitenden Metzgereien Konkurrenz. Tönnies schaffte die Mengen heran, die der Handel brauchte, seine Preise: konkurrenzlos. Schlachten und Zerlegen wurde zum Fließbandgeschäft. Grundlage dafür ist bis heute die Massenschlachtung und -weiterverarbeitung im industriellen Maßstab, wie sie nur in Konzerngröße möglich ist. Auch in der Haltung braucht es seither maximale Effizienz, weshalb zum Beispiel die wenig tiergerechten Betonspaltenböden so verbreitet sind: Solange nur kein Stroh im Weg ist, fallen Kot und Urin nach unten durch. Das spart Aufwand und damit Kosten.

Wie im Handel ist also auch die Fleischbranche – mit einem Umsatz von mehr als 40 Milliarden Euro im Jahr der größte Zweig in Deutschlands Lebensmittelwirtschaft[50] – von Oligopolen geprägt. Weite Teile sind in der Hand weniger Großkonzerne, allen voran Tönnies, mit großem Abstand folgen Vion, Westfleisch und bei Geflügel die PHW-Gruppe (Wiesenhof).[51] Bei Schweinen sind zehn Unternehmen für rund 80 Prozent der Schlachtungen verantwortlich.[52] Und die Branchenriesen achten tunlichst darauf, die eigenen Kosten im Blick zu halten.

Das bleibt nicht ohne Folgen. Ein solches System ist angewiesen auf Masse statt Klasse – und auf Billig-Produktion. Das heißt:

kompromisslose Effizienz. Aber auch: Niedriglöhne, lange Zeit gestützt durch ein System der Leiharbeit. Und Preisdruck auf die Lieferanten, dem diese nur mit niedrigen Standards standhalten können, mehr schlecht als recht. Politisch war dieser »Erfolg« der Branche gewollt, die Grundlage für diesen Erfolg wenigstens geduldet. Als 2020 Corona-Ausbrüche in Schlachthöfen einmal mehr ein schlechtes Licht auf die dortigen Arbeits- und Unterbringungsbedingungen der Leih-Beschäftigten warfen, gestand der nordrhein-westfälische Sozialminister Karl-Josef Laumann ein jahrelanges, parteiübergreifendes Versagen ein. Niemand könne »so tun, als wenn wir nicht wüssten, dass wir es in der Arbeits- und Unterbringungssituation der osteuropäischen Werkvertragsarbeitnehmer in der Fleischindustrie oft mit prekären Verhältnissen zu tun haben«, so der CDU-Politiker.[53] Er selbst hatte bereits früher »katastrophale Arbeitsbedingungen« und »systemimmanente Verstöße gegen das Arbeitsrecht« beklagt[54] – freilich ohne diese abstellen zu können.

Das Eingeständnis des Versagens ließe sich eins zu eins auf die Zustände in der Tierhaltung übertragen: käfigartige Kastenstände zur Fixierung von Muttersauen. Jahrelang die betäubungslose Kastration von Ferkeln. Enge Ställe, in denen neun von zehn Schweinen auf Spaltenböden leben. Der Anteil von Betrieben mit Freilandhaltung »so gering«, dass er in einer Grafik »kaum sichtbar ist«, wie das staatliche Thünen-Institut in einem Bericht feststellen musste. Das alles sind Treiber für den Exporterfolg der deutschen Schweinefleischwirtschaft. »Die niedrigsten Produktionskosten haben deutsche, spanische, brasilianische und US-amerikanische Betriebe«, stellt das Thünen-Institut fest – es sind vor allem jene Länder, die in der Exportstatistik führend sind.[55]

Folgenreiche Abhängigkeit

So ist das ganze System darauf ausgelegt, einigen wenigen die Taschen zu füllen. Tönnies und andere Großkonzerne profitieren von Standard-Dumping und Außenhandel – die Erzeugerbetriebe nicht. Sie stecken fest in einer Billig-Falle, sind gezwungen, die Standards niedrig zu halten und Masse zu liefern. Kein Wunder, dass dem Statistischen Bundesamt zufolge die Ladenpreise für Lebensmittel zwischen 2000 und 2020 um rund 47 Prozent stiegen, die Bauernhöfe in diesem Zeitraum jedoch nur etwa 27 Prozent mehr Geld erhielten. Bei Fleisch klafft die Schere in der Entwicklung von Erzeuger- und Verbraucherpreisen sogar noch weiter auseinander. Was auch zeigt: Bezahlen wir im Supermarkt einfach mehr fürs Fleisch, kommt dadurch nicht mehr bei den Bauernhöfen an. Wo es Geld zu verdienen gibt, landet es beim Handel und in der Industrie. Nur: Wie sollen diejenigen, die die Tiere halten, mehr Tierschutz liefern, wenn den dadurch entstehenden höheren Kosten nicht auch höhere Einnahmen gegenüberstehen?

Die Orientierung an den Weltmärkten und die Partnerschaft mit milliardenschweren Industrieschlachtern sind für Bauernhöfe ein Fluch – im gegenwärtigen System der Massenkonzerne inzwischen aber gleichermaßen unverzichtbar. Sie zwingt ihnen niedrigste Kostenstrukturen auf. Doch würden Tönnies und andere Konzerne sich nicht global orientieren und überall auf der Welt nach Absatzmärkten für hierzulande unverkäufliche Nebenprodukte suchen – was ihnen nur dank der schieren Masse gelingt –, sie würden den Landwirtinnen und Landwirten *noch* weniger für ihre Schweine bezahlen. Das macht die Bauernhöfe abhängig vom ärgsten Feind. Die Billig-Falle schnappt endgültig zu.

Das alles verleitete Bundesagrarministerin Julia Klöckner

nicht etwa dazu, die Ausrichtung auf Tiefstpreis-Ausfuhren infrage zu stellen. Unbeirrt gab sie das Ziel aus, den Agrarexport weiter auszubauen.[56] »In Anbetracht der weithin gesättigten Inlandsmärkte ist die deutsche Agrar- und Ernährungswirtschaft künftig weiterhin auf Wachstum im Export angewiesen«, fasst ein Evaluationsbericht die Exportförder-Strategie der Bundesregierung zusammen – um Landwirtschaft zukunftsfest zu machen und »bestehende Arbeitsplätze im Inland zu sichern«, sucht sie ihr Heil im weiteren Wachstum.[57] Im Inland ist das nicht zu erreichen? Dann eben im Ausland. So ist es bezeichnend, dass alle ernsthaft diskutierten Vorschläge, den Tierschutz zu stärken, das Exportgeschäft unberücksichtigt lassen. Da wären: Fördergelder für neue Ställe, als ob in diese der Tierschutz automatisch einzieht. Eine Tierschutzabgabe auf den Fleischpreis, die wir an den deutschen Ladentheken zahlen müssten, um so Tierschutzmaßnahmen zu fördern. Nicht zuletzt ein Siegel, eine staatliche Haltungskennzeichnung, durch die wir beim Einkauf eine transparentere Wahl bekommen sollen. Gemein ist allen Vorschlägen: Sie sammeln Geld ein oder schaffen Anreize, um die Haltung einiger Tiere, deren Produkte auf dem deutschen Markt verkauft werden, ein wenig zu verbessern. Was sie nicht abdecken: Es werden keine für den Tierschutz wirklich akzeptablen Standards definiert, schon gar nicht für *alle* hier gehaltenen Tiere. Denn das würde auch die Preise für den Export nach oben treiben, und spätestens an den Außengrenzen machen alle Bemühungen um den Tierschutz halt.

Es klingt ja plausibel: Um Auslandsmärkte zu erschließen, gibt das Bundesagrarministerium eine »Verbesserung der Wettbewerbsfähigkeit der Unternehmen auf Auslandsmärkten« als Ziel vor, wie es in dem Evaluationsbericht heißt. Nur: Was, wenn ein Teil dieser Märkte nach einer reinen Preislogik funktioniert, wenn also wettbewerbsfähig ist, wer billig anbietet? Wo soll dieser Wettbewerb enden, für die Höfe, die Tiere, die Umweltziele? »Rund jeder dritte Euro Umsatz der deutschen Ernährungswirtschaft wird im Ausland erwirtschaftet. Dieser Anteil ist in den vergangenen Jahren stetig angestiegen«, fasst eine bisher unveröffentlichte, vom Ministerium beauftragte Marktstudie über die Exportfördermaßnahmen führender Nationen aus dem Sommer 2020 die Abhängigkeit gut zusammen.[58] Und selbst der frühere Landwirtschaftsminister Christian Schmidt sagt: »Die Probleme der Exportorientierung sind so ein Thema, an dem sich mancher vorbeimogelt.«

Dennoch halten auch der Bauernverband und sein Präsident daran fest. Auch 2020 noch, als gleichzeitig Groß-Schlachthöfe infolge von Corona-Ausbrüchen schließen mussten und viele Länder kein deutsches Schweinefleisch mehr abnahmen, nachdem die Afrikanische Schweinepest das Land erreicht hatte.[59,60,61] Dabei hätte die folgenreiche Abhängigkeit von den Riesenkonzernen und Exportmärkten durchaus zu denken geben können.

Kein Wunder also, dass sich längst auch Bauernfamilien gegen die mächtigsten Vertreter ihrer eigenen Branche wenden, nicht nur gegen die Agrarpolitik. »Der Bauernverband hat uns genau dahin gebracht, wo wir jetzt sind«, schimpfte der Landwirt Thomas Frenk in einem *SWR*-Interview am Rande von Trecker-Protesten. »Er hat die Zielsetzung ›Wachsen oder weichen‹, wir müssen für den Weltmarkt produzieren, immer mit dem Ziel: größer, größer, noch größer«, so der Vertreter der »Freien Bauern«,[62] die es sich als Konkurrenz zum großen Berufsverband vorgenommen haben, »nur Bauern zu vertreten und keine Agrarkonzerne«.[63] Und der langjährige Rewe-Einkäufer Josef Echensperger brachte die Situation ebenfalls im *SWR* auf den Punkt: »Wir haben auf der einen Seite die Industrie, den Handel mit einer gewaltigen Marktmacht, wir haben den Export mit einer gewaltigen Marktmacht – und dem gegenüber stehen die Landwirte mit ihren Verbänden ohnmächtig, hilflos gegenüber und haben in den letzten Jahrzehnten nur das eine gepredigt: höher, schneller, mehr.« Folge seien Massenproduktion und Kostenreduzierung, wo es nur geht: »Sie haben sich selbst eine Falle gebaut.«[64]

»Du musst ein Tausendfüßler sein«

Auf seinem Hof in der Lausitz setzt Agroforst-Pionier Thomas Domin darauf, sich den Gesetzen des Marktes zu entziehen. 35 Rinder hält er auf der Weide, dazu 40 Schweine im Stall – auf Stroh und ohne Spaltenböden. »Was ich hier mache, ist Bauernhofromantik«, sagt der Brandenburger lachend. Weniger romantisch, aber besonders allemal: Domin schlachtet selbst. Jeden Montag führt er zwei Schweine in das zur Fleischerei umgebaute LPG-Lager, bei Bedarf ein Rind – ab Freitag verkauft er nebenan im Hofladen ihr Fleisch. So verarbeitet der Bauer alle seine Tiere am eigenen Hof, anders ist es für ihn gar nicht denkbar: »Ich möchte keine Tiere zu Schleuderpreisen raushauen.«

Wollte er statt für den Hofladen für den Massenmarkt produzieren, müsste er die Schweine schneller hochmästen, Kraftfutter für die Rinder dazukaufen, viel mehr Tiere halten und sich abhängig machen von den Preisen, die andere setzen. »Da mache ich lieber meinen Stiefel«, sagt Domin. Mit konsequenter Direktvermarktung schafft er sich ein weiteres Standbein für seinen Betrieb und macht sich weitestgehend unabhängig von den Weltmarktpreisen. »Mein Vater hat gesagt: Du musst ein Tausendfüßler sein, um nicht so oft auf die Schnauze zu fallen.«

Wenn Politiker:innen wieder einmal gegen die Sonderangebote der Discounter wettern, die Fleisch zu immer neuen Tiefstpreisen verramschen, als ob dies der Grund für schlechte Haltung und niedrige Erzeugerpreise wäre, so kann das den Tausendfüßler unberührt lassen. Für Thomas Domin geht es auf, sich in der Nische einzurichten. Umgekehrt interessiert sich jedoch auch der Massenmarkt herzlich wenig für seine Arbeitsweise. Das Geschäft der Aldis und Edekas, der Tönnies' und Vions schert sich nicht um das, was Bauern wie Jochen Hartmann und Thomas Domin so treiben. Damit bleibt die gesellschaftliche Frage ungelöst: Wie ist der Tier- oder Umweltschutz in der Breite voranzubringen, wenn die Ausrichtung des Massenmarktes nicht infrage gestellt wird?

»Verwoben, versippt und verschwägert«

Nicht nur für den Lausitzer Landwirt ist es immer wieder Gegenstand von Diskussionen, wessen Interessen der Deutsche Bauernverband mit seinen Landesorganisationen eigentlich bei alledem vertritt. Als »Stimme der Bauernfamilien« präsentiert er sich selbst.[65] Fest steht aber auch: Seit Jahren sucht er den Schulterschluss mit anderen Verbänden der Lebensmittelwirtschaft. Mit jenen Lobbys also, die den Handel, die Fleischwirtschaft, die Nestlés und Unilevers vertreten – und damit Interessen, die in vielerlei Hinsicht gegensätzlicher kaum sein könnten. Doch mit ihnen arbeitet der Bauernverband zusammen und teilt sich einen gemeinsamen Sitz: das »Haus der Land- und Ernährungswirtschaft« in der Claire-Waldoff-Straße, einer Sackgasse am Rande des Berliner Regierungsviertels.

Bauernfunktionäre pflegen zudem enge persönliche Verbindungen zur Großindustrie und zum Agrarhandel. Zum Beispiel Joachim Rukwied, seit 2012 Präsident des Bauernverbandes: Der Zuckerrübenbauer sitzt unter anderen im Aufsichtsrat der börsennotierten Südzucker AG,[66] einem der größten Zuckerproduzenten der Welt, im Aufsichtsrat der BayWa AG,[67] die kräftig im globalen Agrarhandel mitmischt, und im Präsidium des Deutschen Raiffeisenverbandes[68,69], dessen Mitglieder ebenfalls im Agrarhandel Milliardenumsätze generieren.[70,71] Präsident des Raiffeisenverbandes ist Franz-Josef Holzenkamp, früherer Vizepräsident des Landvolks, wie der Landesbauernverband in Niedersachsen heißt.[72] Im Beirat der BayWa ist zudem der bayerische Bauernpräsident Walter Heidl vertreten.[73,74] Dem Präsidium des Raiffeisenverbandes wiederum gehört neben Rukwied auch Werner Schwarz an, der schleswig-holsteinische Bauernpräsident.[75] Bei der Agravis Raiffeisen AG, wie die BayWa einer der größten Agrarhändler Europas,[76] treffen sich ebenfalls viele Bekannte: Aufsichtsratschef ist Franz-Josef Holzenkamp,[77] dem Beirat gehören Werner Schwarz sowie der westfälische Bauernpräsident Hubertus Beringmeier an.[78,79] Der Bundesverband Agrarhandel ist gleich selbst assoziiertes Mitglied im Bauernverband.[80]

In der als Verein organisierten Verbindungsstelle Landwirtschaft-Industrie haben sich der Bauernverband und Unternehmen sowie Verbände der Agrochemie (Bayer, BASF), des Agrarhandels (BayWa, Agravis Raiffeisen, Raiffeisenverband) und der Zuckerindustrie zusammengeschlossen.[81] Im geschäftsführenden Vorstand: neben einem Südzucker-Manager auch Bernhard Conzen, Präsident des Rheinischen Landwirtschafts-Verbandes, der zudem noch Vorstandsmitglied in der Wirtschaftlichen Vereinigung Zucker ist.[82] Zum erweiterten Vorstand gehört neben verschiedenen Agrarfunktionären und einem Bayer-Manager abermals Bauernfunktionär Werner Schwarz.[83] Und dann gibt es da noch das Forum Moderne Landwirtschaft, ein Interessenverband, der das »Vertrauen der Verbraucher« gewinnen will für eine Landwirtschaft mit immer »größeren Betrieben«, die »im internationalen Wettbewerb konkurrenzfähig« sein sollen. Im Vorstand begegnen sich Bauernpräsident Rukwied und Raiffeisen-

Präsident Holzenkamp, im Aufsichtsrat Repräsentanten von Südzucker, Bayer Crop Science, BASF, im Beirat der Chef-Lobbyist der Lebensmittelindustrie und eine Vertreterin des Bundeslandwirtschaftsministeriums.[84]

Die Liste der personellen Verflechtungen ließe sich durchaus noch verlängern. Wen mag es da verwundern, wenn sich bei manchen das Gefühl einschleicht: Die »moderne Landwirtschaft«, für die da gestritten wird, hat wenig mit der Landwirtschaft von Jochen Hartmann und Thomas Domin zu tun und mehr mit den Produkten der agrochemischen Industrie, mit dem Exportgeschäft und mit ziemlich viel Zucker. Durch seine Funktionen hat ein Mann wie Bauernpräsident Rukwied mehrere Interessen gleichzeitig zu vertreten – auch solche, die nicht unbedingt denen der meisten Bauernfamilien entsprechen müssen. »Alle sind mit allen verwoben, versippt und verschwägert«, schildert die Grünen-Politikerin Renate Künast ihren Eindruck. Schon als Landwirtschaftsministerin sei sie fasziniert von der Ämterhäufung in der Branche gewesen. Im Gespräch erinnert sie sich, wie sie als neue Ministerin »staunend« bei ihrer ersten Veranstaltung des Raiffeisenverbandes war und feststellte: »Du bist hier zum ersten Mal, aber du kennst hier alle schon aus anderen Funktionen.« Als ob Bauernhöfe, Agrarhandel, Pestizidindustrie und Lebensmittelwirtschaft alle immer nur dasselbe wollten.

»Stabile Strukturen«

Neben der Verflechtung mit der Export- und Agrarindustrie gibt es ein zweites enges Band: das des Bauernverbandes in die Politik. Der *Spiegel* verbreitete einst ein angebliches Zitat der damaligen Landwirtschaftsministerin Ilse Aigner (CSU). Einem Abgeordneten soll sie »beim Bier gestanden haben, wie die Sache läuft:

›Ich tue alles, was der Bauernverband will.‹«[85] Ob Räuberpistole oder Realität: Der Einfluss des Verbands auf die Politik ist berüchtigt, vor allem auf CDU und CSU, die zuletzt allein 16 Jahre lang am Stück die Landwirtschaftsministerinnen und Landwirtschaftsminister stellten.

Wer sich mit Menschen unterhält, die gute Einblicke in die deutsche Agrarpolitik haben, hört immer wieder diesen einen Satz, präsentiert wie eine Bauernregel: Je höher eine Person in der Hierarchie des Bundeslandwirtschaftsministeriums steht, umso stärker decken sich ihre Positionen mit denen des Bauernverbandes. Der Austausch jedenfalls ist bemerkenswert eng. Auf einen Antrag nach dem Informationsfreiheitsgesetz hin macht das Ministerium einige Angaben dazu: Nach dem Amtsantritt von Julia Klöckner im März 2018 gab es bis Mitte Mai 2021 mindestens neun verabredete, persönliche Treffen oder Videogespräche zwischen ihr und Bauernpräsident Rukwied, Begegnungen am Rande von Veranstaltungen nicht eingerechnet. Zu mehr als 60 Anlässen wurde schriftlich korrespondiert, wobei auffällt: Briefe Rukwieds beantwortete Klöckner häufig schnell und persönlich. Wie oft beide darüber hinaus noch telefonierten, ob und wie sie sich von Handy zu Handy austauschten, darüber liegen nach Angaben des Ministeriums »keine aktenkundigen Informationen vor«. Anruflisten auf dienstlichen Handys würden ebenso wenig »gesondert geführt« wie SMS-Verläufe.

Den enormen Einfluss des Verbands bestätigt auch eine Person, die lange im Ministerium gearbeitet hat und die nur zum Gespräch bereit ist, wenn ihr Name nicht erscheint. Es gebe da eine »stabile Struktur«, sagt sie: Befördert werde nur, wer nicht zu kritisch sei. Gemeinsam arbeiteten Union und Bauernverband daran, dass »den Bauern das Ministerium nicht entgleitet«. Doch wie funktionieren diese »stabilen Strukturen«? Die Person beschreibt die Mechanismen so: Äußert sich ein:e Beamt:in bei einer öffentlichen Veranstaltung »kritisch« – also beispielsweise mit der in vielerlei Hinsicht objektivierbaren Einschätzung, dass die Menschen weniger Fleisch verzehren müssten –, folge darauf mit hoher Wahrscheinlichkeit eine Beschwerde, denn irgendein Agrarfunktionär wird sicher bei der Veranstaltung gewesen sein. Und Beschwerden, die die Interessen des Bauernverbandes berührten, landeten sofort auf dem Tisch der Ministerin – mit Folgen für die Beförderungspolitik.

Bauernpräsident Rukwied trete gegenüber der Politik »ganz massiv auf«, sagt Ulrike Arens-Azevêdo, die als frühere DGE-Präsidentin und Mitglied in Klöckners Wissenschaftlichem Beirat viele Entscheidungsprozesse verfolgt hat. Der Bauernverband, der vor allem warnt, was den Fleischkonsum verringern könnte, trifft in der Politik auf einen großen Resonanzboden, weil diese ihn offenbar für eine legitime Vertretung aller Bauern hält: »Die Politik scheut sich, hier klare Pflöcke einzurammen.« Die Person mit Ministeriumshintergrund beschreibt Rukwied wie einen, »der in zu großen Schuhen steht« und dies durch autoritäres, herrschsüchtiges Verhalten kompensiere – weshalb manche ihm dem Spitznamen »Donald« verpasst hätten, ein Verweis auf den früheren US-Präsidenten Donald Trump. Ähnlich selbstbewusst trete er auch im Ministerium auf. Stets mit dem Anspruch, so heißt es, jederzeit direkt mit der Ministerin sprechen zu können und sich nicht etwa mit einem Staatssekretär abspeisen zu lassen.

»Sie hält die Ministerin wie eine Marionette in der Hand«

Für die Unionsparteien gehört die Nähe zu »den Bauern« zum politischen Selbstverständnis. »Natürlich bin ich Lobbyistin für Landwirte«, bekannte Julia Klöckner Anfang 2021 freiheraus in einer Rede.[86] Kaum jemand wunderte sich darüber, als sei es das Selbstverständlichste, dass eine Ministerin sich selbst zur Lobbyistin erklärt – eine Ministerin, der ein ähnliches Bekenntnis für die Interessen des Verbraucherschutzes nicht über die Lippen kam. Womöglich beschwor Klöckner jedoch eher das von einer CDU-Politikerin in diesem Amt erwartete Rollenverständnis und beschrieb kein der tatsächlichen Wahrnehmung entsprungenes Bild. Denn für viele Bauernfunktionäre galt Klöckner keineswegs als konsequente »Bauernministerin«. Aus Sicht der Person, die das Ministerium von innen bestens kennt, wurde die Pfälzerin selbst ein Opfer der Strukturen. Folgt man ihrer Beobachtung, so war es weniger die Ministerin, die in den vergangenen Jahren die Fäden in der Agrarpolitik in der Hand hielt, sondern vielmehr eine in weiten Teilen der Öffentlichkeit kaum bekannte CDU-Abgeordnete aus Ostfriesland: Gitta Connemann.

Im Bundestag tritt die Juristin schon mal im T-Shirt mit dem Aufdruck »Bauernkind« ans Rednerpult. Connemann, seit 2015 stellvertretende Vorsitzende der Unionsfraktion, stammt selbst aus einer Bauernfamilie und vertritt ländliche Anliegen mit so viel Verve, dass manche von »Kulturkampf« sprechen. Einige berichten, Connemann wäre am liebsten selbst Ministerin geworden – als stattdessen Klöckner berufen wurde, habe dies das Verhältnis beider schwer belastet. Seitdem sei sie »wie ein Schatten« im Ministerium gewesen, berichtet die Person mit Inneneinsichten: »Kein Name wird im Ministerium häufiger genannt als der von Gitta Connemann. Der Name fällt jeden Tag, er fällt in Abteilungsleiterrunden, und er fällt in Anwesenheit der Ministerin.« Selbst Kleinigkeiten seien an der niedersächsischen Abgeordneten ausgerichtet worden. Auch komme es vor, heißt es im Gespräch mit einer weiteren Person mit Hintergrund im Ministerium, dass Connemann an Klöckner vorbei Referatsleiter direkt angerufen habe, um mit ihnen Dinge voranzutreiben.

Was klingt wie eine menschliche Anekdote ohne größeren Belang, hatte offenbar handfeste politische Folgen. Denn Connemann ist nicht nur überzeugtes »Dorfkind«, sondern auch bestens vernetzt in Agrarkreisen und damit in einer wichtigen Wählerschaft der CDU. »Sie hält Klöckner wie eine Marionette in der Hand«, sagt eine der Personen mit Insiderkenntnissen einige Monate vor Klöckners Amtszeit-Ende, »weil sie die Macht hat, in der Agrarszene gegen die Ministerin zu hetzen.« Dies habe sie immer wieder getan, »aus gekränkter Eitelkeit und Rachsucht« habe sie auch innerhalb der eigenen Bundestagsfraktion gegen die Ministerin gearbeitet – ein Eindruck, den eine Reihe von Gesprächspartner:innen bestätigt. Connemann selbst weist die Darstellung sowie eigene Ambitionen zurück. Mit Klöckner verbinde sie seit vielen Jahren eine gewachsene Freundschaft, betont sie, »daran hat sich nichts geändert«. Und wenn sie Beamt:innen im Ministerium angerufen habe, dann »in aller Transparenz«.

Für sie sei die Landwirtschaft eine »Leidenschaft«, sagt Connemann. Kaum ein anderes Politikfeld sei so »emotional besetzt«, meint sie: »Ernährung geht jeden an. Deshalb glaubt nahezu jeder, über Landwirtschaft mitreden und entscheiden zu können, auch ohne informiert zu sein. Nichtregierungsorganisationen haben für sich erkannt: Mit Kampagnen im Bereich der Landwirtschaft lassen sich Spendengelder generieren.« Hinzu komme die nicht einfach aufzulösende Abhängigkeit von Weltmarktpreisen. Ständig neue Auflagen würden die Bauernhöfe überfordern und damit den Strukturwandel beschleunigen. So sieht es Connemann. Ihren Eindruck von der Agrarpolitik der vergangenen Jahre fasst die Unionsfrau deshalb so zusammen: »Es waren Kämpfe an allen Fronten.«

Für die Union sind solche Spannungen ein brisantes Thema, zu wichtig ist für sie die Agrarszene als Wählerschicht. Mehr als 60 Prozent und damit eine absolute Mehrheit der Landwirt:innen stimmte noch bei der Bundestagswahl 2017 für CDU oder CSU, 2021 immerhin noch 45 Prozent[87], und im Wahlprogramm 2021 betonten die Unionsparteien: »Wir stehen an der Seite unserer Bäuerinnen und Bauern.«[88] Auch hier gilt: Wer einen vergleichbaren Satz sucht, mit dem die Parteien ihre uneingeschränkte Parteinahme für den Verbraucher- oder Umweltschutz bekunden, blättert auf den 139 Seiten vergebens. Wie stark die Agrarbranche auch innerhalb der Parteibasis vertreten ist, ist nicht transparent. Zwar erhebt die CDU von Neumitgliedern auch freiwillige Angaben zu Beruf und Verbandsfunktionen – wie viele ihrer Mitglieder hier einen Bezug zur Landwirtschaft genannt haben, will die Partei auf Anfrage jedoch nicht offenlegen. Die CSU ließ eine entsprechende Anfrage gänzlich unbeantwortet.

Prominente Verbindungen jedoch sind offensichtlich. Angefangen bei Bauernpräsident Rukwied, der selbst eine CDU-Karriere auf kommunaler Ebene hinter sich hat, der Ortsvorsitzender seiner Partei war, Bürgermeister-Stellvertreter und langjähriger Abgeordneter in Gemeinderat und Kreistag, bis er politische Ämter zugunsten seiner Funktionen in der Agrarbranche aufgab.[89] Der bayerische Bauernpräsident Heidl saß für die CSU im Kreistag,[90,91] sein schleswig-holsteinischer Amtskollege Werner Schwarz war einst ebenfalls im CDU-Ortsverband aktiv.[92]

Der heutige Raiffeisen-Präsident Holzenkamp hielt zwölf Jahre ein Bundestagsmandat für die CDU. Das Lobbyamt als Vizepräsident des niedersächsischen Landvolks bekleidete er viele Jahre lang nebenher – was seine Fraktion nicht abhielt, den Bauernfunktionär zu ihrem verbraucherpolitischen Sprecher zu wählen. Auch das Präsidentenamt beim Raiffeisenverband trat er neben dem Mandat an, bis er kurz darauf, 2017, aus dem Bundestag ausschied.[93,94,95] Die Konflikte lagen auf der Hand: Als Abgeordneter war er an den Verhandlungen über die Düngeverordnung beteiligt, an deren Ergebnis er als Aufsichtsratschef der Agravis Raiffeisen AG[96], die selbst mit Düngemitteln handelt, ein Interesse gehabt haben dürfte.[97] Und als er sich für ein Festhalten an Glyphosat aussprach, dem umstrittenen Wirkstoff in zahlreichen Unkrautvernichtern, agierte er da nur als Abgeordneter oder nicht auch schon als Raiffeisen-Präsident?[98]

Nachfolgerin Holzenkamps im agrarisch geprägten Wahlkreis Cloppenburg-Vechta wurde Silvia Breher, später auch stellvertretende Bundesvorsitzende der CDU und zuvor: Geschäftsführerin eines Kreislandvolkverbandes.[99,100,101] Konsequenterweise schloss sie sich im Bundestag dem Ausschuss für Ernährung und Landwirtschaft an, wo die Unionsparteien in der 19. Wahlperiode mit 13 Abgeordneten vertreten waren. Fast alle hatten starke berufliche Verbindungen zur Agrarbranche, acht der 13 waren Landwirte, die zwangsläufig auch in eigener Sache mitentschieden. Die meisten erzielten neben dem Mandat Einkünfte aus der Landwirtschaft, aus Funktionen und Posten in Verbänden oder Unternehmen aus der Branche – oder beides.

»Das ›Schweine-Denken‹ bekommst du nicht weg«

Bei den Beratungen im Ausschuss habe sie das Gefühl, weniger mit Unionsabgeordneten als gleich direkt mit dem Bauernverband zu sprechen, sagt die Grüne Renate Künast. Da habe der bis zur Wahl 2021 amtierende Vorsitzende – Alois Gerig, CDU, Landwirt und stellvertretender Vorsitzender seines Kreisbauernverbandes[102] – dem Parteifreund Hans-Georg von der Marwitz schon mal nicht als Abgeordneter das Wort erteilt, sondern in seiner Funktion als Präsident der Waldbesitzerverbände[103], wenn es gerade um ein forstwirtschaftliches Thema gehe. Eine »Riesen-Blase mit In-sich-Geschäften«, meint Künast. Auch bei ihren Grünen gibt es solche Verbindungen, vor allem zur Öko-Branche – doch bei keiner Partei sind die Verflechtungen traditionell so stark wie bei den Konservativen.

Manchmal vermischen sich die Interessen zu einem derart undefinierbaren Brei, dass kaum noch erkennbar wird, wer eigentlich in welcher Rolle agiert. Wie bei Multi-Funktionär Johannes Röring, der es als CDU-Abgeordneter auf mehr als 20 Einträge in der Liste der Nebentätigkeiten und Funktionen brachte[104], manche ehren-, andere hauptamtlich: Als der Bundestag über ein Ende der grausamen Praxis des betäubungslosen Kastrierens von Ferkeln beriet, dürfte es Röring als Schweinemäster bereits schwergefallen sein, sich von Eigeninteressen freizusprechen. Als Präsident des westfälischen Landwirtschaftsverbandes aber wurde er zur selben Zeit dafür bezahlt, Partikularinteressen zu vertreten, anstatt – wie ein Mandatsträger – unterschiedliche gegeneinander abzuwägen. Die Lösung geriet wenig elegant: Der Bauernpräsident Röring forderte »die Bundestagsabgeordneten« via Pressemitteilung auf, die Ferkelkastration noch länger zuzulassen.[105] Und im Bundestag half der Abgeordnete Röring praktischerweise selbst mit, die eigene Forderung zu erfüllen. So kurz können Lobbywege sein.

Im Europaparlament gehen die Verbindungen weiter. Seit 2019 sitzt dort für die CSU die bisherige Bundestagsabgeordnete Marlene Mortler. Auch sie ist Landwirtin, Beiratsmitglied bei der BayWa[106] und kann auf mehrere Funktionen im bayerischen Bauernverband zurückschauen.[107] In Straßburg und Brüssel ist sie damit die logische Nachfolgerin von Albert Deß, Landwirt, BayWa-Beirat[108], Vorstandschef der Molkerei Bayernland.[109] Beide stimmten bzw. stimmen im Agrarausschuss des Europaparlaments stets auch in eigener Sache ab, wenn es um die Agrarsubventionen geht.

Dieses enge Geflecht aus Agrarpolitikern und Branche bereitete auch Christian Schmidt so seine Schwierigkeiten, der, fachfremd aus der Verteidigungspolitik kommend, 2014 plötzlich Landwirtschaftsminister wurde. Der CSU-Politiker, so erzählt er es heute, scheiterte seinerzeit mit dem ersten Versuch, ein Tierwohl-Siegel einzuführen, auch an der »Organisationsmacht« aus Niedersachsen und NRW, wo die Schlachtkonzerne sitzen und viele Schweinemästereien Großbetriebe sind. Dort habe er als Bayer ohnehin einen schweren Stand gehabt, weil er stets unter dem Verdacht stand, die Interessen kleinbäuerlicher Strukturen zu vertreten – Bedenken, die es bis hinein in die eigene Fraktion gab. Schmidt war guter Dinge, er habe, so sagt er es, die Chefs von Tierschutzbund und Verbraucherzentralen bereits hinter sich gewusst und auch das Geld zusammengehabt, um Stallumbauten und höhere Standards zu fördern. Nach Vorbild des Bio-Siegels sollte es stufenweise vorangehen: erst national und freiwillig, später EU-weit und durch höhere staatliche Mindeststandards abgesichert, zum Schutz der Höfe vor billigerer Konkurrenz aus Drittländern. Doch anstatt, wie von ihm erwartet, Sachfragen klären zu können, erlebte Schmidt eine »frappierende Blockadehaltung«: Was von Staats wegen angestoßen wurde, galt nicht nur in Teilen der Fleischbranche, sondern auch in seiner eigenen Fraktion als Zwang, als Bedrohung für die Massenbetriebe – und wurde, »ohne Blick auf Verbraucher und Tierwohl«, abgelehnt. »Dieses ›Schweine-Denken‹ bekommst du nicht weg«, sagt Schmidt.

Erfahrungen wie diese zeigen, wie schwierig es ist, in der Agrarpolitik etwas durchzusetzen, was Fleischbranche oder Bauernverband nicht wollen. Doch auch eine selbst ernannte Bauern-Lobbyistin wie Julia Klöckner konnte als Ministerin nicht alle Interessen bedienen, die in den Verbänden – und damit auch in ihrer Partei – vorherrschten. Treffen die Beobachtungen über die Beziehung Klöckner-Connemann zu, so wird es nachvollziehbarer, weshalb sich Klöckner zunehmend in einem »Zwei-Fronten-Krieg« befand: Ihre Politik zog nicht nur die Kritik etwa der Umwelt- und Naturschutzverbände auf sich, auch bei vielen Landwirt:innen genoss sie einen zunehmend schlechten Ruf. Klöckner saß zwischen allen Stühlen, hatte wenig zu gewinnen. Im Ergebnis ging es für niemanden voran: für die Mehrheit der Bauernhöfe nicht, fürs Klima oder die Tiere ebenso wenig.

Die Revolution mit Wald-Eiern

Wie Bauer Hartmann in der Lüneburger Heide ist Max Esser davon überzeugt, dass Hühner als traditionelle Waldrandbewohner sich mit Bäumen am wohlsten fühlen. Auch er vermisst die politische Unterstützung für eine auskömmliche, bessere Tierhaltung. Doch Esser sucht keine Nische für sich, er will einen Schritt weiter gehen und Fakten schaffen für die ganze Branche. Ein Unternehmer probt den zivilen Ungehorsam.

Wie ungehörig sein Vorhaben ist, wird erst auf den zweiten Blick klar. Der 31-Jährige, durchtrainiert und energiegeladen bis in die Haarspitzen, möchte »Wald-Eier« auf den Markt bringen. Auf einen Markt wohlgemerkt, der keine Wald-Eier kennt, weil die Gesetze ihn aufteilen in Eier aus Käfig-, Boden-, Freiland- und Biohaltung. Anstelle des Gesetzgebers will sich Esser nun seine eigene Kategorie schaffen – um dann auf Nachahmer zu hoffen. Weil er davon überzeugt ist, dass die Waldrand-Haltung dem Tierschutz mehr bringt als die starren Vorgaben zum Beispiel für Bio-Hühner. Und weil er glaubt, dass seine Kund:innen das auch erkennen sollten.

Max Esser rechnet fest mit Ärger, aber der Konflikt ist es ihm wert. Im Tesla steuert er zum Hof seines Partners nach Hückelhoven, kurz vor der niederländischen Grenze. Esser ist Metzger-meister, Chef von »Wurst Esser« mit Sitz in Erkelenz im Rhein-land: 25 Filialen, mehr als 250 Beschäftigte. Das Fleisch von 600 Schweinen geht bei ihm jede Woche über die Ladentheken – eine Größe, die Möglichkeiten eröffnet: Weil Esser von seinen Landwirten nicht nur einzelne, sondern alle Schweine abnimmt, kann er mitreden, wie sie gehalten werden, alle auf Stroh und so gesund wie möglich. Während die Schlachthofuntersuchungen teilweise bei mehr als der Hälfte der Tiere Lungen- oder Leber-befunde festhalten, spielt das bei seinen Lieferanten fast keine Rolle, sagt Esser, auf Antibiotika könne er seit Jahren verzichten. Die Tiere lässt er bereits am Vortag der Schlachtung an den Schlachthof liefern, um den Stress zu reduzieren. Dabei geht es ihm um die Qualität, einerseits. Jeden Morgen trifft er sich mit seinem Zerlegemeister zum Frühstück, und wenn der ihm sagt: »Max, die Schweine werden wieder nasser«, fragt er sofort beim Mäster nach, was der verändert hat. Andererseits geht es ihm um verträgliches Wirtschaften: »Unsere konzernlastige Welt macht die Natur kaputt«, findet er, »in dieser Welt will ich nicht alt werden.« Viel lieber will Esser sie verändern.

Jetzt also die Hühner. Bis zu 2 000 Eier verkauft er jede Woche in seinen Filialen, und das sollen nicht einfach Eier sein. Wie Tesla das Auto revolutioniert habe, will er die Tierhaltung revo-lutionieren. So und kein bisschen kleiner ist die Dimension, denn wenn Esser etwas anpackt, ist genau dies seine Wortwahl: »Wir müssen die Landwirtschaft revolutionieren«, sagt er. »Wir wollen einen Trend lostreten: Ich will, dass jeder Kleine mit-macht und die Großen sich nicht trauen.«

In Hückelhoven hat er in Manfred Hermanns einen kongeni-alen Mitstreiter gefunden. Auch der Bauer sagt: »Wir brauchen ein Umdenken in der Landwirtschaft. So, wie wir das machen, wird das nichts.« Auf seinem Schlickhof hat er damit begonnen, so gut es eben geht. 70 000 Legehennen hält der 47-Jährige, in Boden-, Freiland- und Biohaltung. Er baut selbst Soja und Ackerbohnen für das Futter an, verzichtet auf Importe. Statt an große Ketten liefert er nur an selbstständige Einzelhändler. Drei Jahre lang habe Hermanns mit den Behörden kämpfen müssen, bis er die Pappeln für seine Hühner pflanzen durfte. Es hieß, die Pläne verstießen gegen das Auenkonzept des Landkreises, die Pappeln passten nicht ins Landschaftsbild. Dann waren die Bäume zu nah am Stall oder die schachbrettartig geplanten Einzelflächen für Bäume zu klein, um als agrarisch genutzte Fläche durchzugehen – bei unveränderter Fläche für die Hühner hätte er plötzlich nicht den vorgegebenen Auslauf nachweisen können. Irgendwann kam auch das Argument auf, die Hühner trauten sich nicht unter die Bäume und hätten dadurch nichts vom Auslauf. Nun jedoch stehen die neunreihigen Pappelstreifen etwas abseits bei den beweglichen Ställen für die Bio-Hühner. Die Hennen, die am Rand ihres kleinen Waldes Kuhlen ausscharren, freut es.»Die haben hier ein geiles Leben«, findet Esser.

Der Metzger ist gerade aus dem Tesla ausgestiegen, da empfängt Hermanns ihn gleich mit den jüngsten Nachrichten: Es gab schon wieder Ärger. Der Öko-Kontrolleur sei da gewesen und habe mit dem Entzug des Bio-Siegels gedroht: Bio-Hühner brauchen nicht nur eine festgelegte Auslauffläche, die Hälfte davon muss grün sein. Und weil die Tiere unter dem Pappelwald schon alles weggepickt hatten, ging die Waldfläche nicht als Grünauslauf durch. »Die Bäume waren für den Mann nicht grün«, sagt der Bauer halb aufgebracht, halb amüsiert. »Da sind ja auch Schattierungen drin, sieht man doch«, spottet Esser. Erst nachdem Hermanns beweisen konnte, dass den Hühnern der Wald erstens nicht etwa zu schattig ist, sie ihn zweitens sehr gut annehmen und es drittens auch sie selbst sind, die die grünen Blätter vom Boden unter den Bäumen picken, erhielt er die Erlaubnis, zunächst doch weiterzumachen. Wie lange? So sicher kann das niemand sagen. »Es ist lächerlich, Landwirte, die den Weg weisen, so zu gängeln«, findet Hermanns.

Er hat damit, so sieht er es, einiges an Erfahrungen angesammelt. Gerne würde er Milchkühe oder Mastrinder gemeinsam mit Legehennen auf denselben Freiflächen halten, wie seine Mutter dies noch praktiziert hatte, zum Vorteil aller: Die Kühe traten die Grasnarbe fest, die die Hühner locker pickten. Dadurch blieb der Auslauf grüner, die Tiere düngten die Fläche, und die Hühner fanden in Fliegenmaden auf den Kuhfladen eiweißreiche Nahrung. Doch eine solche Doppelnutzung sei ihm nicht genehmigt worden. Das sei ein kommerzieller Vorteil zulasten anderer Höfe, habe es geheißen. Nachvollziehen lässt sich das nicht, es gibt für solche Genehmigungsfragen keine Leitlinien und schon gar keine einheitlichen Regeln. Wenn keine Gesetze im Weg stehen, legt aber mal jedes Bundesland und mal jede kommunale Behörde die Gesetze anders aus, manchmal auch noch der KAT, der Prüf-Verein für Eierproduzenten. Experten der Bundesanstalt für Landwirtschaft und Ernährung bestätigen, dass es dabei ziemlich durcheinandergehe – und oftmals niemand so genau wisse, warum etwas genehmigt oder verwehrt werde. Nur eines sei sicher: »Die Regeln gehen immer davon aus: Der Landwirt ist böse.«

Auch in dieser Hinsicht haben sich zwei gefunden: Auf Behörden ist Max Esser gar nicht gut zu sprechen. Annähernd einen Tag die Woche verbringe er mit »Bürokratie-Abwehr«, wie er es nennt. Dass in einer mittelgroßen Stadt am Niederrhein Aldi auf der grünen Wiese einen Markt eröffnen konnte, ihm die Stadt eine Filiale nebendran aber verwehrte, als ob nicht der Discounter, sondern ein Handwerksmetzger vor den Toren zur Verödung der Innenstadt beitrage, treibt ihn zur Weißglut. Aber was heißt das schon: Seit Langem will die nordrhein-westfälische Landesregierung einen »Stall der Zukunft« fördern. Der soll, so Landesagrar-ministerin Ursula Heinen-Esser, »eine Blaupause nicht nur für hohe Tierwohl- und Umweltstandards in der Schweinehaltung sein, sondern auch für behördliche Genehmigungsprozesse«.[110] Die Ironie der Geschichte: Auch für diesen Musterstall gelang es über Monate hinweg nicht, eine Baugenehmigung zu erhalten.

Auf behördliche Genehmigungsverfahren wollen sich Esser und Hermanns diesmal also gar nicht einlassen. Sie legen einfach los, mal sehen, was geschieht. Die Wald-Eier sind für sie zu einer Art Symbol für einen größeren Kampf geworden: Einmal soll es nicht nach den Interessen der Großen gehen. Das Ziel, das beide eint: sich aus dem Billig-Markt zu verabschieden. »Über die Wald-Eier kommen wir aus dem kranken Discount-System raus«, ist Esser überzeugt. »Ich bin zwar nur ein kleiner Furz, aber einer, der verdammt nervig sein kann.« Das will er auch in Zukunft bleiben. Wald-Schweine wären auch noch eine Idee, doch »diese Revolution ist noch zu früh«.

Jetzt beginnen die beiden ihre »Agrarrevolution« erst einmal mit den Eiern. Ausgang: offen.

KAPITEL 8

Revolution

Wie eine neue Ernährungspolitik aussehen kann

»Die Ampel ist tot«, jubelte die Lebensmittel-Lobby, als sich abzeichnete, was geschehen würde: Mit vergleichsweise knapper Mehrheit entschied sich das Europäische Parlament 2010 gegen eine EU-weit verpflichtende Rot-Gelb-Grün-Kennzeichnung für Fett-, Zucker- und Salzwerte. Ein jahrelanges Gesetzgebungsverfahren und eine gewaltige Lobby-Schlacht endeten.

Julia Klöckner verfolgte die Abstimmung als Parlamentarische Staatssekretärin im Bundesernährungsministerium. Ziemlich exakt zehn Jahre später – die CDU-Politikerin war inzwischen als Ministerin in das Haus zurückgekehrt – präsentierte ausgerechnet die erklärte »Ampel«-Gegnerin Klöckner ein anderes Ampel-System als neues deutsches Modell der Nährwertkennzeichnung für die Verbraucher:innen: den aus Frankreich stammenden NutriScore. Unternehmen dürfen ihn seitdem auf ihren Packungen abbilden.

Zehn Jahre, bis eine simple Nährwertkennzeichnung den Markt erreichen kann! Und dies nicht annähernd auf allen Produkten, denn während der europäische Gesetzgeber die Unternehmen *verpflichten* kann, die Ampel auf die Etiketten zu drucken, darf es ihnen der deutsche nur *empfehlen*. Wer die Ampel nicht auf seinen Produkten haben will, lässt es einfach. Die Debatte wird also weitergehen.

Also auch: zehn Jahre und noch kein Ende in Sicht.

Dabei ist es ja absehbar: Früher oder später – erfahrungsgemäß eher später – wird ein EU-weit verbindliches Logo kommen, das transparenter auf die Nährwertqualität von Lebensmitteln hinweist. Zahlreiche, vor allem große Unternehmen drängen inzwischen auf einheitliche Regelungen in der EU anstelle eines nationalstaatlichen Flickenteppichs. Vor allem aber wird der politische Druck, die Übergewichtsprävention konsequenter als bisher voranzubringen, sicher nicht abnehmen. Maßnahmen wie Steuern auf Limonade, ein Verbot der an Kinder gerichteten Junkfood-Werbung, eine ausgewogene Schulspeisung werden kommen. Vielleicht nicht alle, aber viele davon: Die gesundheitlichen Folgen und volkswirtschaftlichen Kosten, die ungesunde Ernährung verursacht, sind so gewaltig, wir können es uns gar nicht anders leisten.

Gleiches gilt für die anderen Felder der Ernährungspolitik, die in diesem Buch beschrieben sind. Viel zu stark sind wissenschaftliche Erkenntnisse, als dass sie einfach verschwinden, wenn sie nur lange genug ignoriert werden. Viel zu groß die gesellschaftlichen Wellen, die die Konflikte schlagen – und viel zu klein bisher die Versuche, sie zu glätten. Dass falsche Ernährung Kinder um ihre Lebenschancen bringt und die Spaltung in Arm und Reich weiter vorantreibt, birgt sozialen Sprengstoff. Es wird sich als inakzeptabel herumsprechen, dass sich der Zustand von Menschen in Kliniken und Pflegeheimen aufgrund von Mangelernährung verschlechtert, dass manche daran sterben müssen, nur weil Prävention und Therapie kein ausreichender Stellenwert eingeräumt ist. Je besser unsere Labortechnik wird, je häufiger wir wie beim Skandal um die Wurstfirma Wilke das Puzzle, welche Lebensmittel für welche Erkrankungen verantwortlich sind, zusammenfügen können, umso mehr werden wir uns über Lebensmittelsicherheit Gedanken machen. Wir werden es nicht mehr hinnehmen, dass Menschen an einer Scheibe Wurst erkranken, wenn Behörden zuvor bei den Kontrollen gespart oder geschlampt oder uns nicht schnell genug gewarnt haben. Und solange Landwirtschaft nicht stärker in Einklang mit dem Umwelt-, Klima- und Tierschutz gebracht wird, solange Bauernfamilien mit Traktoren vor dem Kanzleramt demonstrieren, weil ihre Existenz in Gefahr ist – welchen Grund gibt es, anzunehmen, die Konflikte würden sich einfach in Luft auflösen?

Ein »Weiter so« kann es nicht geben. Denn es geht nicht darum, *ob* wir diese Probleme lösen, sondern *wann*. Die zentrale Frage lautet: Wie viele Menschen wollen wir auf der Strecke lassen, bis wir handeln?

Die Ernährungs- und Agrarpolitik der vergangenen Jahrzehnte hat sich in ewiggleichen Symboldebatten verloren und um den Kern der Probleme herumgedrückt. Sie will bestimmte Themen nicht wahrhaben, obwohl diese für Menschen längst relevante Auswirkungen haben. Sie scheut unbequeme, komplexe Debatten. Sie missachtet zwingende Marktlogiken und wissenschaftliche Erkenntnisse, selbst solche, die ihr die eigenen Beratungsgremien und Gutachter:innen regelmäßig auf den Tisch stapeln. Dabei verharrt sie in alten Mustern, wenn jede Seite ihre vermeintlichen Klientelinteressen bedienen möchte (Konventionell *oder* Bio? Umweltschutz *oder* Landwirtschaft?), und verkennt, dass sie die Probleme damit nicht löst, sondern weiter verschärft. Wenn Ernährungspolitik gesellschaftliche Konflikte schwelen lässt und sogar noch weiter anheizt, statt sie zu entschärfen, wenn sie sehenden Auges in Kauf nimmt, dass Menschen krank gemacht, ihre Existenzgrundlage und ihre Zukunft bedroht werden, dann haben wir es mit einem veritablen Staatsversagen zu tun.

Wahrscheinlich werden weitere Jahre und Jahrzehnte vergehen, mit weiteren Lobbyschlachten, Kampagnen, Demonstrationen und endlosen Diskussionen zu denselben Themen, bis geschieht, was ohnehin geschehen muss. Aber müssen wir wirklich
erst weitere Skandale abwarten, die ökologische Schieflage verstärken, Existenzen aufs Spiel setzen? Max Esser, der junge Metz-
germeister aus dem Rheinland, der mit seinen Wald-Eiern in die
Offensive geht, hat recht. Gemessen daran, wie Agrar- und Ernährungspolitik in den vergangenen Jahren gemacht wurde, vor
allem welche Ergebnisse sie geliefert hat, bedarf es einer Revolution. Sie muss darin bestehen, Gemeinwohlziele ins Zentrum zu
stellen. Menschen, ihre Existenz und die ihrer Umwelt, in heutigen wie zukünftigen Generationen.

Ändern muss sich der Markt

Die Zeit, in der sich Politik den Problemen vor allem iterativ
nähern konnte, ist längst vorbei. Ob es um Übergewicht geht
oder um eine bessere Tierhaltung: Das nötige Wissen liegt offen
auf dem Tisch, um vieles anders zu machen. Es darf niemand
darauf hoffen, dass sich die Probleme allein mit guter Bildung
in den Schulen oder durch die Förderung von ein paar gut ge-
meinten Projekten in Luft auflösen werden. Wir wissen, dass dies
nicht reicht. Was sich ändern muss, sind die Verhältnisse, ist der
Markt. Dazu bedarf es keiner weiteren Selbstverpflichtungen
von Branchen, die wieder nur unverbindlich sind. Wir wissen,
dass diese verpuffen. Gute Politik sieht ein, dass sie Unternehmen nicht dazu bringen kann, freiwillig gegen ihre eigenen Interessen zu handeln. Gute Politik arbeitet an einem Markt, auf
dem sich Gemeinwohl und wirtschaftliche Interessen weniger
stark im Widerstreit befinden. Besser noch: auf dem das Errei-

chen von Gemeinwohlzielen im Eigeninteresse der Unternehmen liegt.

Ernährungspolitik muss dazu gänzlich neu gedacht werden. Sie braucht den Mut, unbequeme Wahrheiten nicht zu verdrängen, größere Lösungen anzugehen, sie auch gegen Widerstände durchzusetzen.

Wir sollten akzeptieren, dass Ernährungsarmut ein Problem im reichen Deutschland ist. Dann erst können wir sie wirksam bekämpfen – vor allem, indem wir allen Menschen ausreichend Geld für eine gesunde Ernährung garantieren. Ein Existenzminimum, das dies nicht gewährleistet, ist keines. Die Hartz-IV-Sätze müssen in Zukunft die Kosten einer gesundheitsfördernden Ernährung abdecken – bisher wird noch nicht einmal der Bedarf dafür ermittelt. Das ist zu korrigieren. Wir dürfen nicht akzeptieren, dass Kindern Entwicklungs- und Lebenschancen verwehrt werden, weil ihnen in unserem reichen Land nicht genügend Geld für ausgewogene Lebensmittel zur Verfügung steht.

Ob Kitas, Schulen, Pflegeheime oder Krankenhäuser: In der Gemeinschaftsverpflegung müssen die Qualitätsstandards der Deutschen Gesellschaft für Ernährung verpflichtend gelten. Kostenlose, ausgewogene Mittagessen in Kitas und Schulen sind erwiesenermaßen ein effektives Mittel, um die Chancen auf eine gute Zukunft für Kinder gleich welcher Herkunft zu erhöhen.

In der Ausbildung von Hebammen und im Medizinstudium müssen ernährungswissenschaftliche Inhalte gelehrt werden, denn sie werden gebraucht, um Kranke in den Kliniken, um Schwangere und Eltern in Ernährungsfragen zu beraten. An Krankenhäusern sollten Ernährungsteams zum Standard werden, ebenso das Screening neu aufgenommener Patient:innen auf Mangelernährung. Die Menschen müssen bei Bedarf einen Rechtsanspruch auf Ernährungstherapie als Kassenleistung erhalten, der bisher selbst an Krebs oder Diabetes Erkrankten verwehrt wird. Konsequente Ernährungstherapie verringert nicht nur Leiden und rettet Leben, sondern spart auch Kosten. Bei der Klinikfinanzierung, die transparent werden muss, ist – anders als im bisherigen Fallpauschalensystem – der Bedarf für ein hochwertiges, ausgewogenes Essen zu berücksichtigen. Durch Lehrstühle für Ernährungsmedizin an den Universitäten lässt sich die Bedeutung dieses wichtigen Fachgebiets stärken.

Kinder ins Zentrum

Damit beim Einkauf die gesunde Wahl zur leichten Wahl wird, müssen wir verstehen, dass der Lebensmittelmarkt fehlgeleitet ist: Weil ungesunde Lebensmittel die höheren Gewinnmargen bringen, haben Unternehmen ein Interesse daran, diese zu bewerben und in Massen zu verkaufen. Das ist die entscheidende Rechtfertigung dafür, staatlich gegenzusteuern, die Fehlanreize auszugleichen. Nicht nur für die Konsumierenden, sondern vor allem auch für die Hersteller müssen gesundheitsfördernde Produkte die attraktiveren Produkte werden. Eine europaweit *verbindliche* Ampelkennzeichnung mit dem NutriScore würde nicht nur im Supermarkt den Produktvergleich vereinfachen, sondern auch dafür sorgen, dass sich für die Produzenten gesündere Rezepturen stärker lohnen. Gut möglich, dass eines Tages ein besseres, ebenfalls von unabhängigen Wissenschaftler:innen entwickeltes Kennzeichnungsmodell kommt – das darf uns jedoch nicht davon abhalten, jetzt zu handeln. Eine Limo-Steuer, die Hersteller von Süßgetränken in Abhängigkeit von Zuckergehalt und Süßstoffen zur Kasse bittet, ist wissenschaftlich ebenso gut begründet. Sie muss nicht dazu führen, dass der Einkauf teurer wird: Mit fast zwei Milliarden Euro pro Jahr, die der Fiskus nach Schätzungen durch eine Süßgetränke-Steuer einnehmen könnte, ließe sich eine Absenkung der Mehrwertsteuer für Obst und Gemüse auf null bereits gegenfinanzieren.[1] Auch Einkommensschwachen würde es so erleichtert, gesünder einzukaufen.

Wir müssen Kinder in den Mittelpunkt stellen. Sie sind besonders zu schützen. In den vorigen Kapiteln ist dargelegt, welche Folgen falsche Ernährung für sie hat, viele leiden ein Leben lang darunter. Die Verantwortung tragen nicht allein ihre Eltern, wenn wir es gleichzeitig zulassen, dass Junkfood-Konzerne auf allen Kanälen bis hinein in Schulen und Kitas versuchen, Kinder zu krankheitsfördernder Ernährung zu verführen. Damit Eltern für eine gesunde Ernährung sorgen können, müssen wir falsche Einflüsse auf kleine Kinder verringern. Nur noch für ausgewogene Lebensmittel, nicht aber für Junkfood und Limos, darf sich Werbung an Kinder richten – das gilt auch für Verpackungen mit Spielzeug und Comicfiguren, für die Einflüsterungen der Social-Media-Influencer:innen. Schulen und Kitas müssen generell werbefreie Räume sein, das heißt auch: frei von verkappter Werbung in Form von Sponsoring-Deals mit Unternehmen. Es darf nicht sein, dass Schulfeste und Sportveranstaltungen nur dann stattfinden können, gutes Unterrichtsmaterial nur dann vorhanden ist, wenn Sponsoren an der Schule werben dürfen. Wir schulden es den Kindern, die Schulen finanziell besserzustellen, aus Steuergeldern.

Hochschulen müssen so ausgestattet sein, dass sie Ernährungsforschung zu wichtigen Fragen industrieunabhängig betreiben können. Konzerne haben genügend Möglichkeiten, mit ihren eigenen Forschungsabteilungen die in ihrem Interesse liegenden Studien durchzuführen. Die Forschungsagenda an staatlichen Hochschulen aber darf nicht mit Geld von außen bestimmt werden, sie muss unabhängig von kommerziellen Interessen sein und muss dem Gemeinwohl dienen.

Würden wir Marktwirtschaft ernst nehmen und eine Bevormundung der Menschen durch Unternehmen ablehnen, würden wir Lebensmittelkennzeichnung konsequent nach den Bedürfnissen der Verbraucher:innen ausrichten. Sie müssen verständlich die Antworten auf die wichtigsten Fragen auf den Packungen finden – in einer Schriftgröße, die sie gut lesen können. Erst wenn sie die Qualität von Lebensmitteln durch verlässliche Informationen erfassen können, haben sie die Möglichkeit, durch ihre Kaufentscheidungen das Angebot zu beeinflussen.

Sämtliche Lebensmittelkontrollen sind weitestmöglich frei von politischen und wirtschaftlichen Interessen zu organisieren. Anstelle von Hunderten kommunalen Ämtern und privaten Öko-Kontrollstellen brauchen wir höchstens noch eine Behörde pro Bundesland. Diese muss durch Außenstellen in der Fläche präsent und vor allem per Gesetz so ausgestattet sein, dass sie die nötigen Kontrollen auch bewältigen kann. Ihre Entscheidungen hat sie frei von Weisungen der Politik zu treffen, allein an den Zielen des Verbraucherschutzes ausgerichtet. Die Ergebnisse macht sie öffentlich, denn Transparenz ist der beste Anreiz für sauberes, gesetzeskonformes Arbeiten in den Betrieben. Für die Betriebskontrollen am besten mit dem bewährten dänischen Smiley-System an der Ladentür.

Aktiv und unverzüglich müssen die Behörden informieren, wenn es zu einem Rückruf kommt. Dazu brauchen sie Rechtssicherheit, um schnelle, konkrete Warnungen zu verbreiten, auch wenn Unternehmen nicht mitziehen. Dies geht am besten, indem Ermessensspielräume in den Gesetzen gestrichen und Behörden in die Pflicht genommen werden, die Verbraucher:innen zu informieren. Hersteller müssen in Zukunft ohne Wenn und Aber alle ihre Marketing-Kommunikationsinstrumente auch für Warnungen nutzen, von Newslettern und Internetseiten bis zu sozialen Medien und Apps. Gleiches gilt für Händler, die immer dann zur Information ihrer Kund:innen verpflichtet sein müssen, wenn ein von ihnen verkauftes Lebensmittel zurückgerufen wird.

Nachhaltig muss sich rechnen

Auch und gerade in der Landwirtschaftspolitik bedarf es eines weitreichenden Umsteuerns. Die Zeit von EU-Subventionen nach Flächen muss zu Ende gehen, stattdessen sind die Prämien für gesellschaftliche Leistungen wie Artenschutz oder Landschaftspflege zu zahlen. Als größtes EU-Land steht Deutschland in einer besonderen Verantwortung, die schwierige Diskussion über eine echte Reform der Gemeinsamen Europäischen Agrarpolitik voranzubringen. Dazu gehört der Einstieg in eine konsequente Anwendung des Verursacherprinzips. Wer Umweltkosten verursacht, muss diese auch bezahlen, statt sich wie bisher auf eine Vergesellschaftung verlassen zu können. Das würde das bisherige System der Fehlanreize, mit dem wir jene belohnen, die auf Kosten von Umwelt oder Klima billig produzieren, vom Kopf auf die Füße stellen: Ökologisch nachteilige Produkte würden teurer, umweltfreundlich erzeugte Produkte billiger. Lebensmittel erhielten ihren wahren Preis. Diesen marktwirtschaftlichen Anreiz braucht es, um Landwirtschaft nachhaltiger zu machen und um Bauernhöfen die Perspektive zu eröffnen, dass sich nachhaltige Wirtschaftsweisen auch rechnen.

Bei der Tierhaltung darf ein Preis-Wettbewerb nur noch oberhalb von tierschutzrechtlich vertretbaren Mindeststandards ausgetragen werden. Diese Standards, einschließlich gesetzlich definierter Tiergesundheitskriterien, sind für *alle* gehaltenen Tiere zu garantieren, nicht nur für jene, deren Produkte ein besonderes Siegel tragen. Dorthin zu kommen, ist alles andere als trivial. Als erster Schritt ist eine ehrliche Debatte über die Zwänge einer

Weltmarktabhängigkeit notwendig, in der nicht die Qualität von Produkten oder Tierhaltung, sondern allein der Preis über wirtschaftlichen Erfolg entscheidet. Sie muss *jetzt* gestartet werden, damit langfristig eine EU-weite Lösung entstehen kann, die die hiesige Landwirtschaft durch einen Außenhandelsschutz absichert gegen Billig-Importe aus Gegenden, in denen Standard-Dumping auf Kosten von Mensch, Tier und Umwelt betrieben wird. Gleichzeitig darf der Freihandel, der ja wünschenswert ist, nicht zum Abschluss von Abkommen der neuen Generation führen, mit denen wir uns bei der Festlegung von Umwelt- oder Gesundheitsstandards an die Zustimmung von Handelspartnern ketten.

Auch indem wissenschaftliche Klarheiten frühzeitig zur Grundlage für Politik gemacht werden, lässt sich die dringend benötigte Planungssicherheit für Unternehmen wie Bauernhöfe erhöhen. Diejenigen, die bei gesellschaftlichen Zielen wie dem Umwelt-, Klima- oder Tierschutz vorangehen *wollen*, müssen gefördert statt durch eine fehlgerichtete Bürokratie behindert werden. Dazu braucht es fachlich kompetente Behörden, die in der Lage sind, ihre Genehmigungspraxis daran auszurichten, welche Resultate erzielt werden. Also zum Beispiel daran, ob ein Bauernhof mit neuen Ideen tatsächlich mehr Tierschutz erreicht oder nicht.

Lobbyfesseln ablegen, Bürgerräte einsetzen

Nicht nur das Ergebnis von Politik muss sich ändern, sondern auch, wie wir zu Ergebnissen kommen. Politische Prozesse dauern zu lange und gebären allzu oft Formelkompromisse, die nur einem Zweck dienen: *irgendetwas* vorzulegen. Das stößt zu selten auf Akzeptanz, weil es zahlreiche Probleme nicht löst, niemanden zufriedenstellt und nichts befriedet. Im Zusammenspiel der verschiedenen politischen Ebenen – EU, Bund, Länder, Kommunen – wird vieles zerredet. Einige der beschriebenen Probleme sind zudem so komplex, dass sie nicht in den Zeitfenstern zu lösen sind, in denen Politik üblicherweise gedacht wird: in Amtszeiten und Legislaturperioden von vier oder fünf Jahren.

Auch deshalb braucht es neue Verfahren. Und es gibt sie bereits, viele gute Vorschläge, um die parlamentarische Demokratie zu stärken und ihr zu helfen, die Suche nach guten Lösungen für gesellschaftliche Probleme in den Mittelpunkt zu stellen, statt in holzschnittartigen Debatten gegensätzliche Interessen unversöhnlich und ergebnislos aufeinanderprallen zu lassen.

Ernährungspolitik muss sich von ihren Lobbyfesseln befreien. Die wichtigste Idee dafür lautet Transparenz. Die Mitglieder der Bundes- und Landesregierungen sollten dazu verpflichtet werden, ihre Lobbykontakte offenzulegen. Bei jedem Gesetzentwurf muss vor einer Verabschiedung erkennbar sein, wer mit welchen Gesprächen und Stellungnahmen Einfluss genommen hat. Eine solche »Lobby-Fußspur« fordern Organisationen wie LobbyControl seit Langem. Gutachten und Studien, die Ministerien in Auftrag geben oder die der Wissenschaftliche Dienst des Bundestages erstellt, sind grundsätzlich zu veröffentlichen. Nicht zuletzt sollten sich Abgeordnete stets dann enthalten, wenn eine Abstimmung ihre eigenen beruflichen Interessen berührt. Was in der Kommunalpolitik vielerorts selbstverständlich ist, muss auch auf Landes-, Bundes- und EU-Ebene möglich sein.

Gerade die Agrarpolitik ist von einer tiefen gesellschaftlichen Spaltung und sich unversöhnlich gegenüberstehenden Interessen geprägt. Jahr für Jahr ziehen große Demonstrationen unter der Überschrift »Wir haben es satt« mit ihrem Protest gegen die Auswüchse der Agrarindustrie durch Berlin. Unter dem Motto »Wir machen euch satt« halten Bäuerinnen und Bauern dagegen. Politik versagt, wenn sie – je nach Couleur – nur einseitig die

Interessen »ihrer« jeweiligen Klientel bedient oder einen Arbeitskreis gründet, wenn sie nicht mehr weiterweiß. Es mag schlüssig klingen, bei einem Streit einfach alle Seiten an einem Tisch zu versammeln. Doch solche Gremien sind kaum dazu geeignet, Lösungen zu finden, wenn sich in den Kommissionen und Runden Tischen zumeist die ewiggleichen Expert:innen begegnen, vor allem jene aus der jeweiligen Lobby, die dafür bezahlt werden, möglichst viele Partikularinteressen durchzusetzen. Einfache Verbraucher:innen, einfache Bäuerinnen und Bauern sind eher selten dabei. Dabei gehen die Probleme uns alle an.

Deshalb bedarf es einer sinnvollen Ergänzung der repräsentativen Demokratie durch Beteiligungsformate und direktdemokratische Elemente. Einen vielversprechenden Vorschlag hat der Vorstand der gemeinnützigen Organisation Mehr Demokratie zur Diskussion gestellt[2]: die Kombination von Bürgerräten mit Volksabstimmungen. Er lohnt eine nähere Betrachtung. In Bürgerräten kommen anstelle von Funktionär:innen ausgeloste Bürger:innen zusammen. Durch das Zufallslos ist gewährleistet, dass die unterschiedlichsten gesellschaftlichen Positionen vertreten sind und miteinander in den Austausch kommen. Die Menschen erhalten fachliche Informationen von allen Seiten und viel Zeit – zum Beispiel ein Jahr – um gemeinsam Vorschläge zur Lösung eines gesellschaftlichen Problems zu erarbeiten. Die Verknüpfung mit Volksabstimmungen garantiert zudem, dass sich ihre Ideen auch durchsetzen können, wenn sie eine Mehrheit finden.

Fantasterei? Keineswegs. Irland beispielsweise hat damit – in einem ganz anderen Politikfeld – sehr positive praktische Erfahrungen machen können. Erst ein Bürgerrat vermochte es dort, den hitzig geführten, lange verhärteten Konflikt über das Abtreibungsrecht zu befrieden. Durch den direkten Austausch von Bürger:innen mit unterschiedlichsten Hintergründen, ohne Funktionen und politische Ämter, kam er, anders als parlamentarische Debatten, zu Lösungen, die zuvor undenkbar schienen. Ein Volksreferendum bestätigte seine Vorschläge später mit klarer Mehrheit.

Gerade in der Ernährungs- und Landwirtschaftspolitik oder beim Klimaschutz wäre ein solcher Ansatz vielversprechend: ein Raum, in dem es nicht um das Gewinnen oder Verlieren geht, nicht um politische Karrieren, um das Durchsetzen von Interessen. Stattdessen stünde allein das Ziel (zum Beispiel eine ökologisch nachhaltigere Landwirtschaft) im Zentrum, und die Beteiligten suchten gemeinsam nach einer Lösung, die niemanden überfährt und zurücklässt. In diesem Raum hieße es dann nicht mehr: Politik für die Bauernhöfe *oder* Politik für den Umweltschutz, sondern: Wie können wir mehr Umweltschutz erreichen und gleichzeitig bäuerliche Existenzen sichern?

Ja, es wäre eine andere Art, Politik zu machen. Wir sollten den Mut haben, die Revolution zu beginnen.

Nachrichtendealer

Warum Journalismus ein Teil des Problems ist

Der 31. Juli 2007 ist ein gewöhnlicher, das heißt ein ziemlich voller Tag in meiner Zeit als Hauptstadtkorrespondent. Ich bin angestellt bei einem Pressebüro, berichte gemeinsam mit drei Kollegen für ein gutes Dutzend meist größerer Regionalzeitungen über alles, was das politische Berlin bewegt, vom Geschehen im Bundestag bis zu aktuellen wirtschaftspolitischen Entwicklungen. Vorbereitet hatte ich bereits einen längeren Artikel über den Wechsel im Vorstandssessel des Verbraucherzentrale Bundesverbandes. Der Text wird recht früh an diesem Tag als Erstes fertig. Auch ein Interview mit Gerd Billen, dem neuen Chef der Verbraucherzentralen, kann vergleichsweise zeitig an die Redaktionen in Passau und Dortmund, Schwerin und Gießen verschickt werden. Doch damit ist das Tagesgeschäft noch nicht getan. Nach einigen Telefonaten verfasse ich eine kurze Meldung zur Entwicklung der Milchpreise. Und weil unser Büro an diesem Tag dünn besetzt ist, recherchiere und schreibe ich einen zweiten, längeren Korrespondentenbericht, Thema: die Diskussion um den Ausbau von Kita-Plätzen. Gegen halb fünf am Nachmittag speichere ich die finale Fassung dieses Textes auf dem Computer. Das ist schon reichlich spät, denn auch ein Kommentar will noch verfasst werden. Der wird zwar nicht besonders lang, behandelt aber ein weiteres Thema, das erst einmal erfasst sein möchte: die Diskussion über die Aufnahme von Kinderrechten in das Grundgesetz. Kurz nach sechs schließe ich auch diesen Text, gerade rechtzeitig, bevor in manchen Zeitungshäusern die ersten Druckmaschinen anlaufen.

Nicht alle Tage waren gleichermaßen gehetzt, aber ich habe nicht wenige wie diesen erlebt. Die Bedingungen, unter denen ein guter Teil des Journalismus entsteht, haben sich seitdem nicht grundlegend verändert, und wenn, dann jedenfalls kaum zum Guten. Gerade für die aktuelle politische Berichterstattung bedeutet das oft: wenig Zeit, sich in Themen einzuarbeiten – ich meine: sich *richtig* einzuarbeiten –, gleichzeitig jedoch der Zwang, zu publizieren, auch wenn ein ausreichend tiefes Verständnis für manches Thema fehlt. Für mich eine unbefriedigende Erfahrung. Sie trug wesentlich dazu bei, dass ich diesem rastlosen tagesaktuellen Medienbetrieb erst einmal den Rücken kehrte, obwohl Journalist von Kindesbeinen an mein Traumberuf gewesen war.

In den Jahren danach – ich hatte mich der Verbraucherorganisation foodwatch zunächst als Leiter der Presse- und Öffentlichkeitsarbeit angeschlossen – machte ich die Erfahrung von der »anderen Seite« des Schreibtisches. Nicht wenige Journalist:innen, die ich am Telefon hatte, leiteten das Gespräch ganz offen mit Sätzen ein wie: »Ich stehe noch ganz am Anfang der Recherche …« – und das bereits kurz vor Redaktionsschluss. Ich konnte das einerseits aufgrund meiner eigenen Erfahrungen einordnen und war andererseits innerlich doch am Verzweifeln, ging es aus meiner Sicht doch um wichtige Themen, die eine fundierte Berichterstattung verdienten. Natürlich erreichten mich auch Anfragen hervorragender Rechercheur:innen und Reporter:innen, die sich tief in ihren Stoff eingearbeitet hatten, die viel Zeit für ihre Recherche mitbrachten und die relevante Themen behandelten, auch wenn diese morgens noch nicht in der *Bild*-Zeitung gestanden, wenn gerade keine Ministerien, keine PR-Stellen mit einer Mitteilung darauf aufmerksam gemacht hatten. Es waren jedoch die wenigsten, die diesen Luxus leben konnten.

In meinem Interview von 2007 skizzierte der frischgebackene Chef der Verbraucherzentralen, Gerd Billen, einige seiner künftigen Themenschwerpunkte: »Die Kontrollbehörden haben zu wenig Personal und Geld, um flächendeckende [Lebensmittel-] Kontrollen zu gewährleisten«, kritisierte er und forderte eine Ampelkennzeichnung für verpackte Produkte als »Beitrag gegen Übergewicht«. Heute, 15 Jahre später, werden dieselben Themen noch immer diskutiert. Die zugrunde liegenden Probleme, obwohl längst als relevant erkannt, sind ungelöst, ob Hygieneskandale und unterbesetzte Behörden oder Übergewicht und Lebensmittelkennzeichnung – und auch die Milchpreise samt der Existenzfrage für Bauernhöfe geben weiterhin regelmäßig Anlass zur Berichterstattung. Dies hat auch mit Medien zu tun, mit uns als Medienmacher:innen. Wir sind gut darin, uns schnell und maßlos zu empören, und noch besser dabei, die Empörung wieder zu vergessen, gleich, welche Substanz ihr zugrunde lag. Weniger gut sind wir darin, an Relevantem dranzubleiben. Und damit darin, die Mächtigen zu kontrollieren, sie immer wieder an ihre Verantwortung für diese Probleme zu erinnern.

Niemand kann behaupten, dass es bei diesen Themen besonders stark vorangegangen wäre. Warum Ernährungspolitik bei solch wichtigen Aufgaben versagt, ist die zentrale Fragestellung dieses Buches. Wer sie aufwirft, kommt auch an der Rolle von Medien nicht vorbei. Die lässt sich diskutieren, ohne Journalist:innen pauschal die Fähigkeiten abzusprechen, wozu es keinen Anlass gibt, und vor allem ohne in die unsäglich stumpfe Parole von der »Lügenpresse« einzustimmen, die alle jene skandieren, die für Verschwörungssagen empfänglicher sind als für guten, wahrheitssuchenden Journalismus, wie er gebraucht wird. Ich schreibe dies auch aus eigener Erfahrung. Als Zeitungsredakteur in Hannover habe ich für einen Verlag gearbeitet, an dem die SPD-Medienholding beteiligt war. Schrieb ich kritisch über die Partei, gab es niemanden, der mir sagte, ich solle das besser lassen. Den Willen zu einer besonderen Staatsnähe unserer Medienlandschaft kann ich beim besten Willen nicht erkennen, und erst recht keine staatliche »Steuerung« der Berichterstattung. Wer dies behauptet, hat nichts verstanden oder möchte nichts verstehen. Die Probleme liegen anders.

»Hört doch mal auf!«

Ein Beispiel: Im September 2014 greift *Focus Online* Kritik an der Zusammensetzung einiger Nahrungsmittel für Säuglinge auf. »Karies, Übergewicht, Diabetes: So füttern wir unsere Babys mit Brei und Keksen krank«, titelt die Autorin.[1] Auf Stellungnahmen der kritisierten Hersteller verzichtet sie. Stattdessen holt das Onlinemagazin mit Reaktionen von Nestlé und einem Branchenverband *am nächsten Tag* zum Gegenschlag aus, als es das Thema ein zweites Mal behandelt. Diesmal mit einer überraschend anderen Überschrift, die nicht minder laut daherkommt: »Hört doch mal auf, Eltern dauernd zu verunsichern!«[2] Es verleiht dem Ganzen eine gewisse Komik, dass der Text von derselben Autorin stammt, die das, was sie am Vortag voller Entrüstung selbst berichtet und sich in der Überschrift zu eigen gemacht hatte, nun als »Horrormeldungen« einstuft.

Die Leser:innen des ersten Textes verstehen: alles schlimm. Die des zweiten: alles nur Panikmache. Wer beide liest, bleibt ratlos zurück. Aber egal, am nächsten Tag kommt schließlich der nächste Aufreger zu einem ganz anderen Thema. Sollte es wirklich ein Problem mit Säuglingsnahrung geben: Anlass dazu, es zu lösen, hat nach solcher Berichterstattung jedenfalls niemand. Kaum anzunehmen ist, dass die Autorin zwischen beiden Veröffentlichungen ihre Sicht radikal verändert hat. Ein Teil des Journalismus funktioniert genau so: kernige Überschriften, polarisierende Thesen, knackige Zitate und eine Redaktion, die kein Zitat einordnet, keine Behauptung richtigstellt.

Meistens kommen Rede und Gegenrede immerhin im selben Beitrag vor. Schlauer macht das nicht unbedingt, denn häufig stellt er keine unterschiedlichen Bewertungen, Meinungen oder Vorschläge dar, was verdienstvoll wäre. Sondern montiert Fakten und »alternative Fakten« aneinander, wo es ureigene journalistische Aufgabe wäre, die richtigen von den falschen Behauptungen zu trennen. »He said, she said«-Geschichten heißt das im Mediensprech, Beiträge also, in denen verschiedene Menschen verschiedene Dinge sagen dürfen, selbst wenn sie völlig aneinander vorbeiargumentieren, wenn das, was sie behaupten, falsch ist oder wenn sie reden, ohne etwas zu sagen. Also wird aneinandergereiht, was gesagt wurde – *weil* es gesagt wurde. Das eigentliche Thema und seine Bedeutung für die Menschen geraten aus dem Blick. PR-Abteilungen wissen das, und wenn sie um Stellungnahme zu einer Kritik gebeten werden, senden sie nicht selten allgemein gehaltene Statements, die zwar irgendwie suggerieren sollen, dass an der Kritik nichts dran sei. Die sich aber keinerlei Mühe machen, auf die benannten Kritikpunkte oder die Fragen der Redaktion auch nur im Ansatz einzugehen. Dass diese in einem solchen Fall den Mut hat, eine derart am Thema vorbeiargumentierende Stellungnahme gar nicht erst zu zitieren oder sie entsprechend einzuordnen, ist die absolute Ausnahme.

Bedeutend häufiger ist Copy & Paste-Berichterstattung. Unter Zeitdruck geben sich Redaktionen mit dem hingeworfenen Brocken zufrieden, haken nicht nach, stellen es nicht dar, wenn Kritisierte nicht auf die Kritik eingehen, oder lassen die gezündeten Nebelkerzen in ihrer Berichterstattung weiter rauchen. Dann reproduzieren sie, eingeleitet von Worten wie »Y wies die Kritik zurück«, ein x-beliebiges Zitat aus der Stellungnahme, das am Ausgangsthema komplett vorbeigeht. Weder für die Sache noch für das Publikum ist etwas gewonnen, nur aus Sicht der Kritisierten mag das PR-technisch Beste erreicht sein: Sie haben diffuse Zweifel gesät, ob die Kritik berechtigt war, und schnell lösen andere Themen die unliebsame Diskussion in der medialen Aufmerksamkeit ab. Eine in Bezug auf gesellschaftliche Missstände so dringend benötigte, echte Diskussion, durch die sich die Öffentlichkeit selbst eine Meinung bilden kann, kommt auf diesem Weg nicht zustande.

»Journalismus neigt zur punktuellen Betrachtung, die großen Zusammenhänge geraten dabei schnell aus dem Blick. Die Aufmerksamkeit geht flöten, wenn die nächste Sau durchs Dorf getrieben wird – aber erst mal schaffen es Leute mit Nonsens-Aussagen in die Tagesschau«, meint Dirk Fisser, Redakteur bei der *Neuen Osnabrücker Zeitung* und einer der wenigen Journalist:innen, die sich jenseits von Fachmedien kontinuierlich mit Agrarthemen befassen. Er sagt auch: »Politik setzt da drauf, dass es unsere Branche nicht schafft, am Ball zu bleiben.« Fisser erinnert sich an tierschutzrechtliche Missstände in einem Schlachthof, die viel Empörung auslösten. Die Politik warf eine jener »Nebelkerzen« und kündigte an, Kameras am Schlachthof zu installieren. Ein Jahr später stellte er fest: Keine einzige Kamera war da, angeblich aus Datenschutzgründen. Die Aufregung um die von Tierrechtlern dokumentierten Missstände war da längst wieder abgeebbt.

Jeder Lebensmittelskandal kennt diese Wellen: Es gibt die erste Aufregung, dann dreht sich alles um konkrete Details (betroffene Produkte und Personen), irgendwann um politische Verantwortung (tritt jemand zurück?), schließlich stellt irgendeine Ministerin mit heißer Nadel gestrickte Aktionspläne vor. Wenn es an die politische Umsetzung dieser Maßnahmen geht, darum, ob und wie die Aktionspunkte durchgesetzt werden, wie wirkungsvoll sie sind – der aus langfristiger Perspektive gesehen wichtigste Teil des Ganzen findet weitgehend unter Ausschluss der medialen Öffentlichkeit statt. Wenn er passiert, ist der Skandal längst Schnee von gestern. Nur: Wenn es zum *nächsten* Skandal kommt, wird garantiert über dieselben Punkte wieder diskutiert. Auch die zukünftigen Vorstände des Verbraucherzentrale Bundesverbandes werden dann mit hoher Wahrscheinlichkeit auf die allzu dünne Personaldecke der Lebensmittelbehörden hinweisen. Das alles hat auch damit zu tun, ob Medien in den entscheidenden Momenten hinsehen.

»Kontrolle und Kritik«

Auf Rousseau geht die Idee von den Medien als vierter Gewalt im Staat zurück, nach Gesetzgebung, Justiz und Verwaltung. »Kontrolle und Kritik« sei ihre Aufgabe, führte der 1987 verstorbene Presserechtler Martin Löffler, der 1966 das berühmte »*Spiegel*-Urteil« vor dem Bundesverfassungsgericht erstritt, in seinem Werk »Der Verfassungsauftrag der Presse« aus:[3] »Wo immer im Staat etwas faul ist, soll die Presse Laut geben und so nach dem Willen der Verfassung das Amt eines öffentlichen Wächters ausüben.« Ein »Gegengewicht« zu herrschenden Parteien wie zum »nicht weniger gefährlichen Herrschaftsstreben der Verbände und Konzerne«. Jürgen Wilke, bis 2011 Professor für Publizistik an der Johannes-Gutenberg-Universität Mainz, beschreibt die »grundlegenden Funktionen« der Medien vor allem für eine

Demokratie in einem Dossier für die Bundeszentrale für politische Bildung so: »Erwartet wird von ihnen, dass sie die Bürger (zutreffend) unterrichten, durch Kritik und Diskussion zu deren Meinungsbildung beitragen und damit Partizipation ermöglichen.«[4]

Dieser Rolle sind sich im Grunde auch alle bewusst. In der unter anderem von der Zeit-Stiftung finanzierten Studie »Was Journalisten sollen und wollen«[5] zeigten sich Journalist:innen wie Publikum einig darin, welche Aufgaben Medien vorrangig haben: »insbesondere objektiv berichten, analysieren und einordnen«.

Nicht also zum Beispiel irgendwelche Zitate einsammeln und ungefiltert wiedergeben.

Als 2017 die *dpa*-Tochter *news aktuell* Journalist:innen über die größten Fehler befragte, die sie machen können, waren die häufigsten Antworten: Inhalte anderer Medien, von Unternehmen oder PR-Agenturen ungeprüft übernehmen, sich von Politik, Lobbys oder Prominenten vereinnahmen lassen und zu wenig einordnen.[6] All diese Fehler geschehen. Von seinem Ideal ist Journalismus deutlich entfernt. Gerade in der wichtigen aktuellen Berichterstattung, die politische Entscheidungen wesentlich beeinflusst, hat sich ein Nachrichtengeschäft herausgebildet, das sich vom eigentlichen Journalismus und seiner gesellschaftlichen Aufgabe weitgehend entkoppelt hat.

Nachrichtengeschäft und kein Journalismus ist es beispielsweise, wenn Redakteur:innen ihre kostbare Recherchezeit darauf verwenden – nein: verschwenden –, ihre Kontakte abzutelefonieren, um einen Regierungsbericht einen Tag vorher als Wettbewerber in die Finger zu bekommen. Meistens geht es dabei um Informationen, die kurz danach in Pressemitteilungen und Pressekonferenzen ohnehin öffentlich gemacht werden: die jährliche Polizeistatistik, das Konzeptpapier eines Parteivorstands, der »Ernährungsbericht« des Bundeslandwirtschaftsministeriums, der schon so brisante Dinge ans Licht bringen konnte wie das Lieblingsgericht der Deutschen: Nudeln nämlich.[7] (Wobei: Im Folgejahr war es Fleisch[8], was die Sinnhaftigkeit solcher Berichte nicht gerade untermauert.) Hauptsache »exklusiv«.

Während die Medienwissenschaften Relevanz als einen der zentralen Nachrichtenfaktoren lehren[9], der darüber entscheiden soll, ob etwas berichtet wird oder nicht, arbeiten zu viele Redakteure und Korrespondentinnen eher als Nachrichtendealer denn als Journalistinnen. Sie versuchen auf Teufel komm raus »Exklusivmeldungen« für ihr Medium zu produzieren, seien sie auch noch so belanglos. Und selbst wenn sie von Belang wären: Die Öffentlichkeit profitiert, wenn relevante Informationen öffentlich werden, die es *ohne* journalistische Recherche *nicht* würden. Doch wer gewinnt, wenn Informationen einen Tag früher als ohnehin publik werden? Das Publikum kaum. Ein wenig vielleicht der Verlag oder Sender, der »seine« Meldung verbreiten und auf einen Marketingeffekt hoffen darf, weil andere Medien ihn dann zitieren. Vor allem aber kann die Quelle profitieren, die die Information »durchgestochen« und ihr vielleicht den eigenen »spin«, einen in ihrem Interesse liegenden Dreh, mitgegeben hat.

Nicht selten kommt es vor, dass in einer Redaktion noch am späten Nachmittag ein umfangreiches Regierungsdokument auf dem Tisch landet, wenn gar keine Zeit mehr ist, alles überhaupt nur durchzulesen, geschweige denn nachzurecherchieren, in Gesprächen einzuordnen: Will sie als Erste über das Papier berichten, muss es schnell gehen. Und dann bleibt häufig nichts anderes übrig, als die Deutung des Absenders gleich mitzuübernehmen. »Wir sollten viel weniger über die politische Agenda berichten. Über das, was uns vorgesetzt wird. Und viel mehr über die Probleme der Menschen vor Ort. Wenn diese Probleme dann durch unsere Recherchen auf die politische Agenda rücken, umso besser«, schrieb 2017 völlig zu Recht Daniel Drepper, der spätere Chefredakteur der *Ippen*-Investigativredaktion, in einem Essay für das *mediummagazin*.[10]

Wenn »das Netz« reagiert

Während es viele wertvolle, aufwendige Recherchen nicht schaffen, von anderen Medien aufgegriffen zu werden, um so eine relevante politische Debatte zu entfachen, verbreiten sich gerade diese kleinen »Nachrichten«-Schnipsel überall. Agenturen und Onlinemedien, TV- und Radiostationen greifen sie auf, und sie berufen sich dabei auf ein anderes Medium, das sich wiederum auf einen Regierungsbericht beruft, den es vorab vorliegen hatte. Hunderte Berichte und mehr entstehen so, ohne dass die Berichterstattenden den Ausgangsbericht gelesen haben. Der beabsichtigte »spin« aber ist in der Welt und kaum noch wegzukriegen, und das natürlich auch bei noch wichtigeren Dingen als Nudeln: bei Aktionsplänen, Gesetzentwürfen, Untersuchungsberichten.

Eigentlich sollten Medien frühestens ein, zwei Tage nach der offiziellen Vorstellung eines solchen Papiers berichten – nachdem sie es in Ruhe lesen und durch Gespräche einordnen konnten. Der Tenor wäre dann nicht, wer welchem Problem »den Kampf« angesagt hat, welche Ziele eine Ministerin erreichen »will«. Sondern Fragen wie: Setzt sie die richtigen Ziele? Sind ihre Maßnahmen dazu geeignet, diese Ziele zu erreichen? In der Praxis ist das kaum einer Redaktion möglich. Zu hoch ist der gefühlte Zeit- und Konkurrenzdruck. Ergebnis sind nicht nur zugespitzte Überschriften und, bei Online-Medien, die buntesten Formen des »Clickbaiting«, also des Bettelns um Klicks. Sondern auch die neurotische Hatz, unbedingt der Erste sein zu müssen, der über etwas berichtet. Kaum ein Ereignis, das online ohne »Liveticker« auskommt, der teilweise von mehreren gut ausgebildeten Redakteur:innen gefüllt wird, während weitere »das Netz« absuchen, um schnell ausgeatmete und besonders griffig formulierte twitter-Reaktionen aufzustöbern und diese in den Liveticker einzubinden. »So reagiert das Netz auf …« heißt es dann gerne, doch wer oder was ist eigentlich »das Netz«?

Es tobte jedenfalls auch im Pulk mit zahlreichen Medien mitten im Bundestagswahlkampf 2021, als die Meldung die Runde machte, VW habe für seine Beschäftigten in Wolfsburg die berühmte Currywurst von der Speisekarte gestrichen und auf vegetarische Kost umgestellt. Altkanzler Gerhard Schröder empörte sich, einige starteten bereits die Debatte über die Zwangs-Vegetarisierung einer ganzen Belegschaft und beschworen die Klima-Diktatur herbei. Was fast alle bei diesem »Skandal« übersehen hatten: Die Nachricht vom täglichen Zwangs-»Veggie Day« war falsch. VW hatte das Menü lediglich in *einer* seiner vielen Werkskantinen umgestellt, in den anderen gab es den »Kraftriegel« der Facharbeiter:innen (Gerhard Schröder) auch weiterhin.[11]

Verlautbarungsjournalismus ist ein weiteres Symptom dieser krankhaften Jagd nach Geschwindigkeit. Anders ist es kaum zu erklären, weshalb politische Korrespondenten Überschriften wie »Die Deutschen essen am liebsten Pasta« produzieren – gäbe es nicht Tausende drängendere Fragen, die ein Landwirtschafts- und Ernährungsministerium beantworten sollte? Wer in den Redaktionen Glaubwürdigkeit genießt – und das sind interessanterweise trotz aller sonst formulierten Kritik gerade die Pressestellen von Behörden und Ministerien –, kann oft dabei zusehen, wie sich seine Pressemitteilung mitsamt interessengeleiteter Deutung als Nachricht verbreitet.

Den Anfang machen oft die bedauernswerten Redaktionen von Nachrichtenagenturen wie *dpa*, die unter noch größerem

Zeitdruck stehen. Sie liefern Meldungen nicht nur für gedruckte Medien, sondern auch für Radiostationen, Fernsehsender und Internetportale, und die wollen so schnell wie möglich auf Sendung sein. Ein Beispiel: die Küken. Als Legehennen kommen hochgezüchtete Rassen zum Einsatz, darauf getrimmt, so viele Eier wie möglich zu legen. Der Preis, von gesundheitlichen Folgen für die Tiere einmal ganz abgesehen: Die Hähne dieser Rassen setzen zu wenig Fleisch an, als dass eine Mast wirtschaftlich wäre. Millionen männlicher Tiere, die keine Eier legen können, werden daher jedes Jahr als Eintagsküken getötet. 2015 nannte Landwirtschaftsminister Christian Schmidt das Ziel, die grausame Praxis 2017 zu beenden.[12,13,14] Daraus wurde nichts.

Im April 2019 kündigte Schmidts Nachfolgerin Julia Klöckner ein baldiges Verbot an.[15] Zwei Monate später sprach sie von der Absicht, mit dem Kükentöten »so schnell wie möglich« Schluss zu machen.[16] Ende 2019 sagte sie, es könne »langfristig« beendet werden.[17] Anfang 2020 erklärte sie dann: Bis Ende 2021 ist Schluss.[18] Schließlich legte sie ein Gesetz zum Verbot vor, doch interessant ist eines: Jede neue Ankündigung, jedes neue Datum, das Schmidt oder Klöckner ins Gespräch brachten, führte in den Medien zu dankbaren Überschriften wie »Julia Klöckner will das Kükentöten beenden«, »Julia Klöckner kündigt Ende des Kükentötens an«. Der Hinweis auf die vielfach uneingelösten Zusagen fehlte, und mehr noch: Union und SPD hatten bereits 2018 in ihrem Koalitionsvertrag vereinbart: »Das Töten von Eintagsküken werden wir bis zur Mitte der Legislaturperiode [d.h. Herbst 2019; Anm. des Autors] beenden.« Es gab also ein politisches Versprechen, ohne jeglichen Vorbehalt formuliert – die Koalition brach es. Dazu meist kein Wort, während sich die Ministerin wieder und wieder für ihre Ankündigungen medial feiern lassen konnte.

»Die Kampagne war genial«

Es hätte sich gelohnt, wären Medien noch tiefer eingestiegen. Wenn sie das Symptom Kükentöten regelmäßig in Verbindung zu seiner Ursache, der Zuchtpolitik, gebracht hätten, die das Vergasen männlicher Küken immerhin selbst in Demeter-Betrieben zur gängigen Praxis hatte werden lassen. Und deren Probleme, nämlich die massiven Gesundheitsleiden der auf maximale Legeleistung getrimmten Legehennen, fortbestehen, wenn ein Gesetz lediglich das Kükentöten künftig ausschließt. Eine solch kritische mediale Auseinandersetzung mit Agrarpolitik ist nötig, soll diese dazu gebracht werden, Probleme an der Wurzel anzugehen und zu lösen.

Entscheidend ist nicht nur, was Journalist:innen tun, sondern auch, was sie nicht tun können. Wenn es an der Zeit für die nötige Recherche und für das Aneignen von Fachwissen mangelt, ist eine fundierte Einordnung unmöglich. Das erleben gerade jene, die in ihren Redaktionen nicht für ein festes Thema zuständig sind, sondern als eierlegende Wollmilchsäue mal über Landwirtschaft, mal über Sicherheitspolitik berichten müssen. Die Ankündigung des Discounters Aldi, nach und nach auf Frischfleisch aus den niedrigsten Haltungsstufen 1 und 2 zu verzichten und ab 2030 dann nur noch solches aus den Stufen 3 und 4 verkaufen zu wollen, ist ein weiteres Beispiel.[19] Das breite mediale Echo geriet im Sommer 2021 äußerst positiv: Endlich tut sich was, der Handelskonzern geht voran und macht beim Tierschutz ernst, so der Tenor. Wer in der Branche ein paar Gespräche führte, konnte einen anderen Eindruck gewinnen. Der hätte Geschichten gehört von Bauernhöfen, die auf Fleisch der Haltungsstufe 3 sitzen blieben oder es zu niedrigen Preisen verramschen mussten, weil sie keine Abnehmer fanden. Ginge es Aldi also um eine andere Tierhaltung, das Unternehmen hätte, wenn die Berichte zutreffen, den Anteil an Stufe-3-Fleisch wohl schon sofort deutlich ausbauen können. Mit seiner Ankündigung für 2030 aber setzte der Discounter Höfe unter Druck, Ställe umzubauen und massenhaft in Stufe 3 einzusteigen. Aldi stieß damit also eine Entwicklung an, die den Preis für das Stufe-3-Fleisch bis 2030 deutlich senken könnte – wovon er dann selbst profitieren würde.

»Die Kampagne war genial«, sagt auch der Osnabrücker Redakteur Dirk Fisser. Genial – aber eben auch »wohlkalkulierte PR«, die viel zu wenig hinterfragt wurde. »Der Zwang zur schnellen Berichterstattung, gepaart mit mangelndem Verständnis und der fehlenden Sensibilität, sich hier vor einen Karren spannen zu lassen«, habe zu dem fatalen Eindruck geführt, der Handel löse mal eben die Probleme in der Tierhaltung.

»Es ist immer jemand bösartiger«

Publikums- und Anzeigenverluste haben viele Medienhäuser zu kreativen Geschäftsmodellen gezwungen. Zeitungsverlage haben heute oft wenig mit jenen Häusern gemein, in denen einst echte Publizist:innen statt Betriebswirten das Sagen hatten. Manche gleichen eher Eventagenturen und Shops mit angeschlossener Redaktion. Wenn sie in Partnerschaft mit Konzern-Sponsoren zu Veranstaltungen laden, mit der Bundesregierung gemeinsame Konferenzen organisieren, bei denen die Redakteur:innen in den Ministerien freundliche Plauschs mit den Regierenden moderieren sollen, liegt darin eine Gefahr für das journalistische Rollenverständnis. Wenn eine Ministerin auf solchen Konferenzen Elogen auf die Sponsoren hält, mit denen sie sich qua Amt kritisch auseinandersetzen müsste, hat das mit Politik nur sehr begrenzt zu tun. Und wenn der Cheflobbyist der Lebensmittelbranche Politiker zum Video-Interview einlädt, das er selbst moderiert, das Magazin *Cicero* – dessen Kompetenz doch eigentlich der Journalismus sein sollte – als Kooperationspartner das Ergebnis als »sponsored video« auf seiner Internetseite präsentiert[20]: Wer ist dann eigentlich noch wer? Journalismus, Politik, Unternehmen, Lobbyismus – alles eins? Fatal, wenn sich dieser Eindruck festsetzt.

Es gibt positive Entwicklungen wie die Neugründung von Investigativredaktionen in einigen Sendern und Verlagen. Doch guter, kritischer Journalismus darf nicht nur Kür, sondern muss in der Alltagsberichterstattung Standard sein. Weshalb es eine Aufgabe von größter gesellschaftlicher Bedeutung ist, Antworten auf die Frage nach einem Finanzierungsmodell für guten Journalismus zu finden. Eine schwierige Aufgabe, die zu diskutieren den Rahmen dieses Buches sprengen würde. Nur so viel: Eine wichtige Hilfe für eine gute, der Demokratie und Gesellschaft dienende und dazu möglichst unabhängige Berichterstattung erscheint mir, Journalismus als gemeinnützig anzuerkennen und ihm dadurch neue Finanzierungsquellen zu eröffnen.

Viele problematische Mechanismen sind beeinflusst von sozialen Medien, wo alles nicht nur rasend schnell geht, sondern Algorithmen und aus allen Nähten platzende Timelines dazu zwingen, auf besondere Art Aufmerksamkeitsreize zu setzen. Ständige »Breaking news«, Listicals (also in Listenform verpackte und damit für viele Klicks optimierte Inhalte) und natürlich: Meinung, Meinung, Meinung. Am besten mit zugespitzten, ungewöhnlichen Thesen, unabhängig davon, wie viel und ob überhaupt Recherche dahintersteckt. Exotische Positionen waren schon immer attraktiv. Durch soziale Medien hat sich das noch verstärkt, und für jede noch so absurde These gibt es Expert:innen, auf die sich berufen lässt. »False balance«, eine falsche Ausgewogenheit, ist ein im Journalismus längst erkanntes, aber ungelöstes Problem. Der Epidemiologe Christian Drosten, seit

Beginn der Corona-Pandemie medial omnipräsent, zeigte sich in einem Interview mit dem Schweizer Onlinemagazin Republik[21] erstaunt, welche Rolle dieser Effekt spielt. »Dass man sagt: Okay, hier ist eine Mehrheitsmeinung, die wird von hundert Wissenschaftlern vertreten. Aber dann gibt es da noch diese zwei Wissenschaftler, die eine gegenteilige These vertreten. In der medialen Präsentation aber stellt man dann einen von diesen hundert gegen einen von diesen zweien. Und dann sieht das so aus, als wäre das 50:50, ein Meinungskonflikt. Und dann passiert das, was eigentlich das Problem daran ist, nämlich dass die Politik sagt: ›Na ja, dann wird die Wahrheit in der Mitte liegen.‹«

Die falsche Ausgewogenheit ist gerade für die Klimaforschung gut belegt, wo das Leugnen des menschengemachten Klimawandels grotesk mehr Raum im medialen Diskurs einnahm, als es dem Stand der Wissenschaft entsprach.[22,23] Das dürfte übertragbar sein auf andere Bereiche: Warum über Zuckerregulierung sprechen, wenn vermeintlich noch gestritten wird, welchen Schaden der Zuckerkonsum überhaupt anrichtet? Genau hier setzt Lobbyismus an. Es wäre die Aufgabe von Journalismus, ihn zu enttarnen.

»Sie werden niemals in der Lage sein, den klügsten Post in den sozialen Netzwerken zu einem Thema zu schreiben«, rief der Schriftsteller Ferdinand von Schirach im Juni 2021 Journalist:innen bei der Verleihung des Axel-Springer-Preises für jungen Journalismus zu. Es gebe allein bei Facebook rund 2,5 Milliarden aktive Nutzer – »und darunter wird es immer jemanden geben, der origineller, bösartiger und lustiger ist als Sie. Und oft ist es nicht nur einer, es sind Tausende. Damit müssen Sie sich abfinden.« Journalist:innen könnten jedoch etwas anderes viel besser, mahnt Schirach: von Tatsachen berichten – und dies sei auch ihre Pflicht: »Nur mit Tatsachen können Sie unschlagbar sein, und genau deshalb ist das Ihre Zukunft. (…) Wenn Sie Tatsachen ermitteln und über sie schreiben, retten Sie nicht nur Ihren Berufsstand – Sie helfen den arg gebeutelten Demokratien.«[24,25]

NOZ-Redakteur Dirk Fisser setzt darauf, dass die bislang vor allem als Bedrohung wahrgenommenen sozialen Netzwerke langfristig den Journalismus zum Besseren verändern. Erfolgsmeldungen und Nachrichten würden zunehmend von offiziellen Stellen und PR-Agenturen selbst verbreitet, »die brauchen die klassischen Medien gar nicht mehr«. Fisser glaubt, dass der »Verlautbarungsjournalismus« zwangsläufig auslaufen werde – und bestenfalls Freiräume schafft für die wirklich relevanten Recherchen. »Es entstehen Chancen, wenn Journalismus versteht, dass wir dieses Wettrennen nach vermeintlichen Neuigkeiten nicht mitmachen müssen.«

Bleibt zu hoffen, dass er recht behält.

Schlussbemerkung

Redaktionsschluss für dieses Buch war der 30. September 2021, spätere Entwicklungen konnten nicht mehr berücksichtigt werden. Die wichtigsten Quellen und genaue Literaturhinweise zu den zitierten wissenschaftlichen Studien sind in den Endnoten genannt. Wo sich verwendete Informationen auf Internetseiten befanden, so wurden diese in den Wochen vor dem Redaktionsschluss letztmalig aufgerufen und geben den Stand zu diesem Zeitpunkt wieder. Wörtliche Zitate, die im Original in englischer Sprache abgefasst waren, wurden vom Autor ins Deutsche übersetzt. Altersangaben und Funktionen beziehen sich, wenn nicht anders ausgeführt, auf den Zeitpunkt des jeweiligen Gesprächs.

Der Text bemüht sich um eine geschlechtergerechte Sprache bei gleichzeitig möglichst guter Lesbarkeit. Wo Personengruppen nur in der weiblichen oder nur in der männlichen Form benannt werden (zum Beispiel »Wissenschaftlerinnen«), handelt es sich auch tatsächlich ausschließlich um Frauen bzw. Männer – oder um ein Versehen.

Alle im Buch erwähnten Unternehmer:innen wurden allein vom Autor und ausschließlich aus inhaltlichen Erwägungen heraus gewählt. Es bestehen in Bezug auf diese weder private Verbindungen noch finanzielle Interessen.

Quellen und Anmerkungen

Vorwort

1 https://twitter.com/guardian_sport/status/1404726298237411331

KAPITEL 1
Armutspirale

1 Biesalski HK: Der verborgene Hunger. Satt sein ist nicht genug. Berlin/Heidelberg, Springer Spektrum, 2013.

2 Biesalski HK: Unsere Ernährungsbiografie. Wer sie kennt, lebt gesünder. München, Knaus, 2017.

3 Einen guten Überblick über die Arbeiten von Kimberly G. Noble bieten: – Noble KG, Houston SM, Brito NH et al.: Family income, parental education and brain structure in children and adolescents. Nature Neuroscience, 2015;18(5):773–778.
– Noble KG, Grieve SM, Korgaonkar MS, Engelhardt LE, Griffith EY, Williams LM, Brickman AM: Hippocampal volume varies with educational attainment across the life-span. Frontiers in Human Neuroscience, 2012;6:307.

4 Kaganov B, Caroli M, Mazur A, Singhal A, Vania A: Suboptimal Micronutrient Intake among Children in Europe. Nutrients, 2015;7(5):3524–3535.

5 Mensink GBM, Haftenberger M, Lage Barbosa C, Brettschneider A-C, Lehmann F, Frank M, Heide K, Moosburger R, Patelakis E,

Perlitz H: EsKiMo II – Die Ernährungsstudie als KiGGS-Modul. Berlin, Robert Koch-Institut, 2020, S.54 ff.

6 Max Rubner-Institut: Nationale Verzehrsstudie II. Ergebnisbericht Teil 2. Karlsruhe, 2008, S.92 ff.

7 Skopek J, Passaretta G: Socioeconomic Inequality in Children's Achievement from Infancy to Adolescence: The Case of Germany. Social Forces, 2020.

8 Robert Koch-Institut: Gesund aufwachsen – Welche Bedeutung kommt dem sozialen Status zu? Berlin, GBE kompakt 1/2015, S.6.

9 Lampert T, Hagen C, Heizmann B: Gesundheitliche Ungleichheit bei Kindern und Jugendlichen in Deutschland. Beiträge zur Gesundheitsberichterstattung des Bundes. Berlin, Robert Koch-Institut, 2010, S.30 f.

10 Max Rubner-Institut: Nationale Verzehrsstudie II. Ergebnisbericht Teil 2. Karlsruhe, 2008, S.58 ff.

11 Zur Kritik an der Unterrepräsentation von Bevölkerungsgruppen in der Nationalen Verzehrsstudie vgl. Pfeiffer S: Die verdrängte Realität. Ernährungsarmut in Deutschland. Hunger in der Überflussgesellschaft. Wiesbaden, Springer VS, 2014, S.7 f.

12 WHO: Essential nutrition actions: improving maternal, newborn, infant and young child health and nutrition. Genua, 2013.

13 vgl. WHO: WHA Global Nutrition Targets 2025: Stunting Policy Brief, 2014.

14 Baten J, Boehm A: Trends of Children's Height and Parental Unemployment: A Large-Scale Anthropometric Study on Eastern Germany, 1994–2006. Cesifo Working Paper No.218, 2008.

15 Johnson SB, Riis JR, Noble KG: State of the Art Review: Poverty and the Developing Brain. Pediatrics April 2016, 137 (4) e20153075.

16 Ellsäßer G, Böhm A, Kuhn J, Lüdecke K, Rojas G: Soziale Ungleichheit und Gesundheit bei Kindern – Ergebnisse und Konsequenzen aus den Brandenburger Einschulungsuntersuchungen. Kinderärztliche Praxis (73), 248–257, 2002.

17 www.ethikrat.org/fileadmin/PDF-Dateien/Veranstaltungen/FB_
2008-11-26_Wortprotokoll.pdf

18 www.youtube.com/watch?v=XPZnR67gekA

19 Preuße H: Referenzbudgets in ihrer Bedeutung als sozial-kulturelle
Existenzminima – dargestellt am Beispiel von Erfahrungen aus
einem europäischen Pilotprojekt. Hauswirtschaft und Wissenschaft (ISSN online 2626–0913), 2018.

20 Mertens E, Hoffmann I, Schneider K, Claupein E, Spiller A: Le-
bensmittelkosten bei verschiedenen Ernährungsweisen. Vergleich
einer üblichen Lebensmittelauswahl mit einer Lebensmittelauswahl entsprechend Empfehlungen zur Prävention ernährungsab-
hängiger Krankheiten. Ernährungs Umschau 3/2008.

21 vgl. Drewnowski A, Specter SE: Poverty and obesity: the role of
energy density and energy costs. The American Journal of Clinical
Nutrition, Volume 79, Issue 1, 2004.

22 Jones NRV, Conklin AI, Suhrcke M, Monsivais P: The Growing
Price Gap between More and Less Healthy Foods: Analysis of a
Novel Longitudinal UK Dataset. PLoS ONE 9(10): e109343, 2014.

23 Alexy U, Bolzenius K, Köpper A, Clausen K, Kersting M: Diet costs
and energy density in the diet of German children and adolescents.
European Journal of Clinical Nutrition, 2012 Dec;66(12):1362–3.

24 vgl. Kroke A, Günther ALB: Mangel im Überfluss. Ernährungs-
epidemiologische Daten zu Übergewicht und Nährstoffmangel.
Ernährungs Umschau 53 (2006), S.480–485.

25 Pfeiffer S, Ritter T, Hirseland A: Hunger and nutritional poverty
in Germany: quantitative and qualitative empirical insights, Criti-
cal Public Health, 2011.

26 Pfeiffer S, Ritter T, Oestreicher E: Food Insecurity and Poverty in
Germany. In: Biesalski HK, Drewnowski A et al. (Hrsg.): Sustainable Nutrition in an Changing World. Cham, Springer International, 2017.

27 Pfeiffer S, Ritter T, Oestreicher E: Armutskonsum. Ernährungsar-

mut, Schulden und digitale Teilhabe. In: Forschungsverbund Sozioökonomische Berichterstattung: Berichterstattung zur sozioökonomischen Entwicklung in Deutschland, Kapitel 20. wbv, 2016. Vgl. auch Pfeiffer S, Ritter T, Oestreicher E: Food Insecurity in German households: Qualitative and Quantitative Data on Coping, Poverty Consumerism and Alimentary Participation. Social Policy and Society, 14(3), 483–495, 2015. Sowie Pfeiffer S: Hunger in der Überflussgesellschaft. In: Selke, Stefan (Hrsg.): Kritik der Tafeln in Deutschland: Standortbestimmungen zu einem ambivalenten sozialen Problem. Wiesbaden, VS Verlag für Sozialwissenschaften, 2010, S. 91 ff.

28 www.ohchr.org/Documents/Issues/Food/GA68/Germany.pdf

29 https://de.wikipedia.org/wiki/Tafel_(Organisation)

30 www.tafel.de/fileadmin/media/Presse/Hintergrundinformationen/2021-07-01_Zahlen_und_Fakten.pdf

31 Depa J, Gyngell F, Müller A, Eleraky L, Hilzendegen C, Stroebele-Benschop N: Prevalence of food insecurity among food bank users in Germany and its association with population characteristics. Preventive Medicine Reports 9. 96–101, 2018.

32 FAO: Methods for estimating comparable prevalence rates of food insecurity experienced by adults throughout the world. Rom, 2016.

33 www.destatis.de/DE/Themen/Gesellschaft-Umwelt/Einkommen-Konsum-Lebensbedingungen/Lebensbedingungen-Armutsgefaehrdung/Tabellen/armutsschwelle-gefaehrdung-silc.html

34 www.destatis.de/DE/Themen/Gesellschaft-Umwelt/Soziales/Sozialberichterstattung/Tabellen/03agq-zvbm-alter-geschl.html

35 www.bertelsmann-stiftung.de/de/themen/aktuelle-meldungen/2020/juli/kinderarmut-eine-unbearbeitete-grossbaustelle

36 www.destatis.de/DE/Themen/Gesellschaft-Umwelt/Soziales/Sozialhilfe/_inhalt.html

37 https://de.statista.com/themen/120/armut-in-deutschland/

38 http://appsso.eurostat.ec.europa.eu/nui/show.do?lang=en&
    dataset=ilc_mdes03

39 www.eurofound.europa.eu/sites/default/files/ef_publication/field_
    ef_document/ef1733en.pdf

40 Wissenschaftlicher Beirat für Agrarpolitik, Ernährung und gesund-
    heitlichen Verbraucherschutz beim BMEL: Politik für eine nach-
    haltigere Ernährung. Eine integrierte Ernährungspolitik entwi-
    ckeln und faire Ernährungsumgebungen gestalten. Berlin, 2020.

41 www.tafel.de/presse/pressemitteilungen/pressemitteilungen-2021/
    tafeln-verzeichnen-deutlich-mehr-kundinnen-und-kunden/

42 www.ekfz.tum.de/fileadmin/PDF/201016_EKFZ_
    Podiumsdiskussion_Final.pdf

43 www.zeit.de/news/2020-10/16/corona-beguenstige-
    gewichtszunahme-sozial-schwacher-kinder

44 www.ami-informiert.de/ami-themen/ami-themen/single-ansicht
    ?tx_aminews_singleview%5Baction%5D=show&tx_aminews_
    singleview%5Bcontroller%5D=News&tx_aminews_singleview
    %5Bnews%5D=23616&cHash=b283f8acecc2a2073f3fb218fb7cb86f.

45 www.facebook.com/106095191498602/posts/147606167347504/?d=n

46 www.wochenblatt-reporter.de/wochenblatt-pirmasens/c-lokales/
    zu-fett-und-zu-suess-durch-die-corona-pandemie_a288591

47 Gießelmann K: Die ersten 1 000 Tage entscheiden. Deutsches Ärzte-
    blatt Jg.113, Heft 43, 2016.

48 www.bvmd.de/fileadmin/user_upload/2021_06_Positionspapier_
    Ern%C3%A4hrung_und_Gesundheit.pdf

49 Steinmann M: Was wissen Hebammen über Ernährung? Eine em-
    pirische Analyse. Ernährungs Umschau 1/2008, S.12 ff.

50 vgl. www.dge-sh.de/1000-tage-rund-um-die-geburt.html und www.
    in-form.de/wissen/armut-und-ernaehrung-bei-kindern/

51 Knerr I, Topf HG, Hablawetz B, Stöhr W, Dötsch J, Rascher W,
    Lederer P: Frühe Einflussfaktoren auf das Körpergewicht und die
    Prävalenz von Übergewicht zum Zeitpunkt der Schuleingangs-

untersuchung bei 4610 Kindern im Raum Erlangen/Nordbayern. Gesundheitswesen, 2005 Mar;67(3):183–8.

52 Mansuy IM, Gurret J-M, Lefief-Delcourt A: Wir können unsere Gene steuern! Die Chancen der Epigenetik für ein gesundes und glückliches Leben. Berlin/München: Berlin Verlag, 2020, S.21.

53 Tiffon C. The Impact of Nutrition and Environmental Epigenetics on Human Health and Disease. International Journal of Molecular Sciences, 2018 19(11):3425.

54 ebda.

55 Martyn CN, Barker DJ, Osmond C: Mothers' pelvic size, fetal growth, and death from stroke and coronary heart disease in men in the UK. The Lancet, 1996 Nov 9;348(9037):1264–8.

56 Lumey LH, Stein AD, Susser E: Prenatal famine and adult health. Annual Review of Public Health, 2011;32:237–62.

57 Veenendaal MVE, Painter RC, de Rooij SR, Bossuyt PMM, van der Post JAM, Gluckman PD, Hanson MA, Roseboom TJ: Transgene-rational effects of prenatal exposure to the 1944–45 Dutch famine. BJOG, 2013; 120: 548–554.

58 vgl. z.B. Siddiqui F, Salam RA, Lassi ZS, Das JK: The Intertwined Relationship Between Malnutrition and Poverty. Front Public Health, 2020 Aug 28;8:453.

59 www.bundesregierung.de/resource/blob/975954/1892142/55d4e9f1bc3e3462fd90aa7cb5404ae9/57-2-bmel-better-future-kongress-data.pdf?download=1

60 www.armuts-und-reichtumsbericht.de/SharedDocs/Downloads/Berichte/sechster-armuts-reichtumsbericht.pdf?__blob=publicationFile&v=2

61 Die ZEIT, 15. April 2021.

62 www.morgenpost.de/politik/article213677285/Jens-Spahn-Die-Tafeln-erfuellen-eine-wichtige-Aufgabe.html

63 Statistisches Bundesamt, Verbraucherpreisindex.

64 www.sven-lehmann.eu/wp-content/uploads/2021/04/Lehmann-
    Sven-2021-03-205-und-206-Antwort.pdf
65 www.spdfraktion.de/system/files/documents/fraktionsbeschluss_
    ernaehrungsarmut_20201103.pdf
66 zitiert   nach   www.zeit.de/online/2006/20/Schreiner/
    komplettansicht
67 UN Committee on Economic, Social and Cultural Rights: General
    Comment No.12. The Right to Adequate Food (Art.11). www.
    refworld.org/pdfid/4538838c11.pdf
68 www.un.org/Depts/german/wirtsozentw/hunger-mangelernaeh-
    rung.pdf
69 www.bmfsfj.de/resource/blob/93140/78b9572c1bffdda3345d8d3
    93acbbfe8/uebereinkommen-ueber-die-rechte-des-kindes-data.pdf
70 »Food security exists when all people, at all times, have physical
    and economic access to sufficient, safe and nutritious food that
    meets their dietary needs and food preferences for an active and
    healthy life« – siehe z.B. www.fao.org/fileadmin/templates/faoitaly/
    documents/pdf/pdf_Food_Security_Cocept_Note.pdf
71 http://fian.de/fileadmin/user_upload/FIAN-Stellungnahme_an_
    den_UN-Menschenrechtsrat__auf_Englisch_.pdf

KAPITEL 2
Staatsküche

1 www.instagram.com/p/CAbnrDhnt7G/
2 Deutsche Gesellschaft für Ernährung (Hrsg.): 14. DGE-Ernährungs-
   bericht – Vorveröffentlichung Kapitel 2. Bonn, 2019.
3 Pirlich M, Schütz T, Norman K, Gastell S, Lübke HJ, Bischoff SC,
   Bolder U, Frieling T, Güldenzoph H, Hahn K, Jauch KW, Schindler
   K, Stein J, Volkert D, Weimann A, Werner H, Wolf C, Zürcher G,
   Bauer P, Lochs H: The German hospital malnutrition study. Clinical Nutrition, 2006 Aug;25(4):563–72.

4 Meißner C: Malnutrition: Consequences for Clinical Outcomes in the Context of German Hospitals. In: Biesalski HK, Drewnowski A et al. (Hrsg.): Sustainable Nutrition in an Changing World. Cham, Springer International, 2017.

5 Löser C: Malnutrition in hospital: the clinical and economic implications. Deutsches Ärzteblatt International, 2010 Dec;107(51–52):911–7.

6 Agency for Healthcare Research and Quality, U.S.Department of Health and Human Services (Hrsg.): Malnutrition in Hospitalized Adults. Draft Comparative Effectiveness Review. Rockville, 2021.

7 Pirlich M, Schütz T, Norman K, Gastell S, Lübke HJ, Bischoff SC, Bolder U, Frieling T, Güldenzoph H, Hahn K, Jauch KW, Schindler K, Stein J, Volkert D, Weimann A, Werner H, Wolf C, Zürcher G, Bauer P, Lochs H: The German hospital malnutrition study. Clinical Nutrition, 2006 Aug;25(4):563–72.

8 Curtis LJ, Bernier P, Jeejeebhoy K, Allard J, Duerksen D, Gramlich L, Laporte M, Keller HH: Costs of hospital malnutrition. Clinical Nutrition, 2017 Oct;36(5):1391–1396.

9 Norman K, Pichard C, Lochs H, Pirlich M: Prognostic impact of disease-related malnutrition. Clinical Nutrition, 2008 Feb;27(1):5–15.

10 Álvarez-Hernández J, Planas Vila M, León-Sanz M, García de Lorenzo A, Celaya-Pérez S, García-Lorda P, Araujo K, Sarto Guerri B: Prevalence and costs of malnutrition in hospitalized patients; the PREDyCES Study. Nutrición Hospitalaria, 2012;27(4):1049–1059.

11 Graeb F, Reiber P, Wolke R: Malnutrition risk in obese geriatric patients? A routine data based analysis for patients living in nursing homes. Ernährungs Umschau 2021; 68(5): 95–101.

12 Martin L, Senesse P, Gioulbasanis I, Antoun S, Bozzetti F, Deans C, Strasser F, Thoresen L, Jagoe RT, Chasen M, Lundholm K, Bosaeus I, Fearon KH, Baracos VE: Diagnostic criteria for the classification

of cancer-associated weight loss. Journal of Clinical Oncology, 2015 Jan 1;33(1):90–9. Erratum in: Journal of Clinical Oncology, 2015 Mar 1;33(7):814.

13 Beirer A: Malnutrition and cancer, diagnosis and treatment. Magazine of European Medical Oncology (memo) 14, 168–173, 2021.

14 www.healio.com/news/hematology-oncology/20170613/malnutrition-almost-epidemic-among-patients-with-advanced-cancer

15 Bedock D, Bel Lassen P, Mathian A, Moreau P, Couffignal J, Ciangura C, Poitou-Bernert C, Jeannin A-C, Mosbah H, Fadlallah J, Amoura Z, Oppert J-M, Faucher P: Prevalence and severity of malnutrition in hospitalized COVID-19 patients. Clinical Nutrition ESPEN, 2020 Dec;40:214–219. Vgl. auch: www.ernaehrungs-umschau.de/print-news/14-04-2021-stationaere-covid-19-patientinnen-oft-mangelernaehrt/

16 Barazzoni R, Bischoff SC, Breda J, Wickramasinghe K, Krznaric Z, Nitzan D, Pirlich M, Singer P: ESPEN expert statements and practical guidance for nutritional management of individuals with SARS-CoV-2 infection. Clinical Nutrition 39, 2020, 1631–1638.

17 vgl. z. B. Meißner C: Malnutrition: Consequences for Clinical Outcomes in the Context of German Hospitals. In: Biesalski HK, Drewnowski A et al. (Hrsg.): Sustainable Nutrition in an Changing World. Cham, Springer International, 2017.

18 Schuetz P, Fehr R, Baechli V et al.: Individualised nutritional support in medical inpatients at nutritional risk: a randomised clinical trial. The Lancet, 2019 Jun 8;393(10188):2312–2321.

19 vgl. Eckhardt C, Richter T, Heinemann V, Erickson N: Nutrition counselling as an integral part of the treatment strategy among cancer patients with gastric tumor resection. Investigation of the status quo. ErnährungsUmschau 2021.

20 Arends J, Bertz H, Bischoff SC, Fietkau R, Herrmann HJ, Holm E, Horneber M, Hütterer E, Körber J, Schmid I, DGEM Steering

Committee: Klinische Ernährung in der Onkologie. S3-Leitline der Deutschen Gesellschaft für Ernährungsmedizin e. V. (DGEM) in Kooperation mit der Deutschen Gesellschaft für Hämatologie und Onkologie e. V. (DGHO), der Arbeitsgemeinschaft »Supportive Maßnahmen in der Onkologie, Rehabilitation und Sozialmedizin« der Deutschen Krebsgesellschaft (ASORS) und der Österreichischen Arbeitsgemeinschaft für klinische Ernährung (AKE). Aktuelle Ernährungsmedizin, 2015; 40: e1-e74.

21 Hauner H, Beyer-Reiners E, Bischoff G, Breidenassel C, Ferschke M, Gebhardt A, Holzapfel C, Lambeck A, Meteling-Eeken M, Paul C, Rubin D, Schütz T, Volkert D, Wechsler J, Wolfram G, Adam O: Leitfaden Ernährungstherapie in Klinik und Praxis (LEKuP). Manual of Nutritional Therapy in Patient Care. Aktuelle Ernährungsmedizin, 2019; 44: 384–419.

22 vgl. z. B. Heß M, Schüle S, Lindig U, Ernst T, Diebolder H, Liebusch A-K, Mathies V, Huebner J: Cancer and malnutrition – study of the nutritional status of patients on oncological wards versus their personal-reflection. Ernährungs Umschau 2020; 67(11): 206–12.

23 § 39 SGB V

24 www.gbe-bund.de/gbe/!pkg_olap_tables.prc_set_orientation?p_uid=gastd&p_aid=23556014&p_sprache=D&p_help=2&p_indnr=535&p_ansnr=64989833&p_version=2&D.000=2&D.003=3&D.767=1&D.922=3&D.425=2&D.100=3

25 www.destatis.de/DE/Themen/Gesellschaft-Umwelt/Gesundheit/Krankenhaeuser/Publikationen/Downloads-Krankenhaeuser/grunddaten-krankenhaeuser-2120611197005.xlsx;jsessionid=9CDD8C7428AA106CC9872E01F147CD51.live732?__blob=publicationFile, Tabelle 2.5.3

26 www.dki.de/sites/default/files/2019-05/Verpflegungsleistungen%20im%20Krankenhaus.pdf

27 www.dki.de/sites/default/files/2021-05/Ergebnispr%C3%A4sentation%20Care%20Studie%20Kl%C3%BCch.pdf

28 Müller MC, Uedelhofen KW, Wiedemann UCH: Mangelernährung in Deutschland. Eine Studie zu den ökonomischen Auswirkungen krankheitsbedingter Mangelernährung und beispielhafte Darstellung des Nutzenbeitrags enteraler Ernährungskonzepte. München, CEPTON GmbH, 2007. Hinzu kommen 2,6 Milliarden Euro im Heim- und Pflegebereich sowie 1,3 Milliarden Euro im ambulanten Sektor.

29 www.eu2009.cz/en/news-and-documents/press-releases/stop-malnutrition-of-patients-and-diseases-resulting-from-poor-nutrition-25164/

30 Ljungqvist O, de Man F: Under nutrition: a major health problem in Europe. Nutrición Hospitalaria, 2009;24:369–70.

31 https://rm.coe.int/09000016805de855

32 Scholte R, Lammers M, Kok L: De waarde van diëtetiek bij ondervoede patiënten in het ziekenhuis. SEO-rapport Nr. 2015–04, Amsterdam.

33 vgl. Amaral TF, Matos LC, Tavares MM, Subtil A, Martins R, Nazaré M, Sousa Pereira N: The economic impact of disease-related malnutrition at hospital admission. Clinical Nutrition, 2007 Dec;26(6):778–84.

34 Kruizenga HM, Van Tulder MW, Seidell JC, Thijs A, Ader HJ, Van Bokhorst-de van der Schueren MAW: Effectiveness and cost-effectiveness of early screening and treatment of malnourished patients. The American Journal of Clinical Nutrition, 2005;82:1082–9.

35 vgl. Freijer K, Bours MJ, Nuijten MJ, Poley MJ, Meijers JM, Halfens RJ, Schols JM: The economic value of enteral medical nutrition in the management of disease-related malnutrition: a systematic review. Journal of the American Medical Directors Association, 2014 Jan;15(1):17–29.

36 errechnet aus den durchschnittlichen Fallkosten von 5 088 Euro und der durchschnittlichen Aufenthaltsdauer von 7,2 Tagen nach Angaben des Stat. Bundesamtes für 2019, siehe www.destatis.de/

DE/Presse/Pressemitteilungen/2021/04/PD21_194_231.html und
www.destatis.de/DE/Themen/Gesellschaft-Umwelt/Gesundheit/
Krankenhaeuser/Tabellen/entlassene-patienten-eckdaten.html

37 www.dgem.de/sites/default/files/PDFs/Memorandum%20f%C3
%BCr%20Lehrst%C3%BChle%20Ern%C3%A4hrungsmedizin.
pdf

38 BT-Drs. 19/20695.

39 Hauner H, Kocsis A, Jaeckel B, Martignoni M, Hauner D, Holzapfel C: Häufigkeit eines Risikos für Mangelernährung bei Patienten in onkologischen Schwerpunktpraxen – eine Querschnitts-
erhebung. Deutsche Medizinische Wochenschrift, 2020; 145: e1-e9.

40 Deutsche Gesellschaft für Ernährung (Hrsg.): 14.DGE-Ernährungs-
bericht – Vorveröffentlichung Kapitel 2. Bonn, 2019.

41 Coelho-Júnior HJ, Rodrigues B, Uchida M, Marzetti E.: Low Pro-
tein Intake Is Associated with Frailty in Older Adults: A Systematic
Review and Meta-Analysis of Observational Studies. Nutrients,
2018 Sep 19;10(9):1334.

42 vgl. ter Borg S, Verlaan S, Hemsworth J, Mijnarends DM, Schols
JM, Luiking YC, de Groot LC: Micronutrient intakes and potential
inadequacies of community-dwelling older adults: a systematic
review. The British Journal of Nutrition, 2015 Apr 28;113(8):1195–206.

43 vgl. Fernández-Barrés S, García-Barco M, Basora J, Martínez T,
Pedret R, Arija V: The efficacy of a nutrition education intervention
to prevent risk of malnutrition for dependent elderly patients
receiving Home Care: A randomized controlled trial. International
Journal of Nursing Studies, 2017; 70: 131–141.

44 Deutsche Gesellschaft für Ernährung (Hrsg.): 14.DGE-Ernährungs-
bericht – Vorveröffentlichung Kapitel 2. Bonn, 2019.

45 www.dge.de/gv/dge-qualitaetsstandards/?L=0

46 www.destatis.de/DE/Themen/Gesellschaft-Umwelt/Gesundheit/
Krankenhaeuser/Tabellen/gd-krankenhaeuser-bl.html

47 www.destatis.de/DE/Themen/Gesellschaft-Umwelt/Gesundheit/

Vorsorgeeinrichtungen-Rehabilitationseinrichtungen/Tabellen/
gd-vorsorge-reha-bl.html

48 www.destatis.de/DE/Themen/Gesellschaft-Umwelt/Gesundheit/
Pflege/Tabellen/pflegeeinrichtungen-deutschland.html

49 Arens-Azevêdo U, Schillmöller Z, Hesse I, Paetzelt G, Roos-Bugiel
J, Glashoff M: Qualität der Schulverpflegung – Bundesweite Erhebung. Abschlussbericht. Hamburg, 2015.

50 Arens-Azevêdo U, Pfannes U, Tecklenburg E: Is(s)t KiTa gut? KiTa-
Verpflegung in Deutschland: Status quo und Handlungsbedarfe.
Gütersloh, Bertelsmann Stiftung, 2014.

51 Tecklenburg E, Arens-Azevêdo U, Pfannes U: Catering in nurseries
(VeKiTa): nutrition situation, awareness and implementation of
the specific German Nutrition Society's Quality Standard. Ernährungs Umschau, 2016; 63(2): 48–55.

52 www.destatis.de/DE/Themen/Gesellschaft-Umwelt/Bildung-
Forschung-Kultur/Schulen/Tabellen/allgemeinbildende-
beruflicheschulen-schularten.html

53 www.destatis.de/DE/Themen/Gesellschaft-Umwelt/Soziales/
Kindertagesbetreuung/_inhalt.html

54 Lundborg P, Rooth D-O, Alex-Petersen J: Long-Term Effects of
Childhood Nutrition: Evidence from a School Lunch Reform. The
Review of Economic Studies, 2021; 0, 1–33.

55 www.bmfsfj.de/bmfsfj/aktuelles/presse/pressemitteilungen/
bundestag-beschliesst-starke-familien-gesetz–134738?view

56 Tecklenburg E, Belke L, Klein S, Arens-Azevêdo U, Papenheim-Tock-
horn H, Spiller A: DGE-Studie zu Kosten und Preisstrukturen in
der Schulverpflegung (KuPS). Erste Ergebnisse. Bundesministerium für Ernährung und Landwirtschaft (Hrsg.), 2018.

57 www.bmel.de/DE/themen/ernaehrung/gesunde-ernaehrung/kita-
und-schule/schulessen-kostenstudie-schulverpflegung.html#:~:
text=Qualit%C3%A4tsstandards%20kaum%20teurer-,Neue%20
Studie%3A%20Schulessen%20nach%20Qualit%C3%A4

tsstandards%20kaum%20teurer,f%C3%BCr%20Ern%C3%A4

hrung%20(%20DGE%20)%20entspricht

58 www.bmel.de/SharedDocs/Downloads/DE/_Ernaehrung/
Gesunde Ernaehrung/Praesentation-Studie-Kosten-
Schulverpflegung.pdf;jsessionid=F3E63650BE6C24B43EACF8348
F2C98C7.live842?__blob=publicationFile&v=2

59 vgl. www.diabetesde.org/pressemitteilung/bundeslaender-lehnen-
verpflichtende-qualitaetsstandards-kita-schulverpflegung-ab

60 www.agrarheute.com/sites/default/files/media/102887/102887.pdf,
S.8

61 www.agrar-fischerei-zahlungen.de/Suche

62 www.foodwatch.org/de/pressemitteilungen/2019/staatliche-
zuckerfoerderung-im-schulmilchprogramm-bundesweit-gestoppt-
nrw-erklaert-als-letztes-bundesland-ende-der-kakao-subvention-
foodwatch-fordert-verpflichtend-ausgewogene-essensangebote-an-
schulen/

63 http://recht.nrw.de/lmi/owa/br_bes_text?anw_nr=1&gld_nr=7&
ugl_nr=78420&bes_id=2072&val=2072&ver=7&sg=&
aufgehoben=N&menu=1

64 Verbraucherzentrale Bundesverband, Verband Bildung und Erzie-
hung: Einflussnahme von Wirtschaft in Schule: Ergebnisse einer
Befragung aller Kultusministerien. Berlin, 2020.

65 www.schulmarketing.de/

66 www.schulmarketing.de/wp-content/uploads/2020/09/
mediadaten.pdf

67 www.dsa-youngstar.de/downloads/06_DSA_Kindergarten.pdf

68 www.dsa-youngstar.de/kindergartenmarketing/

69 www.cobrayouth.de/kindermarketing-und-
kinderkommunikation/

70 www.blattwerk-media.de/#touchpoints

71 www.blattwerk-media.de/2750-2/

KAPITEL 3
Zuckerlecken

1 vgl. https://media.frag-den-staat.de/files/foi/87841/Evaluation.pdf

2 www.handelsblatt.com/politik/deutschland/glyphosat-votum-ohne-absprache-mit-merkel-so-isser-der-schmidt/20638832.html?ticket=ST-863002-l2Edon3VBvx6DEu77fqy-ap4

3 NCD Risk Factor Collaboration: Trends in adult body-mass index in 200 countries from 1975 to 2014: a pooled analysis of 1698 population-based measurement studies with 19.2 million participants. The Lancet, 2016 Apr 2; 387(10026):1377–1396.

4 www.rki.de/DE/Content/Gesundheitsmonitoring/Themen/Uebergewicht_Adipositas/Uebergewicht_Adipositas_node.html

5 www.rki.de/DE/Content/Gesundheitsmonitoring/Gesundheitsberichterstattung/GBEDownloadsJ/FactSheets/JoHM_01_2018_Adipositas_KiGGS-Welle2.pdf?__blob=publicationFile#:~:text=Der%20Anteil%20von%20%C3%BCbergewichtigen%20Kindern,Jungen%20in%20dieser%20Altersgruppe%20an.

6 Tönnies T, Rathmann W: Epidemiologie des Diabetes in Deutschland. In: Deutsche Diabetes Gesellschaft (DDG) und diabetesDE – Deutsche Diabetes-Hilfe: Deutscher Gesundheitsbericht Diabetes 2021. Die Bestandsaufnahme, 2020; S.9 ff.

7 ebda.; S.12.

8 Jacobs E, Hoyer A, Brinks R, Kuss O, Rathmann W: Burden of Mortality Attributable to Diagnosed Diabetes: A Nationwide Analysis Based on Claims Data From 65 Million People in Germany. Diabetes Care, 2017; 40:1703–1709.

9 OECD Publishing, European Observatory on Health Systems and Policies: Deutschland: Länderprofil Gesundheit 2019. State of Health in the EU. Paris/Brüssel, 2019.

10 vgl. Montalbo J, Linnenkamp U, Andrich S, Icks A: Gesundheitsökonomische Aspekte des Diabetes mellitus. In: Deutsche Diabe-

tes Gesellschaft (DDG) und diabetesDE – Deutsche Diabetes-Hilfe: Deutscher Gesundheitsbericht Diabetes 2021. Die Bestandsaufnahme. 2020; S.256 ff.

11 Effertz T, Engel S, Verheyen F, Linder R: The costs and consequences of obesity in Germany: a new approach from a prevalence and life-cycle perspective. The European Journal of Health Economics, 2016 Dec;17(9):1141–1158.

12 https://ourworldindata.org/food-supply

13 https://ec.europa.eu/eurostat/databrowser/view/t2020_rk100/default/table?lang=de

14 BT-Drs. 18/12791

15 www.bild.de/politik/inland/christian-schmidt/das-will-minister-schmidt-uns-vom-teller-nehmen-52155384.bild.html

16 www.bild.de/politik/inland/ernaehrungsminister/bekommt-sein-fett-weg-52190608.bild.html

17 http://rp-online.de/wirtschaft/unternehmen/zucker-industrie-greift-ernaehrungsminister-christian-schmidt-an_aid-17995333

18 https://docplayer.org/114137287-Ja-zu-produktinnovation-sinnvoller-reformulierung-und-angebotsvielfalt-nein-zu-reformulierungs-rasenmaeher-und-geschmacksdiktat-gemeinsam.html

19 www.lebensmittelverband.de/de/aktuell/20170615-nationale-reduktionsstrategie-zucker-fett-salz-reduzieren-kulturgueter

20 www.pebonline.de/mitglieder/

21 www.lebensmittelverband.de/de/presse/pressemitteilungen/pm-20040929.html

22 www.pebonline.de/fileadmin/pebonline/Projekte/Dateien__Verein_/Gruendungsprogramm.pdf

23 www.lebensmittelzeitung.net/handel/nachrichten/Bei-Peb-gibts-zum-Jubilaeum-richtig-Zoff-103489?crefresh=1

24 www.pebonline.de/meldung/plattform-ernaehrung-und-bewegung-haelt-am-dialog-fest/

25 www.bmel.de/SharedDocs/Downloads/DE/Broschueren/
    zwischenbericht-reduktionsstrategie-zucker-salz-fette-nri.pdf?__
    blob=publicationFile&v=10

26 www.bmel.de/DE/themen/ernaehrung/gesunde-ernaehrung/
    reduktionsstrategie/reduktionsstrategie-produktmonitoring.html

27 https://twitter.com/bmel/status/1135553266476040192

28 vgl. z.B. www.tagesspiegel.de/wirtschaft/skandale-um-julia-
    kloeckner-und-co-wenn-minister-werbung-machen/25807704.html

29 www.nestle.com/csv/impact/tastier-healthier/sugar-salt-fat

30 www.ft.com/content/4c98d410-38b1-4be8-95b2-d029e054f492

31 www.bmel.de/SharedDocs/Pressemitteilungen/DE/2021/067-nri-
    fertiglebensmittel-2020.html

32 www.lebensmittelzeitung.net/politik/nachrichten/
    Reformulierung-Reduktionsstrategie-zeigt-Wirkung--145667

33 WHO Regional Office for Europe: Nutrient Profile Model. Kopen-
    hagen, 2015.

34 Kolpatzik K., Pomp S. (Hrsg.): Süß, süßer, Frühstück – die AOK-
    Cerealienstudie. Berlin, KomPart, 2020.

35 von Philipsborn P: Lebensmittel mit Kinderoptik und deren Be-
    werbung. Problemlage und Möglichkeiten der politischen Regu-
    lierung. Berlin, Verbraucherzentrale Bundesverband, 2021.

36 Perrar I, Schadow AM, Schmitting S, Buyken AE, Alexy U: Time
    and Age Trends in Free Sugar Intake from Food Groups among
    Children and Adolescents between 1985 and 2016. Nutrients, 2020,
    12(1), 20. Zitat nach: Universität Bonn: Zuckerrückgang aus Süß-
    waren am geringsten. Studie der Universitäten Bonn und Pader-
    born: Konsum ist rückläufig, liegt aber weiter über den Empfeh-
    lungen. Pressemitteilung, 20. Dezember 2019.

37 Mensink GBM, Haftenberger M, Lage Barbosa C, Brettschneider
    A-C, Lehmann F, Frank M, Heide K, Moosburger R, Patelakis E,
    Perlitz H: EsKiMo II – Die Ernährungsstudie als KiGGS-Modul.
    Berlin, Robert Koch-Institut, 2020, S. 39 ff.

38 Koletzko B, Holzapfel C, Schneider U, Hauner H: Lifestyle and Body Weight Consequences of the COVID-19 Pandemic in Children: Increasing Disparity. Annals of Nutrition and Metabolism, 2021;77:1–3. Vgl. auch www.ekfz.tum.de/fileadmin/PDF/191020_PPT__EKFZ_und_Forsa__final.pdf.

39 Deutsche Gesellschaft für Kinder- und Jugendmedizin e.V. (DGKJ), AG Adipositas im Kindes- und Jugendalter (AGA) der Deutschen Adipositas-Gesellschaft (DAG): Adipositas bei Kindern: Eine »stille« Pandemie. Pressemitteilung, 24.Juni 2021.

40 WHO: Report of the Commission on Ending Childhood Obesity. Genf, 2016.

41 Bundesärztekammer: Positionen der Ärzteschaft zur Prävention des kindlichen Übergewichts. 2021.

42 Mensink GBM, Haftenberger M, Lage Barbosa C, Brettschneider A-C, Lehmann F, Frank M, Heide K, Moosburger R, Patelakis E, Perlitz H: EsKiMo II – Die Ernährungsstudie als KiGGS-Modul. Berlin, Robert Koch-Institut, 2020; S.107 f.

43 Wissenschaftlicher Beirat für Agrarpolitik, Ernährung und gesundheitlichen Verbraucherschutz beim BMEL: Politik für eine nachhaltigere Ernährung. Eine integrierte Ernährungspolitik entwickeln und faire Ernährungsumgebungen gestalten. Berlin, 2020.

44 vgl. von Philipsborn P: Lebensmittel mit Kinderoptik und deren Bewerbung. Problemlage und Möglichkeiten der politischen Regulierung. Berlin, Verbraucherzentrale Bundesverband, 2021.

45 http://nannystateindex.org/

46 http://nannystateindex.org/germany-2021/

47 www.bmel.de/SharedDocs/Pressemitteilungen/DE/2020/221-nutri-score-start.html

48 www.tagesspiegel.de/wirtschaft/lebensmittel-kennzeichnung-warum-kloeckner-den-nutri-score-jetzt-doch-einfuehrt/25070648.html

49 www.welt.de/politik/deutschland/article175848805/ Ernaehrung-So-will-Julia-Kloeckner-Gesundheit-der-Deutschen-foerdern.html

50 https://zaw.de/erweiterung-der-selbstverpflichtung-fuer-lebensmittelwerbung/

51 www.bmel.de/SharedDocs/Pressemitteilungen/DE/2021/056-werbung-lebensmittel-kinder.html

52 www.vzbv.de/pressemitteilungen/ungesunde-lebensmittel-nicht-kinder-vermarkten

53 https://www.theguardian.com/media/2020/nov/10/uk-to-ban-all-online-junk-food-advertising-to-tackle-obesity

54 Wissenschaftlicher Beirat für Agrarpolitik, Ernährung und gesundheitlichen Verbraucherschutz beim BMEL: Politik für eine nachhaltigere Ernährung. Eine integrierte Ernährungspolitik entwickeln und faire Ernährungsumgebungen gestalten. Berlin, 2020; S.379.

55 Norman J, Kelly B, McMahon AT, Boyland E, Baur LA, Chapman K, King L, Hughes C, Bauman A: Sustained impact of energy-dense TV and online food advertising on children's dietary intake: a within-subject, randomised, crossover, counter-balanced trial. International Journal of Behavioral Nutrition and Physical Activity, 2018: 15, 37.

56 Effertz T: Kindermarketing für ungesunde Lebensmittel in Internet und TV. Hamburg, 2021.

57 AOK-Bundesverband: Kinder sehen pro Tag 15 Werbungen für ungesundes Essen. Pressemitteilung, 11. März 2021.

58 Mediano Stoltze F, Reyes M, Smith TL, Correa T, Corvalán C, Carpentier FRD: Prevalence of Child-Directed Marketing on Breakfast Cereal Packages before and after Chile's Food Marketing Law: A Pre- and Post-Quantitative Content Analysis. International Journal of Environmental Research and Public Health, 2019 Nov 15;16(22):4501.

59 Kovic Y, Noel JK, Ungemack JA, Burleson JA: The impact of junk food marketing regulations on food sales: an ecological study. Obesity Reviews, 2018 Jun;19(6):761–769.

60 www.werberat.de/werbekodex/lebensmittel

61 www.cdu-bad-honnef.de/personen/susanne-langguth

62 www.pebonline.de/verein/vorstand/

63 www.suedzucker.de/sites/default/files/2021-07/Rukwied%20SZ%20Lebenslauf%202021.pdf

64 https://de.wikipedia.org/wiki/Joachim_Rukwied

65 https://de.wikipedia.org/wiki/Christian_von_Boetticher

66 www.bve-online.de/die-bve/organisation/vorstand

67 www.lebensmittelverband.de/de/presse/pressemitteilungen/pm-20160420-tabakwerbeverbote

68 www.mit-bund.de/content/christoph-minhoff-co-vorsitzender-der-kommission-landwirtschafternaehrung

69 www.mit-bund.de/kategorie/landwirtschafternahrung

70 www.mit-bund.de/sites/mit/files/dokumente/beschluesse/20211218_beschluss_praesidium_werbeverbote.pdf

71 www.mit-bund.de/content/werbeverbot-widersprechen-der-marktwirtschaft-mit-praesidium

72 Neller M: Die Zucker-Krieger. Welt am Sonntag, 3.Juni 2018.

73 https://medium.com/cokeleak/new-email-leak-coca-cola-policy-priorities-390eb1dfda82

74 Malik VS, Li Y, Pan A, De Koning L, Schernhammer E, Willett WC, Hu FB: Long-Term Consumption of Sugar-Sweetened and Artificially Sweetened Beverages and Risk of Mortality in US Adults. Circulation, 2019 Apr 30;139(18):2113–2125.

75 Qin P, Li Q, Zhao Y, Chen Q, Sun X, Liu Y, Li H, Wang T, Chen X, Zhou Q, Guo C, Zhang D, Tian G, Liu D, Qie R, Han M, Huang S, Wu X, Li Y, Feng Y, Yang X, Hu F, Hu D, Zhang M: Sugar and artificially sweetened beverages and risk of obesity, type 2 diabetes mellitus, hypertension, and all-cause mortality: a dose-response

meta-analysis of prospective cohort studies. European Journal of Epidemiology, 2020 Jul;35(7):655–671.

76 Narain A, Kwok CS, Mamas MA: Soft drinks and sweetened beverages and the risk of cardiovascular disease and mortality: a systematic review and meta-analysis. The International Journal of Clinical Practice, 2016 Oct;70(10):791–805.

77 www.spiegel.de/spiegel/zukunft-des-menschen-yuval-noah-harari-ueber-den-homo-deus-a-1139641.html

78 Von Philipsborn P, Stratil JM, Burns J, Busert LK, Pfadenhauer LM, Polus S, Holzapfel C, Hauner H, Rehfuess E. Environmental interventions to reduce the consumption of sugar-sweetened beverages and their effects on health. Cochrane Database of Systematic Reviews 2019, Issue 6. Art. No.: CD012292. Vgl. auch www.cochrane.de/de/news/s%C3%BC%C3%9Fgetr%C3%A4nke-cochrane-review-zu-pr%C3%A4ventionsma%C3%9Fnahmen-ver%C3%B6ffentlicht

79 www.bmj.com/company/newsroom/consumption-of-sugar-from-soft-drinks-falls-within-a-year-of-uk-sugar-tax/

80 www.coca-cola-deutschland.de/unsere-marken/fanta

81 www.coca-cola.co.uk/brands/fanta

82 Pan American Health Organization; Taxes on Sugar-sweetened Beverages as a Public Health Strategy: The Experience of Mexico. Mexico, 2015.

83 Du M, Tugendhaft A, Erzse A, Hofman KJ: Sugar-Sweetened Beverage Taxes: Industry Response and Tactics. Yale Journal of Biology and Medicine, 2018 Jun 28;91(2):185–190.

84 Cornelsen L, Carriedo A: Health-related taxes on food and beverages. Food Research Collaboration Policy Brief, 2015.

85 Teng, AM, Jones, AC, Mizdrak, A, Signal, L, Genç, M, Wilson, N: Impact of sugar-sweetened beverage taxes on purchases and dietary intake: Systematic review and meta-analysis. Obesity Reviews, 2019; 20: 1187–1204. 8.

86 Du M, Tugendhaft A, Erzse A, Hofman KJ: Sugar-Sweetened Beve-

rage Taxes: Industry Response and Tactics. Yale Journal of Biology and Medicine, 2018 Jun 28;91(2):185–190.

87 www.nytimes.com/2009/03/02/nyregion/02border.html

88 www.inquirer.com/philly/blogs/heardinthehall/118077483.html

89 Schaller K, Mons U: Tax on sugar sweetened beverages and influence of the industry to prevent regulation. Ernährungs Umschau, 2018;65(2): 34–41.

90 WHO: Fiscal policies for diet and prevention of noncommunicable diseases: technical meeting report, 5–6 May 2015. Genf, 2016.

91 www.zuckerverbaende.de/schmeckt-richtig/zuckermythen-faq/ #faqZuckersteuer

92 www.tagesspiegel.de/advertorials/ots/wvz-wirtschaftliche-vereinigung-zucker-selbstbetrug-zuckerreduktion-kalorien-gehoeren-in-den-fokus-der-ernaehrungsdebatte/19802110.html

93 http://lebensmittelpraxis.de/industrie-aktuell/29536-wirtschaftliche-vereinigung-zucker-politik-muss-kalorien-im-blick-haben.html

94 BT-Drs. 10/2648

95 www.zeit.de/wirtschaft/2016-10/zuckerlobby-tarnverein-zahngesundheit

96 www.imeonline.de/wissenschaftlicher-informationsdienst/detail/ herz-kreislauf-gesundheit-zugesetzter-und-natuerlicher-zucker-aus-fruechten-machen-keinen-unterschied/

97 www.imeonline.de/fileadmin/imeonline/Dokumente/im_ kigaspiel_anleitung.pdf

98 https://usrtk.org/our-investigations/ilsi-is-a-food-industry-lobby-group/

99 https://ilsi.eu/about-us/

100 www.corporateaccountability.org/media/bloomberg-coca-cola-severs-longtime-ties-with-pro-sugar-industry-group/

101 https://ilsi.org/

102 Rogers PJ, Hogenkamp PS, de Graaf C, Higgs S, Lluch A, Ness AR, Penfold C, Perry R, Putz P, Yeomans MR, Mela DJ: Does low-energy

sweetener consumption affect energy intake and body weight? A systematic review, including meta-analyses, of the evidence from human and animal studies. International Journal of Obesity, 2016; 40, 381–394.

103 Kearns CE, Glantz S, Schmidt L: Sugar Industry Influence on the Scientific Agenda of the National Institute of Dental Research's 1971 National Caries Program: A Historical Analysis of Internal Documents. PLoS medicine, 2015, 12(3):e1001798.

104 Kearns CE, Apollonio D, Glantz SA: Sugar industry sponsorship of germ-free rodent studies linking sucrose to hyperlipidemia and cancer: An historical analysis of internal documents. PLoS Biol, 2017, 15(11): e2003460.

105 www.aerzteblatt.de/nachrichten/83522/Manipulation-Zuckerindustrie-haelt-Forschungsergebnisse-zurueck

106 Kearns CE, Schmidt LA, Glantz SA: Sugar Industry and Coronary Heart Disease Research: A Historical Analysis of Internal Industry Documents. JAMA Internal Medicine, 2016 Nov 1;176(11):1680–1685. Erratum in: JAMA Internal Medicine, 2016 Nov 1;176(11):1729.

107 vgl. www.theguardian.com/society/2016/apr/07/the-sugar-conspiracy-robert-lustig-john-yudkin

108 https://well.blogs.nytimes.com/2015/08/09/coca-cola-funds-scientists-who-shift-blame-for-obesity-away-from-bad-diets/

109 www.about-drinks.com/coca-cola-erklaerung-zu-wissenschaftlicher-forschung/

110 https://apnews.com/article/obesity-archive-1fd235360ac94dcf8 93a87e3074a03a5

111 www.washingtonpost.com/news/wonk/wp/2015/08/11/the-worlds-largest-seller-of-sugary-drinks-is-telling-people-how-to-lose-weight/

112 www.latimes.com/health/la-he-exercise13-2009jul13-story.html

113 Thacker P: Coca-Cola's secret influence on medical and science journalists. BMJ, 2017; 357. j1638.

114 www.coca-cola-deutschland.de/uber-uns/unternehmen/coca-cola-in-deutschland/transparency

115 www.charite.de/service/pressemitteilung/artikel/detail/charite_zur_forschungsfoerderung_durch_coca_cola/

116 Aaron DG, Siegel MB: Sponsorship of National Health Organizations by Two Major Soda Companies. American Journal of Preventive Medicine, 2017; 52 (1): 20–30.

117 Lesser LI, Ebbeling CB, Goozner M, Wypij D, Ludwig DS: Relationship between Funding Source and Conclusion among Nutrition-Related Scientific Articles. PLoS Med, 2007;4(1): e5.

118 Litman E, Gortmaker S, Ebbeling C, Ludwig D: Source of bias in sugar-sweetened beverage research: A systematic review. Public Health Nutrition, 2018; 21(12), 2345–2350.

119 Bes-Rastrollo M, Schulze MB, Ruiz-Canela M, Martinez-Gonzalez MA: Financial Conflicts of Interest and Reporting Bias Regarding the Association between Sugar-Sweetened Beverages and Weight Gain: A Systematic Review of Systematic Reviews. PLoS Medicine, 2013; 10(12): e1001578.

120 Schillinger D, Tran J, Mangurian C, Kearns C: Do Sugar-Sweetened Beverages Cause Obesity and Diabetes? Industry and the Manufacture of Scientific Controversy. Annals of Internal Medicine, 2016 Dec;165(12):895–897.

121 www.foodnavigator-usa.com/Article/2013/11/19/AND-dismisses-report-saying-sponsors-exert-vice-grip-over-FNCE?utm_source=newsletter_daily&utm_medium=email&utm_campaign=Newsletter%2BDaily&c=nRB3k9g1NuTergBzHHvmbg%3D%3D

122 www.foodpolitics.com/2021/02/industry-funded-study-of-the-week-artificial-sweeteeners/

123 www.prnewswire.com/news-releases/new-study-shows-children-and-adolescents-who-eat-candy-are-less-overweight-or-obese-12464 6403.html

124 https://apnews.com/article/d90190c4a77e470ca0ebd332f3b049fd

125 www.sci.utah.edu/~macleod/misc/chocolate-news.html

126 www.faz.net/aktuell/gesellschaft/forschung-schokolade-macht-gluecklich-und-gesund-130353.html

127 http://news.bbc.co.uk/2/hi/in_depth/sci_tech/2001/glasgow_2001/1521982.stm

128 https://caes.ucdavis.edu/giving/endowed-chairs#13

129 www.presseportal.de/pm/66502/1643164

130 foodwatch: Im Kakao-Sumpf – der Schulmilch-Report. Von gekauften Studien bis zur wundersamen Partnerschaft von Milchwirtschaft und Politik: Ein Lehrstück über die Macht des Lobbyismus. Berlin, 2018.

131 https://archiv.cdu.de/cdupt16/aussteller

132 www.spd.de/fileadmin/Dokumente/Parteiorganisation/Finanzen/Sponsoring/Aussteller_und_Sponsoren_-_SPD-Bundesparteitag_2017_in_Berlin.pdf

133 https://www.spd.de/fileadmin/Dokumente/Parteiorganisation/Finanzen/Sponsoring/Aussteller_und_Sponsoren_-_Einnahmen_1._Halbjahr_2021.pdf

134 https://cms.gruene.de/uploads/documents/Transparenz-Bundesdelegiertenkonferenz-in-Bielefeld-15.–17.–November-2019.pdf

135 www.pebonline.de/projekte/sitzender-lebensstil/ansprechpartner/

136 www.uk-erlangen.de/forschung-und-lehre/stiftungsprofessuren/

137 www.presseportal.de/pm/128002/3741181

138 www.presseportal.de/pm/128002/3776528

139 www.presseportal.de/pm/128002/4100990

140 www.uni-bonn.de/de/neues/118-2020

141 www.milchwirtschaft.ae.uni-kiel.de/de/stifter

142 www.ifz-goettingen.de/index.php/de/

143 www.tu-berlin.de/praesidialbereich/institutionelle_kooperationen/menue/stiftungsprofessuren/professuren/nach_mittelgeber/#c495015

144 www.lmtc.tu-berlin.de/lvt/menue/weiterbildung_fuer_die_
zuckerindustrie/

145 https://mwk.baden-wuerttemberg.de/de/service/presse-und-
oeffentlichkeitsarbeit/pressemitteilung/pid/universitaet-
mannheim-hochschulen-heilbronn-und-ravensburg-weingarten-
erhalten-stiftungsprofessuren-1/

146 www.mcdonalds-kinderhilfe.org/wie-wir-helfen/ronald-
mcdonald-oasen/

147 www.uksh.de/paediatrie-luebeck/Unterst%C3%BCtzen+Sie+die+
Kinderklinik/McDonald_s+Kinderhilfe-p-802.html

148 https://de.wikipedia.org/wiki/TUM_Campus_Heilbronn

149 www.forschung-und-lehre.de/politik/20-stiftungsprofessuren-von-
lidl-297/

150 www.tum.de/die-tum/aktuelles/pressemitteilungen/details/36178/

151 Kreiß, Christian: Gekaufte Forschung. Wissenschaft im Dienst der
Konzerne. Berlin, Europa Verlag, 2015.

152 www.uni-bremen.de/kooperationen/foerderer-alumni/
stiftungsprofessuren

153 www.spiegel.de/lebenundlernen/uni/deutsche-bank-deal-mit-
berliner-unis-kauf-dir-einen-prof-a-765337.html

154 Oberverwaltungsgericht NRW, Az 15 A 97/13.

KAPITEL 4
Gegenaufklärung

1 Nestlé Deutschland AG (Hrsg.): Das is(s)t Qualität. Auszüge aus
der Nestlé Studie 2012. Frankfurt/Main, 2012.

2 Zühlsdorf A, Jürkenbeck K, Spiller A: Lebensmittelmarkt und Ernährungspolitik 2018: Verbrauchereinstellungen zu zentralen le-
bensmittel- und ernährungspolitischen Themen. Ein gemeinsames
Projekt der Zühlsdorf + Partner Marketingberatung und des Lehr-
stuhls »Marketing für Lebensmittel und Agrarprodukte« der Uni-

versität Göttingen im Auftrag des Verbraucherzentrale Bundesverbandes e. V. (vzbv). Göttingen, 2018.

3 Verbraucherzentrale Bundesverband: Herkunft von Lebensmitteln: Verbrauchern ist Transparenz sehr wichtig. Pressemitteilung, 23. Mai 2014.

4 Bitkom Research, 1019; vgl Bitkom: Verbraucher wünschen sich mehr Transparenz beim Einkauf. Pressemitteilung, 15. Januar 2020.

5 Kantar, 2019; vgl. www.zdf.de/nachrichten/heute/herkunft-von-lebensmitteln-fuer-deutsche-wichtig-100.html

6 ARD-Deutschland-Trend, 2020; vgl. www.topagrar.com/panorama/news/herkunft-und-qualitaet-der-lebensmittel-beim-einkauf-entscheidend-11971999.html

7 https://mobile.twitter.com/brliner5/status/1393135202742984709

8 www.lebensmittelklarheit.de/produkte/huehnerhof-heidegold-aus-solidaritaet-10-frische-eier

9 www.facebook.com/lidl/posts/10155174655212258

10 www.facebook.com/lidl/posts/10155205176927258/

11 www.lebensmittelklarheit.de/produkte/eierhof-hennes-aus-solidaritaet-10-frische-eier-aus

12 Verordnung (EG) 1182/2007

13 Durchführungsverordnung (EU) 29/2012

14 Verordnung (EU) 2018/848

15 www.lebensmittelklarheit.de/forum/herkunftsbezeichnung-eu-nicht-eu-landwirtschaft-0

16 Durchführungsverordnung (EU) 1337/2013 sowie Verordnung (EG) 1760/2000

17 Verordnung (EU) 1169/2011

18 Handelsverband Deutschland (HDE), Bundesvereinigung der Deutschen Ernährungsindustrie (BVE), Bund für Lebensmittelrecht und Lebensmittelkunde (BLL): Position Herkunftskennzeichnung. Bonn, 2010.

19 https://corporateeurope.org/sites/default/files/sites/default/files/
   files/article/voting-recommendations.pdf, S.22.

20 Durchführungsverordnung (EU) 2018/775 der Europäischen Kommission

21 www.lebensmittelverband.de/de/presse/pressemitteilungen/pm-20
   071203

22 www.presseportal.de/pm/12796/2403612

23 https://de.statista.com/statistik/daten/studie/860379/umfrage/
   import-und-export-von-erdbeeren-in-deutschland/

24 www.fao.org/faostat/en/#data/QC

25 www.bogk.org/positionen/aussenwirtschaft/anti-dumping-
   untersuchung-zu-den-importen-von-tiefgefrorenen

26 Bei Aufruf der Seite erfolgt eine Weiterleitung zu www.rewe.de/
   service/kontakt/

27 https://muehlhaeuser-group.com/was-uns-wichtig-ist/unsere-
   fruechte/

28 Sinn HW: Verbraucherschutz als Staatsaufgabe. Perspektiven der
   Wirtschaftspolitik, 2003; 4(2): 281–294.

29 Akerlof GA: The Market for »Lemons«: Quality Uncertainty and
   the Market Mechanism; The Quarterly Journal of Economics, 1970;
   84 (3):488–500.

30 Sachverständigenrat für Verbraucherfragen (SVRV): Gutachten zur
   Lage der Verbraucherinnen und Verbraucher 2021. Berlin, 2021; S.195.

31 www.jfklibrary.org/asset-viewer/archives/JFKPOF/037/JFKPOF-037-
   028

32 www.bdsi.de/fileadmin/redaktion/Positionen___Themen/202012
   16-2b0_Position_Moderne_Verbraucherpolitik.pdf

33 www.bdsi.de/pressemeldungen/details/diskussion-um-das-
   verbraucherleitbild-aufklaerung-und-verbraucherbildung-statt-
   bevormundung/

34 vgl. www.bdsi.de/pressemeldungen/details/wettbewerbsfaehigkeit-

der-europaeischen-wirtschaft-staerken-bevormundung-der-verbraucher-entgegenwirk/

35 https://einzelhandel.de/index.php?option=com_attachments& task=download&id=6253

36 www.bve-online.de/themen/verbraucher/leitbild-verbraucher/ verbraucherleitbild

37 www.tagesspiegel.de/wirtschaft/agrarministerin-ich-will-keine-ernaehrungspolizei/21200994-4.html

38 https://cms.gruene.de/uploads/documents/BUENDNIS-90-DIE-GRUENEN-Bundestagswahlprogramm-2013.pdf

39 www.nw.de/nachrichten/thema/8988694_Hermann-Groehe-CDU-lehnt-Veggie-Tag-ab.html?intl=slowl

40 www.bild.de/politik/inland/vegetarisch/gruene-wollen-einmal-die-woche-in-kantinen-fleisch-verbieten-31661266.bild.html

41 www.bild.de/news/standards/bild-kommentar/gruene-umerziehung-genug-ist-genug-31676880.bild.html

42 https://taz.de/Der-sonntaz-Streit/!5061785/

43 www.euractiv.de/section/wahlen-und-macht/news/lobby-schlacht-um-lebensmittelampel/

44 www.faz.net/aktuell/feuilleton/debatten/lebensmittel-lobby-verhindert-vernuenftiges-13832395.html?printPagedArticle=true #pageIndex_2

45 https://corporateeurope.org/sites/default/files/sites/default/files/ files/article/ceo-food-labelling.pdf

46 Deutscher Industrie- und Handelskammertag (DIHK), Bundesverband der Deutschen Industrie (BDI), Hauptverband des Deutschen Einzelhandels (HDE), Bund für Lebensmittelrecht und Lebensmittelkunde (BLL), Bundesvereinigung der Deutschen Ernährungsindustrie (BVE), Deutscher Bauernverband (DBV), Markenverband: Überregulierung und Verbraucherbevormundung bei Lebensmitteln verhindern! Brüssel/Berlin/Bonn, 2008.

47 www.eppgroup.eu/de/ueber-uns/unsere-mitglieder/renate-
    sommer/biography

48 www.europarl.europa.eu/doceo/document/A-7-2010-0109_DE.
    html

49 https://brauer-bund.de/bierkultur/bierbotschafter/

50 www.spirituosen-verband.de/pressemitteilung/dr-renate-sommer-
    wird-genuss-botschafterin-2019/

51 www.europarl.europa.eu/mepdif/4282_DFI_LEG8_rev2_DE.pdf

52 https://corporateeurope.org/sites/default/files/sites/default/files/
    files/article/voting-recommendations.pdf, S.109

53 www.bmel.de/SharedDocs/Pressemitteilungen/DE/2020/221-nutri-
    score-start.html

54 www.lebensmittelverband.de/de/verband/positionen/pp-lmiv-
    2009/stellungnahme-lmiv-2008

55 EU Food Policy, 21.März 2017

KAPITEL 5
Kontrollverlust

1 www.findsmiley.dk/english/Pages/About.aspx

2 vgl. Verbraucherzentrale Bundesverband: (Keinen) Dreck am Stecken. Transparenzsysteme in der amtlichen Lebensmittelüberwachung: für mehr Lebensmittelsicherheit, Wahlfreiheit und einen
   stärkeren Wettbewerb. Berlin, 2021.

3 Firestone MJ, Hedberg CW: Restaurant Inspection Letter Grades
   and Salmonella Infections, New York, New York, USA. Emerging
   Infectious Diseases, 2018;24(12):2164–2168.

4 https://taz.de/Restaurant-Giftliste-in-Berlin-Pankow/!5166950/

5 www.mz.de/deutschland-und-welt/politik/hintergrund-smiley-
   und-ekelliste-in-berlin-pankow-2232721

6 www.berliner-zeitung.de/mensch-metropole/verbraucherschutz-
   berliner-ekelliste-wieder-im-netz-li.37206

7 https://de.wikipedia.org/wiki/Sicher_essen_in_Berlin

8 OVG Berlin-Brandenburg, 28.05.2014–5 S 21.14.

9 Verordnung (EU) 2017/625, Art.11 Abs.3

10 www.lebensmittelsmiley.de

11 vgl. www.enkreis.de/fileadmin/civserv/5954008/forms/LM_Smiley_
Faltblatt.pdf

12 vgl. www.topagrar.com/management-und-politik/news/nrw-
smiley-system-floppt-9605134.html

13 www.verbraucherzentrale.nrw/sites/default/files/migration_files/
media244401A.pdf

14 www.duisburg.de/guiapplications/newsdesk/publications/Stadt_
Duisburg/102010100000521150.php

15 www.wz.de/politik/landespolitik/gericht-stoppt-testlauf-fuer-
hygiene-ampel-in-duisburg-und-bielefeld_aid-27572241

16 https://rp-online.de/nrw/staedte/duisburg/hygieneampel-
duisburger-pilotversuch-von-minister-remmel-gelobt_aid-210202
97

17 www.bvl.bund.de/SharedDocs/Pressemitteilungen/01_
lebensmittel/2020/2020_10_22_PI_Lebensmittelueberwachung_
2019.html

18 AFC Risk & Crisis Consult GmbH: Gutachten zur Evaluierung der
Krisenkommunikation. Im Auftrag des Bundesministeriums für Ernährung, Landwirtschaft und Verbraucherschutz, Bonn, 2012. (Liegt
dem Autor infolge eines IFG-Antrags an das Ministerium vor.)

19 Der Präsident des Bundesrechnungshofes als Bundesbeauftragter
für Wirtschaftlichkeit in der Verwaltung: Organisation des gesundheitlichen Verbraucherschutzes (Schwerpunkt Lebensmittel).
Bonn, 2011.

20 Bayerischer Oberster Rechnungshof: Gutachten zur Struktur und
Organisation des amtlichen Veterinärwesens und der Lebensmittelüberwachung. München, 2016.

21 foodwatch: Kontrolle ist besser. Von Anspruch und Wirklichkeit
der Lebensmittelkontrollen in Deutschland. Berlin, 2019.

22 vgl. https://bvlk.de/news/chance-vertan-bundeslaender-stimmen-fuer-umstrittene-reform-der-amtlichen-lebensmittelueberwachung.html

23 www.bvl.bund.de/SharedDocs/Pressemitteilungen/01_lebensmittel/2020/2020_10_22_PI_Lebensmittelueberwachung_2019.html

24 www.bvl.bund.de/SharedDocs/Downloads/01_Lebensmittel/06_mnkp_dokumente/mnkp_Jahresbericht_2009.pdf?__blob=publicationFile&v=3

25 https://ec.europa.eu/food/audits-analysis/act_getPDF.cfm?PDF_ID=15094

26 https://ec.europa.eu/food/audits-analysis/act_getPDF.cfm?PDF_ID=15076

27 www.ble.de/SharedDocs/Downloads/DE/Landwirtschaft/Oekologischer-Landbau/ListeKontrollstellen.pdf?__blob=publicationFile&v=16

28 www.ble.de/SharedDocs/Downloads/DE/Landwirtschaft/Oekologischer-Landbau/Leitfaden-Kontrollstellen-Oekologischer-Landbau.pdf?__blob=publicationFile&v=1

29 Europäischer Rechnungshof: Das Kontrollsystem für ökologische/biologische Erzeugnisse hat sich zwar verbessert, einige Herausforderungen bleiben jedoch bestehen. Sonderbericht. Luxemburg, 2019.

30 www.orh.bayern.de/index.php?option=com_content&view=article&id=1189:tnr-54-veterinaerkontrollen-in-der-landwirtschaftlichen-nutztierhaltung&catid=247:staatsministerium-fuer-umwelt-und-verbraucherschutz

31 Bayerischer Oberster Rechnungshof: Freistaat verfehlt Mindestkontrollquoten bei der Nutztierhaltung. Pressemitteilung, 23. März 2021.

32 BT-Drs. 19/3195.

33 https://ec.europa.eu/food/audits-analysis/act_getPDF.cfm?PDF_ID=15039

34 Thilo A: Die Garantenstellung des Amtstierarztes. Unter besonderer Berücksichtigung der rechtsphilosophischen und empirischen Implikationen von § 17 Tierschutzgesetz. Nomos: Studien zum Strafrecht 106. Baden-Baden, 2020.

35 Verordnung (EU) 2017/625, Erwägungsgrund 35

36 Zum Zeitpunkt der Anfrage im April 2021 war von 13 Behörden der folgenden Kommunen eine Delegation von Aufgaben im Zusammenhang mit den amtlichen Kontrollen an die Schlachthöfe bzw. an von diesen beauftragte Dienstleister grundsätzlich vorgesehen: Im baden-württembergischen Landkreis Schwäbisch-Hall (VION-Schlachthof, Crailsheim), im brandenburgischen Landkreis Prignitz (VION, Perleberg), in den niedersächsischen Landkreisen Cloppenburg (Hubert Bahlmann, Lindern; BMR, Garrel; Böseler Goldschmaus, Garrel; Danish Crown, Essen; VION, Emstek), Emsland (Weidemark Fleischwaren/Tönnies, Sögel; Uhlen, Lengerich), Oldenburg (Heidemark, Ahlhorn), Osnabrück (EGO/ Steinemann, Georgsmarienhütte) und Vechta (Brand Qualitätsfleisch, Lohne; Geflügelspezialitäten Steinfeld, Steinfeld; Steinemann Natur Partner, Steinfeld; Oldenburger Geflügelspezialitäten/ PHW [Wiesenhof], Lohne) sowie in den nordrhein-westfälischen Kreisen Borken (Heinz Tummel, Schöppingen), Coesfeld (Westfleisch, Coesfeld), Gütersloh (Tönnies, Rheda-Wiedenbrück; Fleischzerlegung Westphal, Herzebrock-Clarholz), Kleve (Heinrich Manten, Kleve), Recklinghausen (Keinhörster, Recklinghausen; Westfleisch, Oer-Erkenschwick) und in der Stadt Gelsenkirchen (Westfleisch), wobei dieser Schlachthof zwischen Anfragestellung und Drucklegung dieses Buches geschlossen wurde. Inwieweit und in welchem Umfang eine Delegation tatsächlich erfolgte, war sehr unterschiedlich. In den meisten genannten Schlachthöfen war sie der Regelfall, andernorts kamen Betriebsbeschäftigte nur bei Ausfall von amtlichem Personal zum Einsatz. In der Schweineschlachtung beschränkte sich die Delegation in allen genannten Betrieben

auf die Entnahme von Trichinenproben und/oder das Stempeln (Anbringen des Genusstauglichkeitskennzeichens).

37 Landkreis Waldeck-Frankenberg: Sachstandsbericht des Landkreises Waldeck-Frankenberg. Lebensmittelbedingter Krankheitsausbruch vermutlich verursacht durch Listeria monocytogenes in gekühlten Wurstwaren der Firma Wilke Waldecker Fleisch- und Wurstwaren GmbH & Co. KG. Korbach, 25.Oktober 2019.

38 www.wlz-online.de/waldeck/twistetal/wilke-neun-statt-ueberpruefungen-kontrolleure-getaeuscht-zr-13308973.html

39 HR-Hessenschau, 2.Oktober 2019.

40 www.hna.de/lokales/korbach/landkreis-fritz-schaefer-jetzt-dezernent-verbraucherschutz-1474994.html

41 Robert Koch-Institut: Infektionsepidemiologisches Jahrbuch meldepflichtiger Krankheiten für 2019. Berlin, 2020.

42 Sachverständigenrat für Verbraucherfragen (SVRV): Gutachten zur Lage der Verbraucherinnen und Verbraucher 2021. Berlin, 2021; S.206.

43 rbb Abendschau, 11.Juni 2021.

44 www.berlin.de/rbmskzl/regierender-buergermeister/buergermeister-von-berlin/rat-der-buergermeister/beschluesse/; Beschluss R-1095/2021.

45 https://gesetze.berlin.de/bsbe/document/jlr-LM%C3%9CTransp GBErahmen

KAPITEL 6
Amtsgeheimnisse

1 § 40 Abs.2 LFGB

2 www.lebensmittelwarnung.de/bvl-lmw-de/opensaga/attachment/e1a03d83-2240-4ecd-9b79-7754f1f90bb0/Aushang+Warenr%FC ckruf+Bio+Amaranth+Clasen.pdf

3 www.bfr.bund.de/cm/343/gesundheitliche-bewertung-von-ethylenoxid-rueckstaenden-in-sesamsamen.pdf

4 www.vzhh.de/themen/lebensmittel-ernaehrung/schadstoffe-lebensmitteln/vorsicht-lebensmittelwarnung

5 Bayerisches Staatsministerium für Umwelt und Verbraucherschutz: Merkblatt zur Information der Öffentlichkeit über gesundheitsgefährdende Lebensmittel. München, 2018.

6 www.lebensmittelwarnung.de/bvl-lmw-de/opensaga/attachment/58134b5f-7f90-4869-8691-a9db98e634eb/R%FCckruf+-+Mitteilung+-+Endkonsument+-+DE.PDF

7 www.lebensmittelwarnung.de/bvl-lmw-de/detail/lebensmittel/65982

8 www.lebensmittelwarnung.de/bvl-lmw-de/detail/lebensmittel/66877

9 www.lebensmittelwarnung.de/bvl-lmw-de/detail/lebensmittel/66822

10 www.lebensmittelwarnung.de/bvl-lmw-de/detail/lebensmittel/67992

11 www.rki.de/DE/Content/Infekt/EpidBull/Merkblaetter/Ratgeber_Listeriose.html

12 https://webgate.ec.europa.eu/rasff-window/screen/notification/488801

13 www.fsai.ie/news_centre/food_alerts/cahills_farm_cheeses.html

14 https://healthycanadians.gc.ca/recall-alert-rappel-avis/inspection/2021/76091r-eng.php

15 www.food.gov.uk/news-alerts/alert/fsa-prin-43-2021

16 www.fda.gov/safety/recalls-market-withdrawals-safety-alerts/cahill-cheddar-cheeses-voluntarily-recalled-44-whole-foods-market-stores-due-possible-health-risk

17 https://securite-alimentaire.public.lu/fr/actualites/alertes/2021/Juillet/cahillsoriginal-irish-porter-cahills-ireland-lm.html

18 www.produktwarnung.eu/wp-content/uploads/2021/07/recall-Cahills-Irish-Porter-cheddar-EN.pdf

19 Vereinbarung zwischen dem Bundesamt für Verbraucherschutz

und Lebensmittelsicherheit sowie den Verbraucherschutzministerien der Bundesländer über den Betrieb von lebensmittelwarnung. de vom 1. März 2011.

20 www.lifepr.de/pressemitteilung/bundesministerium-fuer-ernaehrung-landwirtschaft-und-verbraucherschutz-bmelv/Alle-Lebensmittelwarnungen-auf-einen-Blick/boxid/262393

21 www.bmel.de/SharedDocs/Pressemitteilungen/DE/2020/261-verbraucherportal-relaunch.html

22 www.bmel.de/DE/service/social-media-apps-rss/apps/apps_node. html

23 www.lebensmittelwarnung.de/bvl-lmw-de/detail/lebensmittel/666
10

24 www.presseportal.de/pm/156681/4947696

25 https://mediacenter.rewe.de/produktrueckrufe/grana-padano

26 www.produktrueckrufe.de/nahrungsmittel-und-genussmittel/1711-westfalenland-rueckruf-rinderhackfleisch3

27 foodwatch: Um Rückruf wird gebeten. Warum Lebensmittelwarnungen oft zu spät oder gar nicht kommen. Berlin, 2017; S.67f.

28 https://web.archive.org/web/20111021150134/http://content. stuttgarter-zeitung.de/stz/page/1016187_0_9223_-vor-20-jahren-der-schwaebische-fluessigei-skandal.html

29 https://www.stern.de/wirtschaft/news/birkel-affaere-es-waren-ekel-eier-drin--3086856.html

30 § 39 (2) LFGB: https://www.gesetze-im-internet.de/lfgb/__39.html

31 § 40 Abs.1 LFGB

32 www.bvl.bund.de/SharedDocs/Downloads/01_Lebensmittel/Lebensmittelwarnung%20statistik.pdf;jsessionid=CD3C84846A6 F3393D0DF9FA763EB9804.1_cid341?__blob=publicationFile& v=3

33 https://de.statista.com/statistik/daten/studie/616934/umfrage/warnungen-vor-lebensmitteln-in-deutschland/

34 www.wiwo.de/unternehmen/dienstleister/bundesamt-fuer-verbraucherschutz-2020-gab-es-mehr-lebensmittelwarnungen-als-je-zuvor/26774642.html

35 www.stimme.de/heilbronn/hn/Lidl-muss-1-5-Millionen-Euro-Bussgeld-bezahlen;art31502,2684472

36 foodwatch: Um Rückruf wird gebeten. Warum Lebensmittelwarnungen oft zu spät oder gar nicht kommen. Berlin, 2017; S.6 ff.

37 vgl. www.foodwatch.org/de/pressemitteilungen/2019/offenbar-mehr-als-1100-produkte-vom-wilke-rueckruf-betroffen-nach-foodwatch-kritik-an-informationspolitik-hessen-veroeffentlicht-liste/

38 www.lidl.de/c/lidl-plus/s10007388

KAPITEL 7
Billig-Falle

1 www.praxis-agrar.de/pflanze/ackerbau/agroforstwirtschaft/

2 https://produktdatenbank.innovationsgruppen-landmanagement.de/upload/AUFWERTEN/Innovationskonzept-Agroforstwirtschaft.pdf

3 Tsonkova P, Quinkenstein A, Böhm C, Freese D, Schaller E: Ecosystem services assessment tool for agroforestry (ESAT-A): An approach to assess selected ecosystem services provided by alley cropping systems. Ecological Indicators, Volume 45, 2014; 285–299.

4 www.franz-projekt.de (FRANZ = »Für Ressourcen, Agrarwirtschaft & Naturschutz mit Zukunft«)

5 www.europarl.europa.eu/factsheets/de/sheet/106/die-finanzierung-der-gemeinsamen-agrarpolitik

6 Wissenschaftlicher Beirat Agrarpolitik beim BMEL: Wege zu einer gesellschaftlich akzeptierten Nutztierhaltung. Berlin, 2015.

7 Bioland Beratung GmbH, Johann Heinrich von Thünen-Institut: Wissensstandsanalyse zur Tiergesundheit aller Nutztierarten im

Ökologischen Landbau und 100 % Biofütterung. Gemeinsamer Abschlussbericht des Verbundprojekts. Augsburg/Westerau, 2011.

8 Wolfschmidt M: Das Schweinesystem. Wie Tiere gequält, Bauern in den Ruin getrieben und Verbraucher getäuscht werden. Frankfurt/Main, S. Fischer, 2016.

9 ARD Report Mainz, 5. Januar 2021

10 Deutscher Ethikrat: Tierwohlachtung – Zum verantwortlichen Umgang mit Nutztieren. Stellungnahme. Berlin, 2020.

11 Sachverständigenrat für Umweltfragen: Für einen flächenwirksamen Insektenschutz. Berlin, 2018.

12 Nationale Akademie der Wissenschaften Leopoldina, acatech – Deutsche Akademie der Technikwissenschaften, Union der deutschen Akademien der Wissenschaften: Biodiversität und Management von Agrarlandschaften – Umfassendes Handeln ist jetzt wichtig. Halle (Saale), 2020.

13 www.umweltbundesamt.de/daten/land-forstwirtschaft/beitrag-der-landwirtschaft-zu-den-treibhausgas#treibhausgas-emissionen-aus-der-landwirtschaft

14 www.umweltbundesamt.de/themen/boden-landwirtschaft/landwirtschaft-umweltfreundlich-gestalten/klimaschutz-in-der-landwirtschaft#weitere-emissionen-der-landwirtschaft

15 www.umweltbundesamt.de/sites/default/files/medien/2546/dokumente/factsheet_kosten_nitrat_trinkwasser_0.pdf

16 www.umweltbundesamt.de/themen/boden-landwirtschaft/umweltbelastungen-der-landwirtschaft/stickstoff#gefahren-fur-die-umwelt

17 www.handelsblatt.com/politik/deutschland/landwirtschaft-eu-verliert-geduld-mit-deutschland-zweite-klage-wegen-nitratbelastung-steht-bevor/24694204.html?ticket=ST-11403812-bDQmocfAxSbMrRJomxeJ-ap6

18 www.sueddeutsche.de/politik/nitrat-eu-ruege-deutschland-1.534540 5

19 www.bmu.de/fileadmin/Daten_BMU/Download_PDF/ Binnengewaesser/faq_duev_bf.pdf

20 www.euwid-wasser.de/news/politik/einzelansicht/Artikel/dossier-umsetzung-der-nitratrichtlinie-bekommt-deutschland-die-nitratbelastung-des-grundwassers.html

21 www.topagrar.com/management-und-politik/news/ klimaschutzgesetz-landwirtschaft-wird-doch-noch-etwas-geschont-12567179.html

22 Pe'er G, Bonn A, Bruelheide H et al.: Action needed for the EU Common Agricultural Policy to address sustainability challenges. People and Nature, 2020;2:305–316.

23 Wissenschaftlicher Beirat für Agrarpolitik, Ernährung und gesundheitlichen Verbraucherschutz beim BMEL: Für eine gemeinwohlorientierte Gemeinsame Agrarpolitik der EU nach 2020: Grundsatzfragen und Empfehlungen. Berlin, 2018. Abrufbar unter: https://www.bmel.de/SharedDocs/Downloads/DE/_Ministerium/ Beiraete/agrarpolitik/GAP-GrundsatzfragenEmpfehlungen. pdf;jsessionid=A764F693672E977022225D4F4FB76644.live922?__ blob=publicationFile&v=3

24 www.spiegel.de/wirtschaft/soziales/julia-kloeckner-ihre-beraterstellen-sich-gegen-die-eu-agrarpolitik-a-1211149.html?sara_ecid= soci_upd_KsBF0AFjflf0DZCxpPYDCQgO1dEMph

25 Wissenschaftlicher Beirat für Agrarpolitik, Ernährung und gesundheitlichen Verbraucherschutz beim BMEL. Politik für eine nachhaltigere Ernährung: Eine integrierte Ernährungspolitik entwickeln und faire Ernährungsumgebungen gestalten. Berlin, 2020, S.429.

26 Kanzler M, Böhm C: Vergleich von Agroforstwirtschaft und konventioneller Ackerbewirtschaftung bezüglich ihrer Energiebilanz am Beispiel vom Landwirtschaftsbetrieb Domin in Südbrandenburg. Loseblattsammlung AUFWERTEN. Cottbus, 2019.

27 Böhm C, Tsonkova P, Mohr T, Schröder C, Lorenz C, Ludewig M,

Bösel B, Dommel J, Wagner N, Domin T: Konzept zur Förderung von Agroforstflächen als Agrarumwelt- und Klimamaßnahme (AUKM) im Rahmen des Kulturlandschaftsprogramms (KULAP) des Landes Brandenburg. Cottbus, 2020.

28 Böhm C, Domin T, Kanzler M: Gewässerschutz durch Agroforstwirtschaft – Auswirkungen eines mit Agrarholz bestockten Gewässerrandes auf den Stickstoffaustrag in Oberflächengewässer. Loseblattsammlung AUFWERTEN. Cottbus, 2020.

29 Zehlius-Eckert W, Tsonkova P, Böhm C: Umweltleistungen von Agroforstsystemen. Loseblattsammlung AUFWERTEN. Freising, 2020.

30 vgl. z.B. Hübner R, Böhm C, Zehlius-Eckert W: Rechtliche und politische Hemmnisse für die Agroforstwirtschaft: Lösungsvorschläge zu deren Überwindung, aktuelle Kompromisslösungen und besondere Fallstricke – Loseblatt #49. München/Cottbus, 2020.

31 www.topagrar.com/management-und-politik/news/so-stellt-sich-der-bauernverband-die-eu-agrarreform-vor-11951613.html

32 www.agrarheute.com/management/finanzen/niedrigere-basispraemie-mehr-landwirte-knie-zwingen-579863

33 www.agrarheute.com/politik/neues-klimaschutzgesetz-zaehlt-land-forstwirtschaft-581248

34 www.bauernverband.de/fileadmin/user_upload/dbv/themendossiers/Klimaschutz/pdf/SN_DBV_Bundes-Klimaschutzgesetz_11052021.pdf

35 www.bauernverband.de/fileadmin/user_upload/dbv/positionen/Klimastrategie_2.0_2._Auflage_Januar_2019.pdf

36 www.sueddeutsche.de/wirtschaft/agrar-bauern-wehren-sich-gegen-kritik-brauchen-keine-agrarwende-dpa.urn-newsml-dpa-com-2009 0101-160628-99-489334

37 https://twitter.com/RottgerFlorian/status/1399658781756243968

38 www.agrarheute.com/management/betriebsfuehrung/
landwirtschaftszaehlung-hoefesterben-geht-577405

39 www.bmel-statistik.de/fileadmin/daten/SJT-3010100-0000.xlsx

40 Niegsch C, Stappel M: Deutsche Landwirtschaft unter Druck. Eine
Research-Publikation der DZ Bank AG. Frankfurt/Main, 2020; S.1.

41 www.destatis.de/DE/Presse/Pressemitteilungen/2021/07/PD21_No
43_41.html

42 www.bundesregierung.de/breg-de/service/bulletin/rede-der-
bundesministerin-fuer-ernaehrung-und-landwirtschaft-julia-
kloeckner–1570766

43 www.thuenen.de/de/thema/nutztiershyhaltung-und-aquakultur/
nutztierhaltung-und-fleischproduktion-in-deutschland/

44 www.bmel.de/SharedDocs/Downloads/DE/_Tiere/Tierschutz/
austausch-fleischbranche.pdf?__blob=publicationFile&v=2

45 www.bmel.de/DE/themen/internationales/
aussenwirtschaftspolitik/handel-und-export/zahlen-fakten-
agrarexport.html

46 www.trademap.org/Country_SelProduct_TS.aspx?nvpm=1%7c%7c
%7c%7c%7c0203%7c%7c%7c4%7c1%7c1%7c2%7c2%7c1%7c2%7c1
%7c1%7c1

47 www.thuenen.de/media/ti-themenfelder/Nutztierhaltung_und_
Aquakultur/Haltungsverfahren_in_Deutschland/
Schweinehaltung/Steckbrief_Schweine_2020.pdf

48 https://de.wikipedia.org/wiki/T%C3%B6nnies_Holding

49 www.toennies.de/unternehmen/historie/

50 Janze C, Diekmann M, Schmidt C, Schukat S, Winkel C, Robinson
DM: Konjunkturbarometer Agribusiness in Deutschland 2020.
Stuttgart, Ernst & Young GmbH Wirtschaftsprüfungsgesellschaft,
2020.

51 www.fleischwirtschaft.de/wirtschaft/nachrichten/Ranking-der-
Fleischwirtschaft-2020-Die-Top-10-Gruppen-43296

52 www.bmel.de/SharedDocs/Downloads/DE/_Tiere/Tierschutz/
austausch-fleischbranche.pdf?__blob=publicationFile&v=2

53 www.tagesspiegel.de/politik/nach-corona-faellen-in-
schlachthoefen-bundesregierung-will-in-der-fleischindustrie-
aufraeumen/25827610.html

54 www.bauernstimme.de/news/details/?tx_ttnews%5Btt_news%5D=
2748&cHash=76db52577b291df52ed9c7f4da8af2a2

55 Rohlmann C, Verhaag M, Efken J: Steckbriefe zur Tierhaltung in
Deutschland: Ferkelerzeugung und Schweinemast. Braunschweig,
Johann Heinrich von Thünen-Institut, 2020; S.15, 19.

56 www.topagrar.com/management-und-politik/news/kloeckner-will-
deutschen-agrarexport-ausbauen-9604664.html

57 Becker C, Leopold E, Galich A: Evaluierung des Programms zur
Förderung der Exportaktivitäten der deutschen Agrar- und Ernährungswirtschaft. Berlin, Gesellschaft für Innovationsforschung und
Beratung mbH im Auftrag der Bundesanstalt für Landwirtschaft
und Ernährung, 2015.

58 Bundesministerium für Ernährung und Landwirtschaft (Hrsg.):
Studie über die Untersuchung zu den Maßnahmen führender Ex-
portnationen für die Exportförderung und Analyse von deren
Nutzen. Berlin, Enviacon GmbH, 2020. (Liegt dem Autor infolge
eines IFG-Antrags an das Ministerium vor.)

59 www.rnd.de/politik/bauernprasident-uber-umweltministerin-
schulze-weiss-nicht-wie-landwirtschaft-funktioniert-K3P6DK43
YJA4RLTJCNO4VXQHI4.html

60 www.freshplaza.de/article/5002217/rukwied-absatzforderung-und-
export-sind-notwendig/

61 www.bwagrar.de/Markt-Management/Schmidt-und-Rukwied-
setzen-auf-Export,QUlEPTQ4NjQwMjcmTUlEPTE2MjkoMg5.
html

62 SWR Fernsehen: Aufstand mit Trecker – Bauern, Frust und grüne
Kreuze. 30. Juni 2021.

63 www.topagrar.com/management-und-politik/news/freie-bauern-als-neue-berufsorganisation-fuer-baeuerliche-familienbetriebe-gegruendet-12011416.html

64 SWR Fernsehen: betrifft: … Schweine vom Fließband – Bleibt der Tierschutz auf der Strecke? 30.Juni 2021.

65 www.bauernverband.de/der-verband

66 www.suedzucker.de/de/investor-relations/corporate-governance/aufsichtsrat

67 www.baywa.com/konzern/unternehmensprofil/vorstand-aufsichtsrat

68 www.suedzucker.de/sites/default/files/2021-07/Rukwied%20SZ%20Lebenslauf%202021.pdf

69 www.raiffeisen.de/sites/default/files/2021-09/21-09-01_Mitgliederliste_DRV-Pr%C3%A4sidium.pdf

70 https://de.wikipedia.org/wiki/Deutscher_Raiffeisenverband

71 www.raiffeisen.de/verband

72 www.raiffeisen.de/struktur/franz-josef-holzenkamp

73 www.bayerischerbauernverband.de/bauernpraesident

74 www.baywa.com/binariesdownload/pdf/content/documents/baywacms/downloadcenter/konzernfinanzberichte/konzernfinanzbericht-2020/konzernfinanzbericht-2020/baywacms%253Adownloadpdf/Online-PDF_KFB_DE_BayWa.pdf

75 www.raiffeisen.de/sites/default/files/2021-06/21-06-04_Mitgliederliste_DRV-Pr%C3%A4sidium.pdf

76 www.agrarheute.com/land-leben/ranking-top-ten-agribusiness-516141

77 www.agravis.de/de/ueber-agravis/gremien/aufsichtsrat/

78 https://wlv.de/der_wlv/verband/verbandsfuehrung.php

79 www.agravis.de/media/medien/ueber-agravis/geschaeftsbericht/2020/agravis-geschaeftsbericht-2020-konzern-2.pdf

80 www.bauernverband.de/der-verband/assoziierte-mitglieder

81 www.vli-agribusiness.de/mitglieder/mitgliederliste/

82 www.bundestag.de/resource/blob/189476/8989cc5f5f65426215d7e0
233704b20a/lobbylisteaktuell-data.pdf

83 www.vli-agribusiness.de/fileadmin/mitgliederbereich/
Mitgliederdaten/Erweiterter_Vorstand_.pdf

84 www.moderne-landwirtschaft.de/ueber-uns/

85 www.spiegel.de/wirtschaft/risse-in-der-wagenburg-a-0d2567d5-
0002-0001-0000-000155351687?context=issue

86 https://twitter.com/bmel/status/1348572306574987264

87 Forschungsgruppe Wahlen, zitiert nach www.agrarheute.com/
politik/bundestagswahl-diese-parteien-haben-landwirte-gewaehlt-
585757

88 www.ein-guter-plan-fuer-deutschland.de/programm/Beschluss+
Programm.pdf

89 https://de.wikipedia.org/wiki/Joachim_Rukwied

90 www.bayerischerbauernverband.de/bauernpraesident

91 https://de.wikipedia.org/wiki/Walter_Heidl

92 https://web.archive.org/web/20130901213420/http://www.cdu-
gemeinde-rethwisch.de/

93 www.agrarheute.com/land-leben/franz-josef-holzenkamp-neuer-
agrarpolitischer-sprecher-cducsu-473524

94 www.presseportal.de/pm/7846/2074790

95 https://de.wikipedia.org/wiki/Franz-Josef_Holzenkamp

96 www.agravis.de/de/ueber-agravis/gremien/aufsichtsrat/

97 www.sueddeutsche.de/wirtschaft/report-hegen-und-pflegen-1.366
8000-2

98 www.faz.net/aktuell/wirtschaft/wirtschaftspolitik/lobbyismus-
franz-josef-holzenkamp-ein-ganz-besonderes-beispiel-15139532.
html?printPagedArticle=true#pageIndex_0

99 www.bundestag.de/abgeordnete/biografien/B/breher_silvia-8571
72

100 www.bundestag.de/webarchiv/abgeordnete/biografien/B/518654-51
8654

101 https://de.wikipedia.org/wiki/Silvia_Breher

102 www.bundestag.de/webarchiv/abgeordnete/biografien/G/gerig_
alois-519712

103 www.bundestag.de/webarchiv/abgeordnete/biografien/M/
marwitz_hans_georg-521880

104 www.bundestag.de/webarchiv/abgeordnete/biografien/R/roering_
johannes-522980

105 https://wlv.de/presse/pressemeldungen/muenster/2018/09/42258.
php

106 www.europarl.europa.eu/mepdif/197427_DFI_LEG9_rev1_DE.pdf

107 https://marlenemortler.de/portrait

108 www.baywa.com/binariesdownload/pdf/content/documents/
baywacms/downloadcenter/konzernfinanzberichte/
konzernfinanzbericht-2020/konzernfinanzbericht-2020/baywacms
%253Adownloadpdf/Online-PDF_KFB_DE_BayWa.pdf

109 www.bayernland.de/unternehmen/firmenleitung/vorstand

110 www.landtag.nrw.de/portal/WWW/dokumentenarchiv/
Dokument/MMV17-5209.pdf

KAPITEL 8
Revolution

1 vgl. Wissenschaftlicher Beirat für Agrarpolitik, Ernährung und
gesundheitlichen Verbraucherschutz beim BMEL. Politik für eine
nachhaltigere Ernährung: Eine integrierte Ernährungspolitik entwickeln und faire Ernährungsumgebungen gestalten. Berlin, 2020;
Kurzfassung S.XXII.

2 Huber R, Halbach D: Warum Bürgerräte und direkte Demokratie
zusammengehören. Kreßberg, md magazin – Zeitschrift für direkte Demokratie, 2021 (2).

EPILOG
Nachrichtendealer

1 www.focus.de/familie/babyernaehrung/karies-uebergewicht-diabetes-so-fuettern-wir-unsere-babys-mit-brei-und-keksen-krank_id_4158680.html

2 www.focus.de/familie/babyernaehrung/horrormeldungen-und-etikettenschwindel-hoert-doch-mal-auf-eltern-dauernd-zu-verunsichern_id_4162596.html

3 Löffler M. Der Verfassungsauftrag der Presse. Modellfall Spiegel. Karlsruhe, C.F. Müller, 1963.

4 www.bpb.de/politik/grundfragen/deutsche-verhaeltnisse-eine-sozialkunde/139163/funktionen-und-probleme?p=all

5 Loosen W, Reimer J, Hölig S: Was Journalisten sollen und wollen. (In-)Kongruenzen zwischen journalistischem Rollenselbstverständnis und Publikumserwartungen. Hamburg, Hans-Bredow-Institut, 2020.

6 news aktuell GmbH: Medien-Trendmonitor 2017. Brennpunkt Journalismus – Was Journalisten heute bewegt. Hamburg, 2017.

7 www.badische-zeitung.de/die-deutschen-essen-am-liebsten-pasta--115909253.html

8 www.tagesspiegel.de/wirtschaft/ernaehrungsreport-2017-am-liebsten-essen-die-deutschen-immer-noch-fleisch/19206148.html

9 vgl. z.B. Winfried Schulz: Die Konstruktion von Realität in den Nachrichtenmedien. Analyse der aktuellen Berichterstattung. Freiburg, Alber-Broschur Kommunikation, 1976.

10 www.mediummagazin.de/aktuelles-essay-drepper/

11 https://uebermedien.de/62737/getoese-um-wolfsburger-volkswagen-kantine-voellig-wurst/

12 www.fnp.de/politik/agrarminister-schmidt-kuekenschreddern-soll-2017-aufhoeren-10780225.html

13 www.zeit.de/wirtschaft/2015-07/kueken-schreddern-landwirtschaftsminister-schmidt-in-ovo

14 www.stern.de/wirtschaft/news/kuekenschreddern--agrarminister-christian-schmidt-will-das-kuekentoeten-bis-2017-beenden-5930766.html

15 www.tagesspiegel.de/politik/tierschutz-julia-kloeckner-kuendigt-verbot-von-kuekenschreddern-an/24229298.html

16 www.tagesspiegel.de/politik/ethisch-nicht-vertretbar-julia-kloeckner-will-das-massenhafte-kuekentoeten-beenden/24451676.html

17 www.br.de/radio/bayern2/sendungen/notizbuch/julia-kloeckner-vom-8112018-das-kuekentoeten-kann-langfristig-beendet-werden-100.html

18 www.zeit.de/politik/ausland/2020-01/kuekenschreddern-deutschland-frankreich-eu-julia-kloeckner

19 www.aldi-nord.de/unternehmen/verantwortung/lieferkette-food/tierwohl-bei-aldi-nord/wir-wechseln-unsere-haltung.html

20 www.cicero.de/sponsored-video-kuechenkabinett-bll-dietmar-bartsch-peter-ramsauer

21 www.republik.ch/2021/06/05/herr-drosten-woher-kam-dieses-virus

22 vgl. Petersen AM, Vincent EM, Westerling AL: Discrepancy in scientific authority and media visibility of climate change scientists and contrarians. Nature Communications, 2019;10:3502.

23 Brüggemann M, Engesser S: Between Consensus and Denial: Climate Journalists as Interpretive Community. Science Communication, 2014;36:399.

24 www.welt.de/debatte/kommentare/plus231643447/Von-Schirach-ueber-Journalismus-Achten-Sie-darauf-dass-Ihr-Buero-leer-ist.html?cid=onsite.onsitesearch

25 www.youtube.com/watch?v=XJs9s1qoN7w

Danksagung

Mein großer Dank gebührt allen Gesprächspartner:innen, mit denen ich im Zuge meiner Recherche in Kontakt stand – den namentlich erwähnten wie den nicht genannten. Sie haben mit mir wertvolle Einschätzungen geteilt, mir Türen und Hoftore geöffnet und mir damit unverzichtbare Einblicke gewährt, oft auch in sensible Bereiche. Nicht in jedem Falle war dies selbstverständlich. Ich hatte das große Privileg, während der Arbeit an diesem Buch viele Menschen kennenzulernen, die mich sehr beeindruckt haben. Menschen, die an ihrer Stelle mit vielen Ideen und mit großem Engagement dafür arbeiten, unser Ernährungssystem zu einem besseren zu machen. Sie verdienen unsere Unterstützung.

Mit Julia Klöckner und Joachim Rukwied hätte ich ebenfalls gern gesprochen und sie nach ihrer Sicht befragt. Die CDU-Politikerin lehnte ein Gespräch aus terminlichen Gründen ab, der Bauernpräsident ohne Begründung.

Eine hervorragende Unterstützung bei der Recherche war mir die Plattform fragdenstaat.de der Open Knowledge Foundation. Sie macht Anträge nach den Informationsfreiheitsrechten bei Behörden und Ministerien spielend einfach. Journalist:innen und Bürger:innen sollten von diesen Rechten viel stärker Gebrauch machen: Wenn staatliches Handeln transparenter wird, stärkt dies unsere Demokratie.

Von Herzen bedanke ich mich bei Silvie Horch, Ulrich Wank und dem gesamten Team im Econ Verlag für ihr Vertrauen, ihre

Begeisterung für dieses Projekt und für die äußerst bereichernde Zusammenarbeit. Nicht zuletzt danke ich meiner geliebten Frau und Familie, die mich bei der Arbeit an diesem Buch unterstützt, die Probe gelesen, korrigiert und kritisiert haben. Das Ergebnis sei den Kindern gewidmet – meinen und allen anderen.

Martin Rücker, im Oktober 2021